明清贵州人物三部曲

明清贵州七百进士

庞思纯 著

贵州出版集团
贵州人民出版社

图书在版编目（CIP）数据

明清贵州七百进士 / 庞思纯著. —— 贵阳：贵州人民出版社，2021.5
（明清贵州人物三部曲）
ISBN 978-7-221-16510-7

Ⅰ.①明… Ⅱ.①庞… Ⅲ.①进士—列传—贵州—明清时代 Ⅳ.① K827=4

中国版本图书馆 CIP 数据核字 (2020) 第 267665 号

明清贵州七百进士
MINGQING GUIZHOU QIBAI JINSHI

庞思纯　著

出 版 人	王　旭
选题统筹	谢丹华　戴　俊
责任编辑	周湖越
装帧设计	刘　宵　唐锡璋　任贤贤
出版发行	贵州出版集团　贵州人民出版社
社址邮编	贵州省贵阳市观山湖区会展东路SOHO办公区A座　550081
印　　刷	深圳市新联美术印刷有限公司
规　　格	889mm×1194mm　1/32
印　　张	10　彩插16P
字　　数	350千字
版　　次	2021年5月第1版
印　　次	2021年5月第1次印刷
书　　号	ISBN 978-7-221-16510-7
定　　价	68.00元

序

史继忠

几年前,贵州省文史研究馆的陈福桐先生写了一篇文章,题目是《六千举人 七百进士》。他的用意很明确,就是告诉人们,贵州自建省以来,人才辈出。这是一篇实实在在的文章,没有虚假,也没有水分,字字都有来历,是根据《明清进士题名录》归纳出来的。贵阳五中的中年教师庞思纯是个勤奋好学的人,他在陈老先生的启发下,孜孜以求,查遍了贵州的地方志,把七百进士的姓名、籍贯、科甲整理出来。作家李宽定也是个热心肠,他将庞思纯所录的《贵州进士名录》镌刻在海天园的石碑上，使之流芳千古，以昭后世。

庞思纯有浓烈而深厚的"贵州情结"，他热爱山明水秀的贵州，更热爱生于斯长于斯的"大山之子"。他在繁忙的教学之余，废寝忘食，潜心搜索，用了不知多少日日夜夜，写成了近三十万言的《明清贵州七百进士》。这部书，不但扩充了《贵州七百进士名录》，而且写出了"大山之子"的品性、风采和节操。"仁者乐山，智者乐水"，山水给人以智慧和灵性，山水孕育出宽厚、仁慈、刚毅、坚韧而有棱角的贵州人。他们走出大山，登上全国的大舞台，做出了许多可钦可佩、可歌可颂的事迹，值得我们景仰。

在"科举制度"下，"进士"不但是一种荣誉称号，而且是当时的最高学位。"禹门三级浪，平地一声雷"，不经过三番五次的考试，要想"金榜题名"是办不到的。明清的科举考试，有童试、乡试、会试三级，童试被录取的称为"秀才"，经过全省"乡试"选中的称为"举人"，中举后方可参加全国"会试"。会试又有"礼部试"和"殿试"两关。礼部试由礼部尚书主持，从数千举人中选出数百名成绩优异的"贡士"，然后参加由皇帝亲自主持的"殿试"，经过考核，确定科甲品级。科甲有三等：第一甲三名，赐"进士及第"，名列榜首的称"状元"，第二名为"榜眼"，第三名为"探花"；第二甲若干名，赐"进士出身"；第三甲若干名，赐"同进士出身"。由此可见，中进士的绝非等闲之辈，他们经过"十年寒窗"，才成为全国考试的优胜者。

明以前，贵州教育不兴，偶尔有几人到外地参加科举考试而取得功名。明代发生了一个历史性的变化，朝廷确定"治国以教化为先，教化以学校为本"的方针，于是黔中官学、书院、社学、私塾纷纷出现。经过明清两代五百多年的时间，贵州人才联袂而起，"六千举人、七百进士"就是一个重要的表征。历史告诉我们，人才之兴，在于教育。教育发展起来，人才便会不断涌现。尽管贵州的学校教育比中原晚了千年之久，可是自明代教育兴起后，人才便层出不穷，"六千举人"是人才发展的一个阶梯，而"七百进士"则进入了人才的高级层次。到了清代，还出现了"三鼎甲一探花"，有武状元曹维城、文状元赵以炯和夏同龢以及中了探花的杨兆麟。

科举制度有其局限，也存在若干弊端，但历史地进行考查，应当看见它的积极作用。"开科取士"是中国古代选拔人才的一种制度，从隋初到清末实行了一千三百多年。科举制度的功绩，在于否定了世族及子孙的"世卿世禄"制度和囿于门第的"九品中正"制度，它排斥了以长官意志为主的"察举征辟制"，而以"考试"为归，从三个方面体现出它的优越性。首先，它把考试放在第一位，按统一标准进行考核，然后"以试取人"，使选人有一个确定的尺度，减少主观的随意性，而且，可以不断激励人们去奋发努力，把人才吸引到国家需要的方向。其次，它把知识作为考核的内容，提倡"学而优则仕"，有利于提高官员的文化素质，有利于造成勤奋好学的社会风气，在特定的历史条件下，体现了尊重知识、尊重人才的精神。其三，它把"选"和"举"

结合起来，通过公开招考，网罗一大批人才，为布衣、寒士打开了通往仕途的大门，使朝廷在选官上有了更大的空间，不致囿于当权者经常接触的小圈子。科举制度虽然已经废除，但它的合理部分为西方文官制度吸收，对当今我国公务员的考核仍有借鉴意义。

庞思纯的《明清贵州七百进士》有许多理性的思索。它以雄辩的事实，破除了"贵州无人"的历史偏见，让人们努力去发现贵州人才。它告诉人们，人才要从教育抓起，振兴贵州必须重视人才，把教育放在首位。西部大开发，贵州怎么办？贵州人的心情格外急迫，希望在这新一轮的竞赛中，使贵州能挪动一下在全国排行榜上的位置，实现兴黔富民的美好愿望。当今世界，在知识经济大行其道之时，资源的优势已经下降到第二位，而人才的优势突显出来。贵州能不能迎头赶上，关键在于人才，在于人才的培养，在于"人尽其才"，在于重视贵州人才。《明清贵州七百进士》是一本难得的好书，它可激励人们努力奋发，它可重新树立贵州形象，它可供领导者作为"资治"之用，值得认真阅读。

2006年4月4日

目录 CONTENTS

- 序 / 史继忠   1
- 申祐与土木堡之变   1
- 劲节清风话黄绂   9
- 周瑛与草庭书院   16
- 骨鲠之臣——徐节   20
- 疏请贵州乡试开科的田秋   25
- 阳明先生在黔高足汤冔   32
- 名臣大儒孙应鳌   39
- 不畏权奸的陈珊   47

安边恤民的蒋宗鲁	54
徐穆、徐镇与徐如澍	60
黔南第一进士陈尚象	66
清官循吏杨师孔	74
心系家国的王尊德祖孙	82
"神韵"诗人周起渭	89
康熙朝武状元曹维城	94
蝉联科举的王枟世家	99
五代七翰林,一榜三进士	103
陈法祖孙三代的桑梓情	111
贵山书院"三先生"之艾茂	119
乾嘉学派传人莫与俦	125
傅潢与洪亮吉	133
沙滩文化的奠基人黎恂	138
竹帛留香的周际华	145
广顺金家四进士	151
良吏才人但明伦	158
封疆大吏张日晸	165

目 录

- 心系桑梓的陶廷杰 — 172
- 民族脊梁石赞清 — 177
- "硬黄"黄辅辰 — 183
- 一代良吏李朝仪 — 188
- "黔东冠鸡"胡长新 — 195
- 文武兼资的傅寿彤 — 201
- 丁宝桢的官箴与清操 — 207
- 名扬京津的黄彭年 — 215
- 民主先驱李端棻 — 219
- 治世能臣谭钧培 — 228
- 风骨棱棱之刘春霖 — 235
- 宏通淹博的罗文彬 — 242
- "气壮山河"之陈灿 — 247
- "直声震天下"之陈田 — 252
- 丙戌状元赵以炯 — 259
- "不可负黔"的陈夔龙 — 264
- 戊戌状元夏同龢 — 270
- 癸卯探花杨兆麟 — 276

- 陈国祥与讨袁斗争 282
- 名人眼中的书画家姚茫父 286
- 博雅多才的杨恩元 292
- 附录　六千举人　七百进士 296

申祐与土木堡之变

明代建国之后，吸取了历史教训，在政治上和经济上进行改革，经过八十余年的发展，手工业、商业得以长足，城市日趋繁荣。然而自明英宗之后，社会发生了深刻变化，土地兼并加剧，农村萧条凋敝，边患日益频繁，国势逐渐中落。明正统十四年（1449）秋，瓦剌部落大举南侵，英宗御驾亲征，两军战于土木堡（今河北怀来东）。经过一番惨烈的鏖战，明军溃败，英宗被俘，这就是《明史》中著名的土木堡之变。在这场关系国家命运的搏杀中，贵州务川人申祐代帝殉难，为自己扬名史册书写了浓重的一笔。

《黔书》曰："天下之山聚于黔，其山磊落峻拔、雄直清刚之气，一钟而为巨人。"贵州山川险固，水流湍急，丰沛的雨量沐浴着林木花草，大地洋溢着"清淑磅礴之气"，自古以来孕育着具有大山性格的贵州各族人民。申祐就是山水清音铸就而成的优秀士人。

申祐，字天锡，明仁宗洪熙元年（1425）诞生于贵州思南府务川（今务川县）火炭垭一官宦人家。其曾祖申世隆系吴会（古称会稽，今之绍兴）人，因参与平定相互仇杀的思州（岑巩）宣慰使田琛、思南宣慰使田宗鼎有功，遂以官居务川。据史册记载：申祐从小勇武无畏，非同常人。有一次，其父曾被虎噬，生命悬于一线，在这紧急关头，申祐奋不顾身，冲上前去，奋力以梃猪的铁棒猛击老虎。老虎见申祐来势凶猛，负痛仓皇逃窜，其父得以生还。

申祐天性聪颖，勤奋好学，少年时已是学养纯正、志存高远的秀才。明正统五年（1440），年仅十六的申祐赴云南昆明参加乡试。当时，贵州并未开科，生儒须往云南昆明乡试。面对滇黔道上"蛮天鲠雨，鸟道蚕丛"和"山路险峻，瘴毒浸淫"的现实，赴考生儒莫不惊心色变，视为畏途。然而对申祐而言，行途遥远，跋涉艰难，不能吓阻自己问鼎科甲的步伐，更不能浇灭心中治国平天下的理想。他以坚强的意志来到昆明，并以出众的才华考中举人，不久，进入国子监深造。

国子监是全国的最高学府，亦是政治斗争的温床。申祐在读期间，国子监发生了一件大事，从而激起了他的义愤，致使他走上了政治斗争的前列，成为反对宦官干政的斗士。

时任国子监祭酒的是曾任刑部主事、侍读学士、编修过《成祖实录》《宣宗实录》的李时勉，其人学养深厚、深孚众望，然而"性格刚强耿直，疾恶如仇，因敢言直谏而得罪了不少宦逆佞臣"。

正统六年（1441），李时勉上疏吁请朝廷改建国学。英宗阅过奏稿，派掌管司礼监的大宦官王振前去视察。王振威焰炎隆，权倾一时，是朝廷众臣忌惮的宦官。然李时勉生性高傲，不屑与之结交，便以常礼待之。对此，王振耿耿于怀，衔恨在心，必欲除之而后快。之后，王振终于找到了机会，以李时勉"擅伐官树入家"为由，撺掇英宗降旨，将李时勉、司业赵琬、掌馔金鉴三人戴枷站在国子监门示众。

时当盛夏，酷热难耐，李时勉三人被枷示众已逾三日，场面惨不忍睹，令人难以忘却。如此摧残斯文，竟然张狂地挑战国家名教，实在令申祐怒火中烧，难以忍受。他突然想起了"舍生取义""殒身不恤"圣贤之教，于是忘掉了自己的安危，号召国学生联名上疏营救李时勉。然而大多国学生惧怕王振的权势，不想为自己将来的升迁之路设置障碍。有人说道："侍讲刘球缘劾（王）振，下狱；大理薛少卿瑄遇（王）振不为礼，诬以出入人罪欲加害，我辈新进书生视两大臣何如？"

申祐笑曰："六馆生何无一人男子气耶？"于是与监生李贵、石大用带领千余人前往朝廷请愿，"抗疏搥登闻鼓称冤，请身代祭酒荷校（戴枷）"。请愿的国学生将朝门团团围住，呼声响彻殿廷。王振担忧将会酿成动乱，惊慌失措，不敢镇压。等到通政司呈上申祐、石大用等人的奏章时，王振见之内心羞愧，但仍不放人。

正在这节骨眼上，助教李继通过皇太后的父亲会昌侯孙忠言于太后，再由太后将事情的缘由告诉皇帝。英宗听后，也对李时勉等人的遭遇表示同情和不平，于是下旨释放，恢复原职。

从这件事上不难看出，时年十七的申祐有识见，明是非，不畏强权，敢于与恶势力斗争，从而凸显其不畏强权坚持真理的个人魅力，展现其黔籍士人的大山性格。

申祐于正统九年（1444）荣膺甲子科进士，不久进入仕途，出任四川道监察御史，"以謇谔闻"，换言之，就是以言行正直而著称，颇受僚属称道。

正统十四年（1449）是申祐年轻生命的终结，亦是其在明代历史"土木堡之变"中书写代帝殉难壮烈牺牲的一页。

谈到土木堡之变，首先得追溯到元末明初。元朝覆亡后，其强臣猛可帖木儿率蒙古族瓦剌部落占据了鞑靼西部地区。猛可帖木儿死后，其部属一分为三，部族首领分别为马哈木、太平和把秃孛落。明永乐初，马哈木曾派遣使者来朝贡马，明王朝封其为特进金紫光禄大夫、安乐王，赐印诰。自此，瓦剌贡马谢恩，每岁入贡。随着瓦剌的日益强盛，马哈木也狂妄自大起来。不幸的是，其所作所为并没有引起明王朝的重视。明成祖朱棣曾曰："瓦剌骄矣，然不足较。"他非但不警惕，相反还赏给瓦剌军器，助长其实力。

永乐十一年（1413），马哈木恃骄扣留明使，并向明王朝索取甘肃、宁夏两地领土的要求。是年冬，马哈木拥兵饮马河，扬言将袭击阿鲁台。迫于形势，朱棣率领大军征讨。第二年夏天，马哈木联合另两个部落南侵，与明军鏖战于忽兰忽失温。明军大胜，乘胜追击，越过两高山，直至土剌河。瓦剌军几近全军覆灭，马哈木仅带数骑脱逃。之后，马哈木再次贡马谢罪。然而明王朝并没有从这件事中吸取教训，朱棣仍然重复"瓦剌故不足较"的老话。

正统元年（1436）冬，瓦剌首领脱欢势力膨胀，"内杀其贤义、安乐两王，尽其所众，欲自称可汗"。脱欢死后，其子也先继位，自称太师淮王，于是北部皆服属于他。也先雄心勃勃，不甘人下，待其毛羽丰满、权势日隆时，便将其主脱脱不花架空，使之成为傀儡。

按照明朝的旧例：每年瓦剌朝贡的使臣不能超过五十人。然而由于爵位、赏赐对瓦剌贵族的吸引力甚大，因此瓦剌每年将贡使猛增至两千人。朝廷多次下令制止，但瓦剌毫不理睬。当时，不时发生明使臣及行商被瓦剌杀掳、抢掠的事件，亦获知瓦剌胁迫其他部落一同勒索贵重稀缺物品不遂而造衅端的情报，然而明王朝对此毫无办法，只好年年增加赏赐。

随着也先势力膨胀，其欲望越来越大，与明王朝的矛盾也越来越激烈。待也先攻破哈密，与蒙古诸卫结亲，破兀良哈，东胁朝鲜，西略哈密，草原大半，尽为其所制。这时边关的将士已经预感到瓦剌的大举入侵迫在眉睫，于是上报朝廷，寻求应对之策。然而朝廷忙于内斗，无暇西顾，仅是下令戒备防御而已。

正统十一年（1446），也先攻破兀良哈，遣使到大同乞粮，并请求会见守备。明英宗朱祁镇下旨："毋见，毋予粮。"次年，瓦剌叛逃者揭发"也先谋入寇""寻约诸番共背中国"。英宗预感不妙，遣使逼问也先。也先顾左右而言他，始终回避实质问题。是年，瓦剌派三千人的庞大使团来华朝贡，并以虚报人数的手段来冒领粮食和饲料。但这次明王朝改变初衷，对其所请的财物和粮草仅给五分之一。对此，也先羞怒难忍，视为大耻。也先十分清楚：英宗年轻无权，朝廷政事全掌控在王振一伙人手中。加之承平已久，明军的战斗力显然下降，镇压国内尚感不足，岂能扬威边塞？！想到这里，也先心中燃起了重振祖先统治中原的希望之火，他一面秣马厉兵、枕戈待旦，一面密切注视着明王朝的动向，寻找入侵的机会。

正统十四年（1449）七月，也先以利诱和胁迫的手段统领瓦剌各部分道大举入侵中国。脱脱不花从兀良哈进犯辽东；阿剌知院攻打宣州，围赤城，又派骑兵入寇甘州；也先亲率大军攻打大同。在猫儿庄一役，明参将吴浩阵亡。

瓦剌大军推进深入，步步逼近北京。面对严峻的现实，王振也深感忧虑，于是竭力鼓动英宗率军亲征。原来王振的家乡在大同附近的蔚州（今河北蔚县），如若瓦剌攻占大同，自己在蔚州的田庄肯定不保。然而从另一方面着想，王振又深信明军胜券在握。这样一来，不仅可以吹嘘自己在此役所建的不世之功，还可以借此巩固自己在朝廷中的地位。在其鼓动下，英宗率五十万大军赶赴大同迎战。申祐躬逢其际，是英宗的随行人员之一。

然而不幸的是，保卫大同的明军统帅是宦官郭敬。郭敬长于内斗，拙于御敌，是一位典型的庸才。在其指挥下，明军混乱无序，仓促应战。在瓦剌骑兵的攻击下，大同守军遭到沉重打击。

英宗进入大同后，连日风骤雨急，军队常常处于惊恐之中。郭敬见军心涣散，士无斗志，便将此情密告王振。王振无计可施，便劝说英宗撤军。然而明军下令撤退时，一路上遭到瓦剌军队的追击，损失惨重，好不容易退到宣州。看来宣州不保，英宗只好派成国公朱勇、永顺伯薛绶率四万军队继续前进。明军撤退到鹞儿岭时，又遭到瓦剌的伏击，随即处于包围之中。第二天，英宗率军到达土木堡，大臣们建议进入怀来，然而王振为顾辎重而坚决反对，致使也先率军赶到。

土木堡处于高地之上，缺水，低地的水源全被瓦剌军所控制。明军口渴难忍，又无法突围，眼看着围困的敌军日益增多，已预感到形势不妙。也先为避免明军做困兽之斗，便佯装撤退。毫无作战经验的王振见此状况，便指挥大军移营西南方。也先见明军已中圈套，立即率领骑军以迅雷不及掩耳之势，从四面八方冲击蹂躏明军。明军遭到突如其来的打击顿时大乱，溃不成军。也先直闯中军，意欲擒获英宗。

面对严峻的现实，英宗采纳了众臣的建议，从群臣中挑选与自己面貌相似者，冒充皇帝，乘坐銮舆，以此迷惑敌军主力。另一些随扈趁敌军进攻銮舆时，伺机掩护英宗突围。由于申祐酷似英宗，众人就推举他代帝乘銮。经历一番惨烈的鏖战，明军溃败，死伤数十万人。申祐乘銮奔逃，死于乱军之中。英宗也没有逃脱被俘的厄运，其随扈数百人死的死、被俘的被俘，仅有数人得以生还……

申祐在死难前还为朝廷做了一件好事。出征时，校尉袁彬秘密得知宦官喜宁是也先安排在英宗身前的间谍，于是将情况告诉申祐，随之两人商讨对策。鸿胪寺卿杨善潜入英宗驻跸地时，曾仔细察看过周边的安全情况，申祐因此与他密谋，准备用袁彬之计除掉喜宁。

申祐阵亡后，杨善从小道得以脱逃，返回京城。土木堡之变后，喜宁多次为也先出谋划策，引导敌军抢掠边境地区。英宗被俘后，在北行路上，告诉也先若要得到礼物，必须派喜宁还京索取。英宗见也先上钩后，立即秘密通知袁彬派人携书通知边关将领，见到喜宁立即抓捕。喜宁至独石后，便被参将杨俊擒获，送往京师，第二年三月，受磔刑（分裂肢体）而死。从这件事可以看出申祐的重要作用。正如康熙《贵州通志》所言："其谋虽蓄自袁彬，实因天锡先成之。"

之后，明景帝朱祁钰即位，为褒崇宣扬忠臣烈士，特赐谥申祐为"忠节"，"连荫二子申琏、申瓒恩荣"。

申祐是明代贵州建省（1413）以来继正统四年（1439）进士张谏、正统七年（1442）进士秦颙后的第三位进士。其人生虽然短暂，但光华四射；其欹崎磊落的人格特质、敢于担当的无畏精神，是黔人立身行事的楷模！

劲节清风话黄绂

明代建国之初，朱元璋基于"天下初定，百姓财力俱困，譬犹初飞之鸟，不可拔其羽；新植之木，不可摇其根，要提倡安养生息"的治政理念，在政治专制和文化专制的同时，经济上实行较为宽松的政策。历经近百年的休养生息，国家的经济逐步得到恢复并繁荣起来，社会亦日趋安定。然而天下承平日久，封建统治者便忘记了祖辈创业之艰难，忘掉了"民急则乱"的历史教训。上自皇帝，下至豪门，比奢靡，竞豪富，沉溺酒色，腐败成风；广大民众饥寒交迫，苟延残喘，水深火热。目睹社会的种种罪恶和乱象，一些官吏伤时忧国，救敝起衰，于是拍案而起，勇于担负起澄清吏治、重振道德的历史重任。

明朝正统、弘治年间，贵州人黄绂活跃在政治舞台上。他刚正不阿、不畏权贵的性格，铁骨铮铮、大义凛然的形象，以及劲节清风、勤政亲民的人格魅力，赢得了朝野的广泛赞颂，时人称其为"硬黄"。明初文学流派"前七子"之一的李梦阳，在其《尚书黄公传》中对黄绂曾有如下评述："黄公廉峻直执，遇事飙发，正色山立，即重忤时贵弗恤；智巧所避，公毅然肩之。人率窃笑其呆，然亦以是获名。郎中时，人业以'硬黄'目之矣……"

黄绂，字用章，明永乐十九年（1421）诞生于贵州平越卫（今福泉市）一军人家庭。黄绂祖籍河南封丘，明初，曾祖黄思豫任太常寺主事，因罪被流放到湖南沅州，后随军进驻平越卫，从此定居。

黄绂幼时，深受舅父张宗琦教诲，张时任麻哈州（今贵州麻江县）教职。在舅父的悉心教导下，黄绂学习儒家经典著作，从中深受孟子民本思想的影响和陶冶。随着年岁的增长，黄绂的学养日臻完善。

正统十二年（1447），黄绂赴云南乡试，以《春秋》中丁卯科第五名，翌年进京赶考，荣膺进士，成为平越历史上第一位进士。进入仕途后，黄绂先后任行人、南京刑部员外郎、郎中，四川左参议、左参政、右布政使、湖广左布政使、右布政使，右都御使，南京户部尚书，左都御使等职，可谓一路顺风，官运亨通。弘治六年（1493），黄绂年事已高，乞老告退，未行病逝，终年七十一。

黄绂出自黔中平越古城,是贵州清淑磅礴之气孕育出来的优秀士人,亦是贵州建省兴学后培养出来的进士。他熟读经史,学贯古今,对中国几千年的历史熟谙于心,颇有心得;对政治舞台上曾上演过的一幕幕正与邪、善与恶、美与丑、清与浊的故事十分清楚。在其为官四十余年间,亲历正统、景泰、天顺、成化、弘治五朝,阅尽政坛的风云变幻和政治人物的荣枯盛衰。他始终遵循儒家思想的教导,秉持自己的人格操守,以"治国平天下""再使风俗淳"作为自己人生的最高理想。

黄绂刚直不阿、不畏权贵的官风官德,给沉闷腐败的明代政坛注入了一缕清新的气息,为清官廉吏树立了光辉的榜样。《明史》对黄绂有如是评说:"绂历官四十余年,性卞急,不能容物,然操履洁白,所至有建树。"所谓"性卞急",即性格急躁。时人称黄绂"不动时犹如山岳屹立,动时好像电闪雷击"。至于说黄绂"不能容物",这正显现出其爱憎分明、疾恶如仇,是其人格魅力之所在。如果说黄绂与奸人佞臣、宵小之辈同流合污、沆瀣一气的话,那他怎能"操履洁白,所至有建树"?又怎能青史留名呢?

黄绂一生的事功被广为传颂,其中一些还具有传奇色彩。据史册所载,正统年间,黄绂初涉政坛,在南京刑部任职时碰上了这样一件案子——当地豪门谭千户仗着与朝廷某显贵的特殊关系,横行乡里,欺凌百姓。官府不敢惹他,显贵劝他亦不理睬。为了打击谭千户的嚣张气焰,黄绂任职后深入民间,了解民情,对百姓指控谭的罪行展开调查。当掌握了谭千户霸占民众芦苇场的证据后，黄绂立即将其传讯。面对不讲情面、不受贿赂、铁面无私、凛然难犯的黄绂，谭千户不敢碰硬，只好磕头认罪，拱手将芦苇场退还原主。

成化九年（1473），黄绂升任四川左参议，负责监督松茂诸仓兼备兵源事务。到任后，他治理弊端，改革旧制，抓捕豪强恶徒数百，并揭发不法将官，举荐军中俊杰，从而使边境的混乱状况得以改善，社会秩序亦日趋井然。

黄绂在四川左参政任上，为崇宁县办了一件最为民众称道的案子。有一天黄绂到崇宁视察，听说当地一些僧人利用佛寺干一些杀人掠财、淫人妻女的不法勾当。得知情况后，他怒火中烧，于是派员暗中调查。经过多方打听，发现距离州城四十里的一座寺庙传闻最多，嫌疑最大。据当地民众反映，不少善男信女进入该寺后就不见了踪影。调查人员还告诉黄绂：这座佛寺倚山为巢，后临巨塘，地形十分复杂。要想进入寺中，首先得经过一洞中小道。来往之人，均在寺僧的严密监视之下。黄绂十分清楚，抓捕行动必须暗地进行，稍有风吹草动，就会打草惊蛇。倘若寺中的恶徒得知情况后，决不会坐以待毙，最大的可能就是惊慌失措，四处逃窜……

经过深思熟虑，黄绂亲率州官、兵勇前往，以迅雷不及掩耳之势，将该寺团团围住，然后进寺强行搜查。在穷究责问及法律的威慑下，僧人终于吐实招供。果然不出黄绂所料，原来寺中的僧人不守清规，对那些投宿的信徒，男的杀掉后将其沉入巨塘，其妻女则藏入寺中土窖，供寺僧长期淫乐。黄绂将案子审理完毕后，立即将这些恶徒处以极刑，并毁掉该寺。此案为黄绂赢得了崇宁百姓普遍的赞誉，亦凸显其心系民众、疾恶如仇的治政风格。

黄绂不仅对不法恶徒予以打击，而且对为非作歹的皇亲国戚亦不手软。在四川任上时，黄绂碰上了一件棘手的案子——一位姓李的仓吏是一位王爷的亲戚，仗着王爷的权势侵吞和盗窃了价值百万的官粮。事情败露后，王节为其筑窟藏匿，企图逃避法律的制裁。黄绂调查清楚后，将王节及李姓仓吏一同法办。

黄绂在四川时敢于揭发和打击任何无视国法的罪犯，因此声名大振，威行境内。有一年，黄绂路过川东，青神县令担心自己的不法行径败露，立即"望风解绶"，逃之夭夭。从这件事可看出，黄绂在贪官污吏的眼中具有何等的威慑力。

在四川右布政使任上，黄绂见建昌银矿矿源枯竭，便上疏朝廷，恳请关闭该矿。朝廷准奏后，黄绂却万万没想到此举遭到了贫困矿工的坚决抵制。当地民众在一个外号叫"周主簿"的头子的领导下，"聚众闹事，抄掠财物"。面对骤然而起的动乱，黄绂立即通令全境，向民众讲明关矿的原因。由于黄绂平时为官清正，心系民众，在当地人民心中威望极高，当民众得知缘由并了解黄绂的想法后，立即停止抵制，不再与官府对抗，从而使动乱悄然平息。

黄绂曾对属僚这么说过："盗起于烦苛，宜少宽养。"意即苛捐杂税是造成百姓反抗的主要原因，作为一个地方官，其职责是恤民养民，使其安居乐业。基于以上认识，他对那些借征收贡品而四处横征暴敛的宦官坚决抵制，毫不妥协，使其无油水可捞，不能为害地方。由于黄绂的态度太强硬、太可畏，宦官们都视其为眼中钉、肉中刺，必欲置之死地而后快。在宦官们的阴谋活动下，黄绂最终被排挤到湖广任左布政使。

在湖广任上，黄绂始终为民着想，设法减轻百姓负担。当时正值北京、南京营建，按惯例湖广当局将向朝廷上缴两万两白银并征派民工前往修建。黄绂深知百姓生活困苦，无力再承受这样的压榨，为了不再加深百姓的苦难，他从充裕的银库中拨出银两上缴朝廷。这事结束不久，黄绂又碰上了难题：荆王奏请朝廷移迁其家坟冢。黄绂担忧荆王迁坟势必会侵害民众利益，因此坚决抗争，执意不从，致使朝廷收回成命。黄绂此举不仅维护了民众的利益，还为朝廷节省了巨万钱财。

黄绂虽然身在湖广，却时时心系朝廷安危，他对皇帝身边宠信的妖僧极其厌恶。有一年，妖僧继晓来到湖北，其势焰灼人，不可一世，百姓对此非常反感。黄绂私下对同僚说道："（继）晓以妖术媚于上，遂好眠食。其今避而返乡，名扫墓，而实逃生耳。"为了不使妖僧祸害百姓，黄绂命令武昌知府将继晓软禁在后堂，对其虚之以礼。不久继晓东窗事发，黄绂立即将其逮捕，派要员用槛车押解到京城。事后，同僚无不钦服黄绂的见识过人、预事准确。

成化二十二年（1486），黄绂升任右副都御使，巡抚延绥（今陕西榆林）。到任后，他整顿吏治，揭发参将郭镛和都指挥郑印、李铎、王琮以及葭州知州史某等人的不法罪行，又计划逮捕豪奸张纲。与此同时，他选拔人才，调查社会隐患，修缮废旧墩堡，修理兵刃器械，加强警戒巡逻，裁削守望人员，严肃军规军纪。这些举措取得了极佳的效果，从而使边境的防务得到保障，政事为之一新。

自古以来，边境士卒的生活最苦，而延绥的士卒较之就更苦，然而那些边关大吏的薪俸却十分优厚。这些大员对自己优厚的待遇还不满足，其中有些人昧着良心去贪污军饷。更为可恶的是，他们对士卒冻饿至死的情形漠然置之，而延绥人又忠厚老实，对自己的苦难和命运毫无怨言。在延绥期间，黄绂在一次出行时，发现士卒的妻儿衣不蔽体，景况十分悲惨，对此不禁感触万千，长叹道："嗟夫！士之贫至此极，乃驱之战守耶！"他于是下令：预支士卒三月之粮。当士卒及其家属听到黄绂为其命运而同情嗟叹时，无不感动得放声痛哭，均表示愿为"黄部堂"拼死卖命，去俘获"一战虏"。之后，朝廷下令毁弃尼姑庵，黄绂便将那些年轻的尼姑许配给军中无妻者。待到黄绂离任时，那些军人携妻带子纷纷拜送于道，感谢这位大恩人。

黄绂是明代的清官良吏，位居"明代贵州名臣之冠"。他以刚正不阿、劲节清风的高尚品格，为自己在贵州历史的长卷中留下了光辉的形象。清道光、咸丰年间，贵阳士人黄辅辰继承并发扬了黄绂的"硬黄"精神，在政坛上"遇事侃侃持正论，虽忤上官不少屈，同署严咸惮之"，因此亦被人誉为"硬黄"。这并不是一种巧合，而是一种精神的传承，是贵州人民大山性格的体现。

周瑛与草庭书院

"黄平在黔为文物声名之地,科名辈出,甲于他郡",贵州史志曾如是说。翻阅明清教育史,黄平英才辈出,世代不衰,涌现出二十二名进士和二百五十名举人,陶冶出称誉黔中且扬名华夏的周瑛、解立敬、王枟、朱定元、石赞清和乐嘉藻等精英才俊。这种佳绩不得不令人刮目相看,佩服称誉!

周瑛,字廷润,号涧松,明宣德四年(1429)诞生于兴隆卫(黄平旧名)一军人家庭。周瑛祖籍江西临川,明洪武十四年(1381),其祖父周庸二随征南将军傅友德出征云南,留守兴隆。

周瑛儿时,常听祖母、父亲谈及家史,知祖父战死,留下两个年纪尚幼的儿子周彬、周政（周瑛父）。其伯祖父家的命运更悲惨：伯祖父周庸一，从军南征，殁于一碗水，其孙数人不是死于国内征战就是亡于交趾（越南北部）的战场。面对家庭惨变，周瑛祖母矢志抚孤，在贫困艰苦的环境中苦撑了几十年。好在儿孙争气，终于在周彬之子周鉴成为岁贡生时，家庭有了转机。当周鉴向官府陈述了祖父为朝廷殉职的情况后，朝廷悯其家属多年来所遭受的苦难，特授予周彬千户之职。

周瑛自幼聪颖好学，年岁稍长进入刚成立不久的兴隆儒学就读。时值朝廷推行"大兴儒学，作养人才"的大政方针，旨在"移风善俗""敷训导民"，以巩固明王朝在西南地区的统治。由于家道中落、贫穷困窘，加之受"万般皆下品，唯有读书高"的传统教育，周瑛明白：唯有勤奋苦读，志在功名，才能改变自己的命运。当时有感于黄平文教落后，难以接触良师益友，他便背着粮食远赴四川泸州，向饱学之士虚心求教，取长补短。于是他的视野日渐开阔，才学愈见深厚。

景泰元年（1450），周瑛乡试中举。四年后，赴京会试，荣膺进士，为黔东南州史上第一名进士。

周瑛青年入宦，风华正茂，踌躇满志，意在大展宏图，以遂其志，历官临安、衡州知府、太仆寺卿、广东左参政、广西右布政使。弘治元年（1488），周瑛辞官归里。

周瑛为官三十余载，本着为国尽忠、为政以德的宗旨，治理地方政务时，力求清正廉洁、保民恤民。由于他大公无私，心怀坦荡，因此深得治地民众的好评。当时，贵州并不被中原士人所认识和了解。周瑛的为政作风、道德风尚及人格魅力，无疑增进了人们对贵州士人的重新认识。

回到故乡后，周瑛痛感桑梓文教之落后，于是捐资办学，先在城北风景胜地龙渊池畔创办了明代贵州第一所书院——草庭书院，并将"草庭书院"四字镌刻于岩壁上部。

草庭书院十分简陋，仅有茅屋三五间，然而四周有山有水，加之"林间茅屋掩荆扉，柳媚桃夭乳燕飞"，是个读书的好去所。周瑛主讲草庭书院十余年，由于人品高尚、学识渊博、持论精辟、教学有方，因此深受教师、学生钦服，草庭书院及周瑛声名远播。邻近州县闻其大名，求学者纷纷到来。

周瑛的办学不仅发展了地方教育，而且对地方文教也产生了深远影响。据史册记载，自周瑛创办草庭书院至清末废除科举的四百余年间，仅黄平一地就产生了二十二名进士（一说二十九名）和二百五十名举人。"科甲辈出，甲于他乡"之说由此而起。

之后，周瑛之子周希廉在草庭书院担任主讲。一日，闻知王阳明昭雪，由黔奉调江西任庐陵知县，将路经黄平，不禁惊喜交加，期盼得到其教诲。阳明先生到达黄平后，周希廉殷勤备至，邀其到草庭书院讲学。自此，草庭书院得阳明先生思想的熏染，学子无不以"阳明子弟"为荣。

周瑛平生"性疏敏多才"，晚年"优游林泉，多有吟咏"。《黔风旧闻录》云："草庭诗，清质古雅，称其为人。"丁养浩在《草庭内稿序》中对周瑛诗的成就曾有以下评述："余闻之贵州之地，三代以前无有也。我国朝洪武、永乐间，创立省治，建学立师以风化斯土，盖自邃古以来皆弃不录。而今乃以中国之治治之，可谓遭逢其时。而游艺之士，乃往往狃于风气之偏、习俗之陋，不知儒业为何物，视诗与文忽焉若不与其事。君所遭与众人同，所居与众人同，而所志特与众人异，用能自拔于流俗之中，以成宏博之学，作文诗文，既富且赡，而又众体具备，可谓得古人之用心矣。"

在主持草庭书院期间，周瑛撰写了兴隆卫第一部方志——《兴隆卫志》，又将为官四十余年所著诗文手稿总近千篇（首），手自校录，编辑成《草庭类稿》一书，共七十二卷，其书目载入《明史·艺文志》。

周瑛重视家庭教育，儿孙亦能克承家风、家学。在周家的四代人中，不少人在科举场上有不俗的表现。其子希默、希谦，孙竽、筊和曾孙良卿皆举于乡，从而使周氏家族成为明代黄平著名的文化世家。

弘治十五年（1502），周瑛病故于黄平家中，时年七十三，之后葬于新州白水岩。

骨鲠之臣——徐节

明朝弘治、正德年间，统治阶级内部矛盾激化，宦官擅权，锦衣卫横行，土地兼并日趋激烈，阶级矛盾空前激烈。加之边患频繁，外族不时入侵西北边疆，在内忧外患的夹击下，明王朝开始走向衰落。然而，每当国家处于政治腐败难以为继时，那些"孤臣孽子"便逆风而起，勇于担负起救敝起衰的大任。贵州士人徐节，秉持刚正不阿、清廉自守的官风，敢于与飞扬跋扈的锦衣卫指挥牛循及权倾一时的大宦官刘瑾斗争，表现出骨鲠之臣的棱棱风骨。

徐节，字时中，贵阳卫（今贵阳市）人，祖籍安徽绩溪。其曾祖徐伯逊明初谪戍贵州，后定居于贵阳。徐节自幼聪敏异常，六岁入塾，所阅之书，过目成诵。据《贵州通志·人物志》所载："徐节少小习《易》，巡按陈泰为之大为称奇。"陈泰是福建光泽人，举人出身，平时爱才识才，对徐节这样的奇才大为赞赏，于是赠给《易义》诸书，以资其释疑解惑，并将其选入县学就读。

正统十三年（1448），徐节之父徐资因参谋戎幕，殁于战阵，致使其家陷入困境。面对家庭的巨变，徐节反复深思：唯有发愤图强，志在功名，才能改变自己的命运。心中有了理想，人生有了目标，于是他头悬梁、锥刺股，全身心地投入经、史、子、集的学习中去。

天顺三年（1459），徐节乡试中举。在其后的十三年中，他文场不利，屡试不中，谋生无望，心灰意冷，一度陷入迷惘彷徨、苦恼失望的境况中。然而徐节注重节操，爱惜羽毛，不因清苦而泯灭心志，不为名利而攀附权势。成化八年（1472），徐节苦尽甘来，赴京会试，考中进士，次年出任河南内乡知县。

徐节从小深受儒家民本思想的熏陶，到任后，他立即祭祀诸神，发誓要以刚正廉惠的官风来治理政事，要为国家和人民竭尽心力。由于勤于政事，爱民恤民，不久内乡政通人和，社会安定祥和。恰逢此时吏部派员赴河南观察政情民风，所到之处，民众无不称赞徐节的政绩。考察的官员返京后，向朝廷极力赞颂徐节在内乡的治行。

成化十三年（1477），徐节由于政绩卓著而升任福建道监察御史。离任之日，内乡吏民遮道为这位亲民、爱民的父母官送行，民众拉住徐节的衣襟，依依不舍，"衣履为裂"。

监察御史是朝廷的谏官，有讽喻政治、鉴戒得失、为大政方针提供意见以及察访弹劾不法官员的职责。当时，明宪宗朱见深有振兴国家的雄图壮志。他任用贤臣商辂治国理政，平反于谦冤狱，宽免赋税，减省刑罚，开政治清明之风。而在重用宦官和锦衣卫方面，朱见深露出了封建统治者的本来面目。他继承正统年间宠信宦官的传统，视宦官和锦衣卫为巩固皇权、镇压人民的有力武器，不仅对其毫无制约，反而加以扶持，纵容其为非作歹。

身为谏官，徐节深感责任重大。作为黔山筑水孕育的优秀人才，他敢于直言，不畏权贵，特别对宦官干政和锦衣卫为非作歹十分反感。在其任上，徐节针对锦衣卫指挥同知牛循的罪恶行径，三上表章揭发其不法行为，最终得到皇帝的采纳，将其法办。这种不畏强权、敢于碰硬的诤臣作风，得到朝野的一致好评。

成化十九年（1483），徐节入掌河南、山西两道，多次弹劾内阁首辅万安等人的不法行为，时人赞其曰"风裁凛若"。

弘治元年（1488），徐节迁直隶（河北省）太平知府。上任之初，正值当地发生瘟疫，徐节亲临疫区，以"抚摩治疗"的方法去救治病人，其疗效甚好，救活了很多人。由于徐节勤于政事，亲民恤民，因此深孚众望，广受好评。那些派往太平观察风教的官员回京之后，无不向朝廷表奏徐节的德政。

弘治十一年（1498），徐节升任云南右参政，离开太平时，百姓遮道挽留，重现了当年离开内乡时盛大感人的场面。

云南是一个多民族的地区，由于朝廷在政治上、经济上对少数民族的高压政策，这里的民族矛盾十分激烈。徐节到任后逐渐稳住了云南的局势，朝廷对徐节"录功食正二品俸"，予以嘉奖。弘治十五年至十七年（1502—1504），徐节先后任广西右布政使、广东左布政使。

正德元年（1506），宦官刘瑾登上历史舞台，其为人狡猾阴狠，平生最崇拜明英宗时的太监王振。为了取得明武宗的宠幸，刘瑾投其所好，"日进鹰犬、歌舞、角抵之戏，导帝微行"。武宗荒淫无道，毫无人君的样子，除了在宫内奢侈淫乐外还四出巡游，所至劫掠财物、抢夺妇女。为了专权，刘瑾在锦衣卫和东、西二厂之外，又设立内行厂，分遣啰卒四处刺事，不仅掌控了武宗的行动，而且对反对自己的大臣打击报复，置之死地而后快。刘瑾的所作所为遭到朝中正直大臣的坚决反对，不少人冒死进谏，"伏阙面争"者不是被追杀，就是锒铛下狱。兵部主事王守仁为救谏官戴铣等人而受杖刑谪戍贵州龙场驿。见到武宗如此昏聩，刘瑾堂而皇之地入主朝政，徐节寝食难安，忧形于色。

就在王守仁谪戍贵州龙场驿的这一年，徐节升任右副都御史，巡抚山西，提督京师恃为外险的雁门关、宁武关、偏头关。

雁门地接西部少数民族地区，自古以来战乱不断。徐节到任后，一面加强战备，加筑城墙上的矮墙，疏通护城壕，严格军队纪律，加强军事防御；一面想方设法广积财谷，消弭社会隐患，使民众安居乐业，无后顾之忧。在此期间，时人对徐节的官风有如下评语："廉能公谨，善誉四达。"

正当朝廷准备擢升徐节时，徐节的仕途却因"忤犯刘瑾"

23

而发生了逆转。刘瑾假传圣旨,将徐节"削职罢归"。对徐节来说,政治上的失意是理所当然的,他并不在意。然而国家的命运被掌握在荒淫无度、不理朝政的武宗和宦逆刘瑾手中,这才是他忧心如焚、难以释怀之所在。

正德三年(1508),刘瑾阴谋篡政败露,"诏磔于市"。刘瑾死后,徐节奉诏复职,时年七十有四。不久,徐节因年老体弱而辞官返里,过着一种悠闲自在的文人生活。

徐节一生清廉,家无余财。放遣在家时,他"慕陶潜之所为",作《挽歌行状》以示门人。他为人旷达,待人以礼,常常与二三绅耆硕儒觞咏泉石间,把酒临风,吟诗作赋,以抒情怀。徐节擅长书法,通篆、隶、行、草诸体,每当兴趣盎然之际,展纸挥毫,自得其乐。

徐节曾是朝廷的骨鲠之臣,又是学识渊博、道德高尚的乡邦楷范,人谓其"积学以致荣,砺行以范世"。不管在官场或致仕还乡,他都秉持着"居庙堂之高则忧其民,处江湖之远则忧其君"的理念。徐节以清廉刚直名于世,因此在朝野很有威望。视察或途经贵阳的官员及士吏,莫不登门拜访徐节。寒暄之余,徐节便将话题转向政事新闻上,向访客询问朝廷的大政方针、主政者的好恶个性、其治地治安如何、赋税田粮的多寡、民众生活的好坏,由此可见徐节"心系天下苍生"的高尚情怀。

正德十五年(1520),这个天生傲骨、一身正气的黔人离开了人世,享年八十六,给"天下想闻其清节"的人们留下了深深的念记。

疏请贵州乡试开科的田秋

贵州地处西南一隅,由于丛山阻隔,信息闭塞,自古被中原视为"蛮夷之地"。唐代文学家韩愈在《柳子厚墓志铭》中曾有"播州,非人所居"之语,透露出当年柳宗元因王叔文一案流放播州(今遵义地区)时的心境:想到播州远在千里,人迹罕至,加之老母在堂,柳宗元内心充满悲戚。是语佐证了当时贵州贫穷落后、文教不兴的状况。

为什么贵州被历代中原士人视为蛮夷之地呢?这与所处的区位、复杂的地理环境以及历代中央王朝对西南边疆的开发经营有关。《黔书》曰:"天下之山聚于黔,其山磊落峻拔。"说明贵州关山阻隔,信息闭塞,是造成贵州经济、文化落后的主要原因。东汉时期，曾有贵州人尹珍跋山涉水，历尽艰难，远赴洛阳就教于汉学大师许慎，返乡后"首开南疆之学"。然而岁月悠悠，风云变幻，贵州并未与时俱进，仍处于"蛮天獠雨，鸟道蚕丛"的"荒服"状态。直至明军经营西南、扫荡在滇元朝残余势力时，沉睡千年的黔中大地才从梦中惊醒。

据《贵州教育志》所载：宋代贵州始有一所书院，元代有几所官学。到了明清两代，官学、书院、社学、私塾勃然兴起，其中的原因与中央王朝经营西南及重视文教的政策有关。贵州思南人田秋上疏朝廷，恳请在贵州开科乡试，亦有推波助澜的重要作用。

田秋，字汝力，号西麓，明弘治七年（1494）生于贵州思南府水德江司（今德江县）。正德五年（1510），田秋中举，后赴京会试，中甲戌科进士。当时，田秋年华双十，风华正茂，被人视为青年才俊。

嘉靖元年（1522），田秋进入仕途，先后任福建延平府推官、直隶河间府推官、京城户科给事中（谏官）、礼科左给事中、吏科左给事中、户科都给事中。

在任谏官的8年里，田秋敢言直谏，颇有建树，是谏官中陈述意见、有所倡议最多的人之一。他曾弹劾朝廷派往云南胡作非为、横行霸道的宦官；又针对"内府监多冗食，太常寺多冗役，光禄多不经（不遵守成规定法）之费"等弊病奏请裁汰；又建议朝廷在"郊外祭典不应侵迁民冢"。

了解历史的人大都知道，明代是宦官最为风光的时代之一，他们不仅给百姓带来了极大的灾难,而且成为明王朝的掘墓人。面对这股污流浊水和社会毒瘤,田秋并没有沉默,而是利用自己谏官的身份与之抗争,甚至不顾身家性命,矛头直指宦官集团。从"郊外祭典不应侵迁民冢"的奏疏中,可见田秋有为民说话、维护民众利益的高尚情操。

嘉靖十五年(1536)十二月,田秋升任福建布政司右参政,之后仕途顺利,相继升任四川按察使、广东左布政使。晚年告老归林,屡荐不起。嘉靖三十五年(1556),田秋病逝于家乡,时年六十。

田秋一生对故土怀有深厚的感情,尤其关心家乡的文教事业。入仕后,他常常对贵州文教落后的状况反复深思,想到自己早年奔赴数千里外的云南昆明乡试时的情景,行途所经历之艰难苦楚,不禁黯然神伤。他实在想不通的是,贵州自永乐十一年(1413)建省后,已成为中央王朝的第十三个行政省,然而并没有享受应有的待遇。令其不可思议的是:贵州乡试时而附于云南,时而附于湖广,贵州的省级地位何在?贵州士人的前途何在?何况明王朝开国之初,明太祖(朱元璋)下诏曰:"治国以教化为先,教化以学校为本。"针对贵州经济、文化的具体情况,明太祖强调"移风善俗,礼为之本;敷训导民,教为之先",责令各级官员在管控政治、经济的同时,要"广教化,变土俗,使之同于中国"。然而一百六十余年过去后,贵州仍然没有贡院,乡试仍须到周边省去考。田秋认为:贵州"文化不宣"、教育落后症结之所在是朝廷忽视了贵州的省级地位，导致贵州士人皆知学而无所施展的尴尬境况。

作为朝廷命官，田秋认为不能让这种现象发展下去，否则愧对生于斯、长于斯的故土，愧对家乡的父老乡亲。

嘉靖九年（1530），田秋上《请开设贤科以宏文教疏》，恳请朝廷在贵州设立贡院开科乡试。在奏疏中，田秋首先表达了贵州士人的心声："远方人才，正如在山之木得雨露之润，日有生长。"换言之就是盼望朝廷的雨露阳光早日沐浴黔中大地，浩荡皇恩多多赐福于贵州士人。接着他述说了贵州士人赴邻省乡试的艰难困苦："盛夏难行，山路险峻，瘴毒浸淫，生儒赴试，其苦最极。中间有贫寒而无以为资者，有幼弱而不能徒行者，有不耐辛苦而返于中道者，至于中冒瘴毒而疾于途次者往往有之。此皆臣亲见其苦，亲历其劳。今幸叨列侍从，乃得为陛下陈之。边方下邑之士，望天门于万里，扼腕叹息，欲言而不能言者亦多矣。"最后，田秋以明代建国之初两广共一科场，其后各设乡试逐渐增加名额为例，说明这些举措导致了两广今天"人才之盛，比于中州"的盛况。田秋进而言之：如果朝廷在贵州设科乡试，更加能够激励贵州士人勤奋向学，谁又能断定将来"云贵又安知不如两广之盛乎"？

田秋上疏朝廷的事得到巡按贵州监察御史王杏的大力支持。王杏继田秋之后亦上疏朝廷，恳请朝廷在贵州开科乡试。田秋和王杏的努力终于使朝廷改变了政策。嘉靖十六年（1537），贵州历史上首次乡试在贵阳贡院举行，并得到二十五个举人名额。

田秋对贵州文教的贡献不仅于此。嘉靖十年（1531），田秋继《请开设贤科以宏文教疏》后，鉴于"贵州一省制度草创，止有府学而州县尚无"的现状，痛感"百年以来，休养生息之余，似乎富而未教，一方山川之秀，诚为郁而未舒"，黔中士人"拭目以观文教之兴"及"皆有遣子入学"的强烈愿望，于是又上《请建务川、安顺、印江学疏》。在疏中他对当地的地理环境、经济概貌、文教现状有如下描述："务川县为黔南古邑，擅砂场之利，有鱼稻之饶，商贾辐辏，民庶殷实，士生其间者类多向学，而登科第者往往而有，只以离府（府城）五日，山行就学不便，是以闾阎俊秀者虽不乏人，而奋勇（任用）致身终于无路，臣愚以为务川县宜立县学一区。"谈到安顺时写道："安顺州设有普定卫，其地上通云南，下接湖贵，实西南都会之所，号为多才，科目相望，而该州亦未有学。臣愚以为安顺州亦宜建学一区。"最后谈到印江时说："印江县离府虽无百里之程，而有三江之隔，夏秋盛涨，未免病涉，且其邑多才，足以自成一学。"此疏亦得到朝廷的允准。

贵州乡试开科是贵州文教史上的一件大事，可说是泽被后世，对贵州的文化、教育，乃至政治、经济产生了深远影响；务川、安顺、印江建学，对全省各地官学、府学、书院、私塾的勃然兴起有着引领作用。

二十年后，贵州人才勃兴，比于中州，令国人惊叹。据乾隆《云南通志》和《贵州通志·选举志》所载，明宣德壬子科（1432）之前，每科乡试贵州士人中举者不过一人而已，明正德庚午科（1510）后，贵州中举人数有所增加，最多时达二十一人。中进士者寥若晨星，仅三十五人；而开闱后百年间至明末，则出了八十二人，举人达七八百人。如此迅速的增长，无疑与田秋的两个奏疏有关。

贵州首次开闱，录取了二十五名举人，之后逐科增多，最多时达四十名。如此佳绩，极大地鼓舞了贵州士人，使之对前途充满了希望。举人的名额增加了，中举的机会相应就增多了；考试的地点在省城贵阳，无疑对过去无力、无钱的贫寒士人来说是个福音，从此不必赴外省参加考试，在省内应试既省力又省钱，大多士人有能力应付。有了与别人公平竞争的机会，谁又不勤奋向学以博取功名呢？

田秋一生关心桑梓，晚年归乡后卖田以供试卷费用，以此鼓舞家乡士子向学之风；建先祠，置义田，以赡同族之不能婚葬者；治桥梁，设药局，以济乡之不能医药者；建府城垣，以培家乡人文；针对乡人信鬼、信佛的陋习，尽力疏导，遂使民风为之一变。

田秋善书工诗，对家乡的山山水水有着深厚感情，以下为其诗《岩门山》。

登高纵目尽清秋，万里云山在两眸。

地脉不因巴水断,风光更与圣山浮。

鸟鸣木落空林响,竹暝烟生别涧幽。

兴极马蹄随处到,恍疑身已在沧州。

　　田秋著有《西麓奏议》,撰写《思南府志》八卷,然而大多散佚,仅存文数篇、诗数首。

阳明先生在黔高足汤冔

明朝正德元年（1506）冬，御史戴铣等上疏论时事，下狱。兵部主事王守仁（别号阳明）疏救戴铣等，从而惹怒了司礼监刘瑾，受廷杖四十，谪贵州龙场驿丞。

在贵州三年的谪居生活中，阳明先生贫不坠志，穷且益坚，创立书院，著书立说。其身处逆境、坚忍不拔的人格，谱写了影响千秋万代的"心学"理论，而且培养了中国第一代"王学"弟子。

在阳明先生的弟子中，贵阳世家子弟汤冔受其影响最深，成就最大。汤冔一生秉持先生的学说，身体力行，为自己的家族及贵州士人树立了光辉的榜样。

汤冔先世系淮北清河县赤鲤湖人氏，明初入黔。据嘉靖《贵州通志》所载：汤冔的父亲汤轸，少时聪明颖异，成年时以博雅而闻名士林，之后被选任桂阳州学训导之职。在训导任上，汤轸"明经训义"，身体力行，致使当地学风大盛。任满返里后，其"笃孝友以娱天性之乐""寄志意于山水诗酒之间"，过着一种闲云野鹤似的生活，年八十一逝于家中。

汤轸一生所著有《乐闲雅会》《蓉城吟稿》《秋蜇吟稿》《碧澄杂著》等诗文。

汤冔，字伯元，汤轸长子。汤冔少罹苦难，十四岁时母亲病逝，父亲续弦，娶妻韩氏。韩氏生性严急，对前妻子女重则挞楚，轻则詈骂。一日，汤冔之弟汤邦、汤鼎淘气犯错，由于担心重罚，兄弟俩离家出逃。

面对家中突然的变故，汤冔强忍悲痛，对后母敬之以礼，事之以孝，最终以至诚感动了对方。从此家庭和睦，相安无事，汤冔得以面壁苦读，矢志功名。

正德三年（1508），汤冔得知谪戍龙场的阳明先生在当地创办龙冈书院的消息时十分欣喜。阳明先生是一个志节坚贞、学养淳厚的非常人，如果能投其门下，受其教诲，将是人生最大的幸事。在征求父亲同意后，汤冔邀约好友叶梧、陈文学等人，背着粮食前往龙场。

龙场位于黔中腹地的万山丛中，距贵阳约八十里，陵谷深峻，途程亦梗。汤冔等人不顾路途艰险，兴致勃勃地来到龙场，在"龙冈书院"门前停下脚步。首先映入他们眼帘的是《教条示龙场诸生》的书院教规，其要旨是入学士子务必以"立志""勤学""改过""责善"作为遵循的四条准则。进入书院，迎面而来的是一位身着布衫俊雅飘逸的中年士人。听完汤冔等人的来意后，中年士人自称王守仁，表示欢迎汤冔等人加入龙冈书院，希望他们在今后求学中，务必做到以下几点：一是要有"诚意""正心""为善""去恶""一洗习染之狭""务在兴起圣贤之学"；一是切记"错误难免""贵在改过"；一是学习之余，在老师的带领下进行体育、美育的教育，如探幽访胜、射壶请宴、赏月抚琴、饮酒吟啸等。

阳明先生超凡脱俗的形象、眉宇间流露出的聪明睿智以及他在龙冈书院所施行的新型教育观念，无疑对充满求知欲的汤冔等人是具有吸引力的。

随着时光的推移，汤冔对阳明先生的学识才华、人格魅力、精神境界愈加了解，先生告诉他：来到龙场驿时，没有住处，与随行仆夫扎了一间小茅屋。由于茅屋透风漏雨，难以居住，他只好搬到东边龙冈山的小山洞住下，并将洞取名为"阳明小洞天"。在这个"连峰际天兮飞鸟不通，游子怀乡兮莫知西东"的地方，缺吃少穿，受尽折磨，几至于死。为此，他并不气馁，常常以古代圣贤面对逆境和残酷的命运的事例来激励自己，认为这是老天赐给他磨砺心志、奋发为雄的绝佳机遇。他不止一次体味孟子"天将降大任于是人也，必先苦其心志，劳其筋骨，饿其体肤，空乏其身，行拂乱其所为。所以动心忍性，曾益其所不能"的名言；也不止一次审视《报任安书》中司马迁在遭受苦难屈辱时不气馁、不沮丧的超然态度，迅速调整人生方向，去"究天人之际，通古今之变，立一家之言"。

阳明先生告诉汤冔：人有了理想，苦闷沮丧便随之消解。每当夜深之时，他难以成眠，国事、家事、天下事便涌上心头：皇上昏庸，宦官擅政，缇骑四出，官民惊恐，社会风气败坏，百姓水深火热，士人思想混乱，这样的局面不知还要维持多久？这些问题一直困扰着他，促使他一定要弄清造成这样的社会乱象的症结所在。经过反复思考，他将视线聚焦于影响历代士人道德行为的孔孟儒学上，果然不出所料，的确大有问题。他发现，在儒学传承的历史长河中，不仅存在着自身的缺陷，亦有被后学者断章取义、为我所用的弊端。

阳明先生告诉汤冔：一天深夜，他突然性天顿悟，发觉乞求上苍、冀望君王均不现实，唯有求之于"本心"才是正途。因为人人都有"本心"，这才是天理伦常之所在，"格物致知之旨"。如果人人都将自己的言行与"本心"对照，就能分辨是非，净化道德，规范言行，使社会安定。之后，他将自己的感悟与心得同记忆中的"五经之言"相引证，然后诉诸笔端，写成《五经臆说》，这是自己"心即理"理论的发端。

感到先生是一位有着"推倒一世之智勇，开拓万古之心胸"的当代圣哲，能认识先生，并追随其左右，是自己人生之大幸。汤冔珍惜这难得的机遇，从先生的言传身教中获得教益。

时任贵州提学副使的席书早闻阳明先生的大名，对其学识人格十分钦佩，听说先生正在龙冈书院讲学，于是邀请他到省城贵阳文明书院讲学，借此扩大学生的视野，增长他们的学识。时值阳明先生在病中，急欲到贵阳就治，见席书情词恳切，便带着汤冔等弟子前往省城。

正德四年（1509）十一月，阳明先生来到贵阳，主讲于文明书院。席书特挑选各府、州、县成绩优异的生员（秀才）来书院学习，并"身率诸生以所事师礼事之"。

讲学期间，正是阳明先生"知行合一"学说成型之时。为了检验自己的观点，阳明先生用浅显易懂的例证向学子进行讲授。其曰"食味之美恶，必待入口而后知""路歧之险夷，必待亲身履历而后知"。先生的讲学，言简意赅，深入浅出，汤冔对此深受教益。

正德五年（1510），刘瑾被诛，阳明先生得以昭雪，出任江西庐陵县知县。对汤冔而言，恩师的离去毕竟是件喜事，然而又若有所失。因为自此一别，再也听不到先生的谆谆教诲了。

正德十一年（1516），汤冔中举，五年后北上京师，再试文场，荣膺进士。进入仕途后，汤冔在南京户部任职十余年，继而出任潮州知府。

潮州系广东大郡，商铺林立，经济繁荣。汤冔莅任后，遵循阳明先生"在事上磨炼"的教导，以推行廉能政治为职志，政事裁决如流，监税租不一染指。当时，潮州商界盛行请托之风，导致官场腐败。为了杜绝此风，汤冔派人在其官衙堂壁上用泥灰糊上木刺，以此表达拒绝贿赂之意。这样不仅伤害了巨商大贾们的利益，也让那些请托的缙绅颜面尽失。为利益所驱使，贪官和奸商纠合起来，视汤冔为眼中钉，必欲除之而后快。三个月后，趁着汤冔改官巩昌之机，潮州一巨商在京城散布流言，对汤冔恶意中伤，汤冔于是被朝廷免职罢官。

嘉靖十三年（1534），浙江奉化人王杏出任贵州巡按御史。王杏十分敬仰阳明先生，对这位前辈的人格与思想怀有崇高的敬意。在其《阳明书院记》中，记述有阳明先生对贵州人民的教化影响。其文曰："嘉靖甲午（1534），予奉圣天子命出按贵州，每行郊，闻歌声蔼蔼如越音。予问之士民，对曰，'龙场王夫子遗化也'。"鉴于当时省城贵阳只有文明书院一所及士人日渐增多的现实，王杏感到亟须修建书院以解决学子的攻读问题。

当汤冔、叶梧、陈文学等得知消息后，联名呈请修建书院。王杏亦认为新书院对贵州的文教将会起到巨大的作用，于是积极支持，为此筹措资金，选址建院。是年书院在城东建成，取名"阳明书院"，用以表达对阳明先生的敬意，并寄望书院将阳明先生的教育思想发扬光大，为贵州培养大批人才。

汤冔享年八十一，暮年生活以诗自娱，著有《逸老闲录》《续录》。

汤冔家族发扬先辈的遗德、遗风，在之后的岁月中，自强不息，奋发为雄，不仅为家族增光，而且为史志添彩。子孙中，汤师炎、汤景明尤为突出。

汤师炎，字子农，汤冔之孙。万历三十一年（1603），汤师炎中癸卯科举人，之后经礼部考试，任云南大理府推官。天启元年（1621），以监军的身份参与平定滇黔叛乱，不幸被敌军所俘，后遭杀害。

汤景明，字伯昭，万历三十一年（1603）癸卯科举人，四十四年（1616）丙辰科进士。进入仕途后，汤景明"选河间知县，治行卓异，擢吏部主事，累迁本部郎中，出为荆西道右参政，皆有治绩"。

据道光《贵阳府志》所载，自汤㫚至汤景明的八十余年间，是汤氏家族的辉煌期，其子孙多人荣登科甲，成为贵阳士林景仰的世家。

名臣大儒孙应鳌

明代中后期，统治者淫乐无度，宦官擅权乱政，厂卫横行跋扈，内阁纷争激烈，由此导致社会风气腐化、士人道德沦丧、土地兼并愈加严重、人民反抗更加频繁，朱明王朝陷入了前所未有的统治危机。在这阴霾密布的岁月里，一位黔人逆风而起，高扬王阳明的心学理论大旗，提出"以仁为本"的学说理念，将道德范畴之一的"仁"推到至高无上的地位，扩大到宇宙万物本原的境地，旨在寄望于强化道德，改变江河日下的社会风气，进而解决社会问题，缓和阶级矛盾，巩固封建统治。这位被"海内群以名臣大儒推之"、时人誉为"四大理学大师"之一的人，就是黔中先贤孙应鳌。

孙应鳌，字山甫，号淮海，嘉靖六年（1527）诞生于贵州清平卫（今凯里市炉山镇）一士人家庭。其家祖籍江南如皋，先世明初随军入黔，任清平卫官，遂落籍当地。之后，其子孙顺应时代潮流，弃武从文，通过科考跻身仕途，成为清平书香仕宦之家。

孙应鳌从小聪颖过人，九岁能文，十岁解诗，"日诵数千言，正襟危坐，务解大义"。嘉靖二十五年（1546），孙应鳌以儒生应乡试，督学徐樾慧眼识人，视为奇才，预言今科黔士魁首非他莫属，放榜之日，果然荣膺第一，成为解元。嘉靖二十六年至嘉靖二十九年（1547—1550）间，孙应鳌曾两度赴京会试，科场失意，铩羽而归。回故乡后，又逢业师徐樾"坠河身亡"，悲痛之余作《公无渡河》以悼之。

嘉靖三十一年（1552），孙应鳌再试文场，中进士，授庶吉士，散馆后进入仕途。大学士徐阶知人识人，对孙应鳌十分赏识，便奏请朝廷留其在史局任职，然而遭到权臣严嵩反对。孙应鳌转而改任户部给事中，后调刑部右给事中，出补江西按察金事。

在孙应鳌的仕宦生涯中，王阳明的"心学"理论对其影响至深，而阳明先生身处逆境磨砺心志、发奋为雄的人生经历更令他钦佩。孙应鳌认为：阳明先生是继孔孟之后最伟大的哲人，其学说内涵丰富，是重振道德、治平天下最有效的良方，于是殚精竭虑，深研"心学"。

孙应鳌是王阳明的再传弟子。他早年的业师徐樾曾受教于王阳明，其后，孙应鳌又与贵州的王门学者李渭、马廷锡，湘楚王门学者蒋信，江右的王门学者罗洪先、胡直，泰州学派的罗汝芳、耿定向、耿定理、赵贞吉等往还切磋，从而使自己学养日趋成熟，成为黔中王学的代表人物。

孙应鳌继承了王阳明的心学理论，并在其基础理论上加以发挥。针对当时统治阶级内部人心颓废、道德败坏以及社会的种种问题，提出了"以仁为本"的心学理论，将作为道德范畴的"仁"推及到宇宙万物，旨在净化社会风气、缓和社会矛盾、巩固封建统治。孙应鳌认为：仁是一切美德的基础，是最大的美德。识仁、求仁、达于仁，德就有了基础；有仁爱之心，则有同情之心、好恶之心、义勇之心。正如他在《淮海易谭》中所言："故合礼者，合此仁也；干事者，干此仁也。"这个观点，可说是对儒家"修身、齐家、治国、平天下"思想的心得和阐发。

在孙应鳌的仕宦生涯中，始终秉持阳明先生"知行合一"所强调的"道德意识必须与道德行为统一"的理论，并一以贯之。在江西任上，时逢百姓不堪官府压榨而奋起反抗，孙应鳌在维护封建统治的同时，务求不伤及普通民众。其后发生"九江三百人误坐"事件，孙应鳌为之解除罪名，化解了社会矛盾，使当地治安恢复平静。

嘉靖四十年（1561），孙应鳌调任陕西提学副使。为了作养人才，他效法阳明先生在修文兴办龙冈书院的经验，建正学书院，并作《谕官诸生檄文》，以崇制、好学、论心、立志、破迷、修行等十六条来阐明自己的教育主张，以此整顿儒学，倡导笃实学风，培养当地人才。这篇檄文当时被陕西学官奉为办学宗旨，在全省推行。与此同时，孙应鳌亲临平凉、延州等地，考察当地教育状况，考试儒生，选拔人才。《陕西通志》对孙应鳌有如是评价："督学关中，以濂洛之学自任，莅任举大体，不亲细务；教士务实效而不务虚名，当时号为得士。"

嘉靖四十二年（1563），孙应鳌调任四川右参政，次年出镇剑南。在此期间，发生了土官薛兆乾挟持龙州参将贺某叛乱的事件。都御使谷中虚对此无从应对，于是问计于孙应鳌。孙应鳌反问道："参将与天子孰轻？"见对方沉默不语时，他便以土木堡之变，明英宗被瓦剌俘获、于谦立新帝保卫北京之事为例，说明不能因为一个参将的性命而危及国家的利益，如果不趁薛兆乾羽翼未丰时铲除他，将会贻害无穷。谷中虚最终采纳了孙应鳌的建议，派兵出击，擒获了薛兆乾，平息了叛乱。

隆庆元年（1567），孙应鳌出任湖广布政使，不久升任右金都御使，巡抚郧阳。时值荒年，粮食作物歉收，孙应鳌体恤民困，上奏朝廷，恳请减免税赋，使光化等县秋粮获免。

明穆宗朱载垕即位后，孙应鳌上书陈勤学、励政、亲贤、远奸等十事，得到了采纳。孙应鳌为官清正，不畏权势，对擅权干政、胡作非为的太监极为反感。为了打击宦官的嚣张气焰，他不顾身家性命，上疏弹劾大宦官太和提督吕祥，指斥其残害百姓、贪暴横行，最终穆宗将其斥逐。吕祥的党羽对此记恨在心，随即报复，制造流言，诬陷孙应鳌，最终迫使他辞官归里。乡居期间，孙应鳌在城西伟拔山下建学孔精舍，广收门人弟子，讲授阳明心学。

万历元年（1573），赋闲六年的孙应鳌复出，恢复原职，再治郧阳。是年，明神宗下诏纂修国史，要求将建文帝朱允炆的事迹及"诸臣至革除事"载入史册。史官对此大多避讳，唯有孙应鳌坚持秉笔直书，存信史以昭后人。次年，孙应鳌入京任大理寺卿。万历三年（1575），擢升户部右侍郎，旋改礼部，任国子监祭酒。

孙应鳌主持国家最高学府国子监时，认为国子监的责任是为朝廷培养人才，起着内树风教、外振纲纪、净化社会风尚的功用。正因为如此，必须对入监的举人进行严格筛选，不能让那些品德恶劣、道德败坏的生员蒙混进来。在此期间，他励精图治，革除陈规陋习，"严规、勤考课"，激励士子崇尚道德，勤奋向学，致使学风为之一新。

孙应鳌在国子监的改革受到朝廷重视，万历四年（1576），明神宗视察国子监，孙应鳌进讲《尚书·无逸》篇，以谏神宗远离享乐，勤于国事，亲民、恤民，以图中兴。由于孙应鳌语言婉转、感情真挚、说理透辟、感染力强，神宗听后，为之动容，欣然接受。之后，神宗亲书"学二帝三王治天下大经法"字幅，悬挂于文华殿以自勉。

万历五年（1577），孙应鳌以病辞官，返回故里，专事著述。之后，朝廷曾三次以国子监祭酒、刑部右侍郎和南工部尚书的要职征召，孙应鳌已无意仕进，婉言谢绝。万历十二年（1584），孙应鳌病故家中，春秋七十有五。万历三十年（1602）朝廷诏谥"文恭"。

孙应鳌是明代中期的四大理学家之一，其一生勤于治学，著书立说，其著作内容涉及文史哲及政治、经济、教育、音乐等领域。其作品见于《明史》的有《学孔精舍汇稿》十六卷、《淮海易谭》四卷、《律吕分解发明》四卷、《论学会编》八卷、《庄义要删》十卷；见于《理学传》及《千顷书目》的作品有《春秋节要》《四书近语》《左粹题评》《教秦语录》《雍论》《学孔精舍续稿》《道林先生粹言》；见于《温纯恭毅集》的作品有《教秦总录》《归来漫兴》。其著作宏富，洋洋大观。遗憾的是，由于历史的原因，孙应鳌的作品大多散失，而现存最完整的则是清宣统二年（1910）出版的《孙文恭遗书》八册。

孙应鳌是黔中诗坛领风气之先的人物。他身处明代文坛前后七子的时代，与王士贞、吴国伦、谢榛等诗坛盟主有过亲密的交往，曾经诗文唱和。虽然前后七子的拟古主义诗风对孙应鳌有一定的影响，但他信仰阳明心学，崇尚个性独立，不依傍外物，遵循诗言志、诗体情的传统观念。孙应鳌认为历朝历代，不论何种诗歌体裁的作品，唯有抒发真实情性才能感人，才能传世。正是基于自己的政治立场和诗歌理念，孙应鳌在诗歌创作中将目光投向反映社会生活的各个层面，对国家的命运、官吏的腐败、外敌的入侵、民众的苦难寄予了深度的关切。

孙应鳌的诗歌很多，内容丰富，思想深刻。我们从中选取三首现实主义的诗歌，以飨读者。如《感怀》诗之一，作者叹世态浑浊，悲贤人被压，流露出自己想摆脱污浊官场回家隐居的心迹，摘录如下。

短衣怀圣世，长夜发悲歌。
今古还如此，贤豪独奈何。
市城游猛虎，鸿雁罹高罗。
谁和《将归操》，从吾乐且多。

又如反映官府追逼赋税，百姓不堪重负被迫流亡的《无麦谣》，摘录如下。

三冬无雪春无雨，谁能迎龙谁置虎？
云脚欲聚风脚生，官家茹甘农茹苦。
边取军需仓收租，十人催促九人逋。
麦苗不生稻不种，子弃父母妻弃夫。
难得上身难入口，贫者何薄富何厚？
手足尽折眼尽枯，相食宁论复相守！

再如反映内乱频仍、外患日亟、百姓苦难的《家居秋怀》之一，摘录如下。

南夷岁岁接兵戈，北虏年来生聚多。
空月半山沙上骨，合云阵阵海中波。
渔樵谁是安闲者，调发中原疲士马。
宦况乡情总不胜，满园风露萧萧下。

莫友芝在《黔诗纪略》中曰："贵州自成祖开省迄于神宗，阅二百年，人才之兴，媲于上国，而能专精风雅，隽永冲融，驰骋中原，卓然一队……"点明了贵州诗坛崛起的时段，接着对孙应鳌予以高度的评价，"先生余事为诗，当弇州（王世贞）、于鳞（李攀龙）、明卿（吴国伦）诸子雄长坛坫时，使其拔帜并驰，正不知谁执牛耳？而先生不屑也。五言乐府，沉雄森秀，直逼魏晋，而无何（景明）、李（梦阳）、王（世贞）、李（攀龙）太似之嫌。七言及近体，舒和苍润，品亦在初盛唐间，尤讲学家所未有。先生以儒学经世，为贵州开省以来人物冠，即以词章论，亦未有媲于先生者也"。

不畏权奸的陈珊

铜仁地处黔东,位于湘黔水陆交通要冲,山川秀丽,物产丰饶,是一个文化底蕴深厚的历史名城。明永乐十一年(1413),贵州建省,铜仁为八府之一。万历二十六年(1598),由于政治的需要,朝廷又将铜仁长官司改为县治。

有明一代,由于中央政府经略西南,铜仁的战略地位随之提升,文化、经济也乘势发展起来。在大环境的烘托下,一些文化世家出现在人们的视野中:或以才学扬名桑梓,或以事功驰誉黔中。其中的士人陈珊,不仅以不畏权奸而称誉政坛,且其子八人有"八英"之誉,"或贡(士)或举(人),或成进士",科名之多,为黔中士人所瞩目。

陈珊，字鸣仲，其先江西庐陵（今吉安市）人。明初，陈珊的祖辈宦迹四川，落籍当地。到了嘉靖初年，陈珊之父陈时谟出任景陵县（今河北遵化市辖）丞，在途经铜仁时，爱此地山清水秀，物产丰饶，于是娶妻生子，定居下来。

据史册所载，陈珊"生而颖拔，十岁能为古诗文"，嘉靖十九年（1540）参加庚子科乡试，名列第二。由于陈珊见识精辟、性格开朗、天性纯孝，一时间声名远扬，成为铜仁士人中的翘楚。

嘉靖三十一年（1552），兵部武选司郎中杨继盛上《请诛贼臣疏》，列举权臣严嵩"五奸十大罪"，指斥其贪贿纳奸，结党营私，打击异己。然而严嵩身为首辅，把持朝政，深得明世宗信赖，杨继盛不仅没有撼动其权位，反而被打入死囚牢。恰逢此时，陈珊前往京师参加会试，途中闻知杨继盛遭难，十分愤慨，便"与吴悟斋、陈蒲州欲申救，后疏草为友人夺，乃中止。皆公未释褐（喻未任官）时所为，然英毅气已勃勃，盖一世矣"（孙应鳌《兖州丞陈公近衡母志铭》语）。

嘉靖三十二年（1553），陈珊荣膺癸丑科进士，开铜仁进士之先河。进入仕途后，陈珊任行人，负责传旨、册封等事。他学养俱优、精明干练，深得吏部尚书李默的信任。吏部文选司郎中万寀（严嵩门生）拟补陈珊为行人司副，遭到李默的反对。李默认为陈珊才堪大用，应委以重任。

嘉靖三十三年（1554），陈珊奉旨赴江西建昌王府祭祀。江西巡抚陈洙、巡按吴遵借陈珊来赣之机，请他为新刊《欧阳文忠全集》作校并序。欧阳修是庐陵人，陈珊祖籍亦是庐陵。陈珊自小就十分钦仰欧阳修的才、德、学、识，并以"庐陵欧阳修"自勉，对此请托，他欣然接受。这样一来，严嵩就不高兴了。严嵩是江西分宜人，觉得为《欧阳文忠全集》作校并序非他莫属，别人休想染指。何况陈珊名不见经传，仅是吏部的小官，亦不见其有什么才华。想到这个没有见过世面的小子竟然抢了他的风头，严嵩怒气上涌，悻悻地说道："吾里人也，何物陈生而遽任此！"

严嵩是明朝中期著名的权臣，擅专国政达二十年之久。在此期间，他祸国殃民、结党营私、陷害忠良，把国家拖向危险的境地。凡敢与其争锋或得罪他的朝野人士，无不遭其残酷打击。沈炼、杨继盛的案例最为典型，足可说明严嵩对待政敌的冷酷凶狠。陈珊遭到严嵩的嫉恨，自然仕途上充满了凶险。

严嵩还未把对陈珊的嫉恨置之脑后，这时另一件官司又将他俩联系在一起。陈珊的业师王兰（铜仁籍）任云南北胜知州，在其辞官时，郡守吴交湖暗中指使"武人诬其通夷，坐王氏阖门死刑，洎无辜军配，流徙三十余人"。

自己的老师被诬下狱，陈珊自然不会坐视不管。他决心为师申冤，于是不听同僚们劝阻，慨然说道："吾岂惜一行人而忍使吾师为冤鬼也？"从这句话中，不难看出陈珊"赋性慷慨，临事直言"的个性。

吴交湖系江西丰城人，与严嵩的门生鄢懋卿、万寀是至戚。鄢、万将陈珊为王兰出头的事禀报严嵩，严嵩更加视陈珊为眼中钉、肉中刺,必欲除之而后快。

不久,李默遭严嵩陷害,打入大牢。万寀深知李默与陈珊的关系,于是排斥陈珊,遂补其为吏部主事,将其闲置起来。不久,陈珊"又坐前诉考察,谪福建布政司照磨",负责该省布政司的收支审计。

遭此打击,陈珊对黑暗的官场有了清醒的认识,于是有了辞官返里的念头。时著名文学家吴国伦亦因触忤严嵩而离京,谪江西按察司知事。闻知交陈珊被贬,感同身受,作《送陈鸣仲户曹谪闽中》以慰之,摘录如下。

君今亦去国,闽海正论兵。
是处难寻路,何方可变名。
文章同此病,樽酒若为情。
莫使三山色,徒窥白发生。

陈珊的好友、时任户科给事中的贵州清平卫(今凯里市炉山镇)人孙应鳌得知陈珊谪任福建布政司照磨的消息后,亦赋两诗赠陈珊,摘录如下。

京国缁尘染素衣,偶乘公暇出郊畿。
花飞忽讶春都尽,雨过仍怜麦尚稀。
碍日青林浑隐隐,翻风黄鸟自辉辉。
投车好共题诗侣,下榻陈蕃愿不违。

朗诵河舟赋，怜君忧世心。

成名良已晚，兴谤一何深。

威风摧长翮，宾鸿滞好音。

冶由颜笑在，怀想泪沾襟。

以上两诗，字里行间无不流露出孙应鳌对陈珊不幸遭遇及此时心境的同情，同时表达了想辞官归里、与好友息影林下的愿望。

不久，陈珊转任襄城知县。上任伊始，发现汝河的水患对治地为害甚大，百姓不堪其苦。他"力任河务，七十日浚三百五十丈"，消弭了百姓的隐患。

嘉靖四十一年（1562），严嵩失势，陈珊亦因治水有功而升任山东兖州知府。在任上，为了整治曹县河水泛滥的各种弊端，他做了以下大事：一是任河务，尽查革守铺堤夫戍（从堤上铺草中贪赃枉法的人员），减冗费五千金，区置椿草大户，法简弊绝，所筑堤一百八十里；二是平反冤狱二十八件；三是抑制官吏贪婪，铲除地方豪强，打击宵小之辈的气焰。

然而令陈珊万万没有想到的是，他过去在处理曹县一件旧案时惹上了麻烦。事情的原委是这样的：早在陈珊未赴任时，曹县发生了一件"逆子凌嫡"的案件，而这位"逆子"财大气粗，上下打点，致使此事不了了之。陈珊履任后，为维护社会风气和人伦道德，自然不能让这个恶徒逍遥法外，于是下令重新审理。

逆子得知消息后，闻风而逃，跑到京师后以万金贿赂有司，并反诬陈珊"贪肆"。吏科给事中赵灼不经调查研究，便上疏弹劾陈珊。加上"前诉"和逆子反诬的"贪肆"，陈珊无处申理，有口难辩！

嘉靖四十二年（1563）十月，陈珊因此事被免职，从此离开了官场。对其而言，"士大夫能以居乡之心居官，天下必无冤抑之民；能以居官之心居乡，天下必无请托之事"。换言之就是：不管是当官还是当百姓，都得换位思考，从对方的立场来看问题。

回到家乡后，陈珊遇见了一件棘手的事：他家的田产与老师王兰的地界相连，王兰的家人为感谢陈珊为王兰鸣冤的义举，欲将相连地界的土地作为报偿。陈珊正言厉色地谢绝道："吾申吾师冤，不惜一行人，反受一掌地耶！"王兰的家人闻听此言后，更加钦佩陈珊的高尚情怀。

陈珊十分关心家乡的文教事业，以培育地方人才为己任。乡居期间，倡修尊经阁，创办同仁楼，延进郡诸俊秀。在关心地方文教的同时，陈珊也注重对儿女的教育，在其悉心教导下，八个儿子中出了一个进士、三个举人、四个贡士，时人誉为"八英"。

万历《铜仁府志·陈珊传》评价陈珊"工诗赋，善谭论，凡所吟咏，皆关世教"。其所交皆名士，其中孙应鳌、吴国伦最为出名。孙是明代中期的"四大理学大师"之一，王阳明先生的再传弟子，与陈珊既是同乡又是知己；吴国伦系明代文坛

"后七子"之一，早年得罪严嵩，屡遭贬谪，与陈珊命运相似，志气相投。严嵩父子倒台后，朝廷重新起用吴国伦。隆庆五年（1572），吴国伦就任贵州提学副使（管一省教育的官员），特赴铜仁拜访陈珊，有《访陈鸣仲》一诗，表达了两人的深厚情谊，摘录如下。

逢人白眼竟纷纷，耐可南游一见君。
金筑万山深系马，铜崖片石好论文。
别来齿发看仍健，怪杀林泉谤未分。
兰桂满庭生计足，乾坤何事不浮云！

万历五年（1577），陈珊病逝，时年六十有八。著有《西征》等集，藏于家。

都御使何起鸣为推动贵州士林向学求仕之风，特以陈珊、陈扬产父子为楷模，在铜仁建"父子进士坊"，以资旌表。当时，黔中父子荣膺进士的唯有普安蒋宗鲁、蒋思孝父子，清平李佑、李大晋父子，普定梅月、梅惟和父子，陈珊、陈扬产父子四家。

安边恤民的蒋宗鲁

明代嘉靖年间，西南边疆动荡不安。那些对朝廷"改土归流"十分反感的土司及地方贵族预感自己的地盘将被鲸吞或蚕食，特权将逐渐丧失，由此产生了恐惧感。为了保护自身的权益，维护其世代继承的基业，他们群起反抗，举兵叛明，从而给边疆地区带来了极大的隐患。

时在云南当官的蒋宗鲁，为了国家的利益和边疆的安宁，基于"大一统"的观念，征剿地方土司的反叛，消除不安定因素。与此同时，蒋宗鲁恪守"民本"思想，关心民间疾苦，恤民保民，因此深受民众爱戴。终其一生，特别是在云南任上，蒋宗鲁的所作所为不失为一个安边恤民的好官、一位道德修养极高的封建士人。

嘉靖八年（1529）和十二年（1533），鉴于贵州文教落后，不能举办乡试等原因，给事中田秋（贵州思南人）及贵州巡按御史王杏相继上奏朝廷，请求独立开闱乡试。嘉靖十四年（1535），经朝廷批准，贵州从云南分闱开科。两年后，乡试首次在贵阳举行。贵州普安（今盘州）士人蒋宗鲁（字道父）参加该科乡试。揭榜之时，黄云当空，呈龙形，光彩夺目。贵州巡抚汪珊望之，惊叹道："此科目之光，盛世之瑞也！诸生当有应者。"是科共录取举人二十五名，蒋宗鲁名列其中。

汪珊的话虽然是迷信之言，然而是科的举人"多以名德著"。次年，蒋宗鲁再试文场，考中进士，从此步入仕途。

蒋宗鲁最早在河南浚县任知县。上任之后，他针对治地豪强横行无忌、违法乱纪的行径大加抑制，并根据田地的多寡摊派徭役，尽量做到公平合理，使其信服。之后，蒋宗鲁在迁户部主事监管昌平军需仓储期间，珍惜民脂民膏、爱护国家财产，其清廉自守的官风得到同僚、下属的好评。

蒋宗鲁在四川任职期间，为彻底消除都江堰"淘筑之失宜"所造成的隐患，向巡抚"具事以请"。得到批复后，随即与都江堰水利按察司副使实地考察，"度地势，寻求故址，得堰之最要者九，欲尽甃之以石。其堰当急流之冲，则石在外，再护之以铁"。遗憾的是，蒋宗鲁的建议最终因所费较大而未能实施，但其忧国忧民的心迹得到了百姓的好评。

蒋宗鲁任成都知府时，每逢初一、十五都前往庙中祭祀，对

55

着神灵发誓道："贪婪害民，天必谴之；忠君爱民，天必佑之。有利即兴，有弊即革。凡我僚属，相以勉之！"以此表达自己的为官之道及情怀。

自古以来，云南是西南边疆最不稳定的地区之一，由于与外域接壤，加之多民族聚居，不服"王化"，因此与朝廷貌合神离，互相猜忌，时而闭关自守，时而兵戎相见，始终难以融为一体。明初，为扫荡元军的残余势力，朱元璋派傅友德率大军占领了云南。之后，为了控制云南，明政府实行"改土归流"政策，试图逐步解除土司及地方贵族手中的权力，然而遭到了拼死反抗。

嘉靖二十八年（1549），沅江府土舍（土司属官）那鉴为争夺权力，杀死知府那宪举兵反明，势不可当，攻劫州县，威胁云南政局。次年，明军分五路进剿，那鉴见官军来势凶猛，难以抵抗，便伪装请降。时左布政使徐樾押解饷银到军营，得知情况后毅然前往受降，结果被骗受害。之后，明军多次进剿均被那鉴所败。

嘉靖三十一年（1552），蒋宗鲁出任云南临沅兵备副使，随新任巡抚鲍象贤前去平叛。明军七万人分兵进剿，蒋宗鲁率部首先攻入。那鉴见明军势大，知无力回天，便服毒自杀。

由于平乱有功，蒋宗鲁升河南按察使。在河南任上，他惩治暴虐官员，关心民众疾苦，因此口碑甚好。由于治绩显著，蒋宗鲁调任河南右布政使。

时云贵川地区的局势令明王朝头痛不已，于是想到了处理边务干练的蒋宗鲁,寄望其解决这个棘手的难题。嘉靖三十九年（1560）,蒋宗鲁升任副都御使,巡抚云南。上任的首要任务就是处理云贵川交界的一桩大案。

东川土目阿得革阴谋夺取知府的禄位和官职,焚烧府城后逃到武定,结果被土官所杀。其子阿堂野心勃勃,暗中贿赂结交乌撒（今贵州威宁县）土官,唆使其入东川,以扩充实力。之后,阿堂因安氏土司夺其印,就与贵州宣慰使安万铨、云南沾益土官安九鼎等相互仇杀,给云贵川三省接壤地区的民众带来了不安与恐慌。对此,安万铨等将阿堂告到了朝廷,朝廷于是责令云贵川三省巡抚共同调查,然后再审理这个案子。阿堂是一个城府很深的人,不会就此而干休,他一面对调查的结果表示服罪,一面仍然占着官印,仇杀如故。

云南巡抚游居敬对阿堂阳奉阴违的行径十分恼怒,于是上奏朝廷,待批准后调集大军五万人进剿。由于军费庞大,游居敬便巧立名目,赋敛百出,向百姓大肆搜刮,从而引起民众的恐慌。为此,巡按王大任担忧会激起民变,难以收拾乱局,便以游居敬"违旨轻动,恐生外患"之罪上奏朝廷。朝廷无奈,只好下令法办游居敬,而以蒋宗鲁代之。

蒋宗鲁接任后,首先采取"擒贼先擒王"的策略,把罪魁祸首阿堂作为抓捕目标。他分析情势后,亲率大军分兵进剿。阿堂见官军来势凶猛,深感不妙,于是不敢争锋,慌忙逃到深山密林中躲藏。蒋宗鲁了解对方狡诈多疑,一面下令撤回各路官军,以此麻痹阿堂;一面以土兵引诱阿堂走出山林。野马川一役,蒋宗鲁设奇用伏，重创阿堂主力。阿堂脱逃后，蒋宗鲁又派人暗中拉拢阿堂的心腹阿济等人，最终将其击杀，并擒获其子阿哲。这样一来，一场旷日持久的叛乱就在蒋宗鲁的策动指挥下很快地平定了。

事后，蒋宗鲁还向朝廷反映云南一些官吏"纵盗茸（索）贿"的不法行为，使这些贪墨之辈受到了惩处。由于蒋宗鲁勤于职守，"严毅精察"，致使云南"吏治一清"。

蒋宗鲁关心民间疾苦，有着为民请命的高尚情怀，以下事例可以佐证。

云南大理卫太和县点苍山出产上好的纹石（大理石），由于纹饰美丽，质地优良，可作屏风赏玩，于是文人雅士视为宝物，争相购之。当时，朝廷大兴宫室，为取媚明世宗，严嵩下令到大理开采纹石，规格为：见方七尺、六尺的各五块；见方五尺的十块；见方四尺、三尺的各十五块，并限期运往北京。这样一来，纹石的开采、运输成了大理民众挥之不去的梦魇，成了他们苦难的所在。

作为云南的最高行政长官，蒋宗鲁有两条路可以选择：一是不管百姓死活，竭尽全力完成朝廷的任务，讨皇帝的欢心，得一个升官晋级的封赏；一是作为一个封疆大吏，心系百姓，以关心民生的幸福为己任，对危及他们利益的任何弊政予以革除。即使不能革除，也要想法将他们的痛苦减少到最低限度。经过仔细的调查和反复的深思，蒋宗鲁痛感这种扰民累民的贡物不仅劳民伤财，不得人心，而且招致当地少数民族的反感和反抗，造成不安定因素。

有感于斯，蒋宗鲁向朝廷上《奏罢石屏疏》。在奏疏中，他谈到人民的苦楚和艰难，曰"况值上年兵荒，民遭饥馑，流离困苦，实不堪命"；谈到过去因采石、运石而压伤人众以及采取大屏石的艰难，不仅"石料难寻，即令找到，且产于万丈悬崖，难于措手；纵使采获，势难扛运"，兼之云南距离京城"万有余里，峻岭陡箐，石磴穿云，盘旋崎岖，百步九折。竖抬则石高而人低，横抬则路窄而石大，虽有良策，委无所施"。因此，他恳请朝廷"量减数目、尺寸""以苏民艰"。在奏疏的最后，蒋宗鲁表明，这"实出于军民迫切之至情"，自己若非"万不得已"，不敢"冒罪上闻"。

鉴于云南各族人民的反抗情绪，嘉靖帝最终废止了这项不得人心的朝令。蒋宗鲁深知严嵩内心邪恶，对此事不会善罢甘休，当然不会放过他，自己虽有心报国，却无力回天，便辞官引退，终老林泉。

蒋宗鲁擅文工诗，公务之余，著有《诗文集》《嘉靖普安县志·序》等。

蒋宗鲁是贵州山水清音孕育的一代经世之才，是安定边疆的能臣循吏。清代康熙年间，贵州巡抚田雯把蒋宗鲁与贵州文教先行者尹珍、理学名臣孙应鳌和明神宗时任太子宫詹的王祚远（盘州人）并列。旅行家徐霞客在其《徐霞客游记》中对盘州及其著名人物有如是之言："是城文运，为贵竹（贵州）之首。前有蒋都宪（蒋宗鲁），今有王宫詹（王祚远），非他卫可比。"由此可见蒋宗鲁在贵州的历史地位。

徐穆、徐镇与徐如澍

自明以来，继陈珊世家之后，铜仁又崛起了一个徐氏家族。这个书香仕宦世家，在明嘉靖年间至清道光时期的三百余年间，以圣贤之教世其家，以经史诗文传其世，延续十二代，风流三百余年，为黔中士林所瞩目与钦仰。

《明清贵州历科进士表》载有铜仁徐氏家族产生的两位进士：一是明万历二十九年（1601）进士徐穆，官至云南按察使。在其任职的二十余年中，为政宽大，清操自励，体恤民情，治行卓著，是一位口碑甚佳的清官良吏。一是徐穆的后人徐如澍，系清乾隆四十年（1775）进士。徐如澍清高耿介，不与污流浊水合流，在其任谏官时，敢与权奸和珅相忤，刚直之名流播京师，深受朝野称颂。

有人说：一个世家的兴起，与其家风、家学及先世的个性人格有着重要的关系。对照铜仁徐氏家族的发展轨迹，其言不谬也。

明嘉靖初年，江西临川人徐宰六来到贵州，定居铜仁，为徐氏入黔的始祖。徐宰六及其子徐鹤年工文善诗，在当地颇有诗名。到了万历年间，这个书香诗文之家终于在科举场中有了重大突破，其孙徐穆金榜题名，为徐氏家族入黔后获取功名的第一人。

徐穆，字钟绥，从小聪颖过人，有"神童"之誉。人谓其"入塾读书，即过目成诵"。万历二十二年（1594），徐穆乡试中举；万历二十九年（1601）再试文场，考中进士。

进入仕途后，徐穆先出任浙江崇德知县，由于政绩卓著、治行清廉，直接被选为礼部主客司主事；后历官员外郎、福建兴化知府、云南按察使司副使、河南布政使司参政、云南按察使。徐穆为宦二十余年，"持己端悫（诚实、谨慎），居官廉静"，所到之处，皆有惠政，深受士民怀慕。

据《福建通志》载，徐穆任兴化知府时，"洁己爱民，清静不扰"。旱灾之年，他亲自带着食盐、干肉四处赈恤灾民；清平之时，他发动民众修池塘、建桥梁，凡是对民有利之事，无不尽力为之。如此心系天下苍生的襟怀，使治地社会安定，百姓安居乐业。

由于治绩卓著，徐穆任期届满即升任云南按察使司副使，上京觐见皇帝。万历帝朱翊钧曾问徐穆："闽俗犷悍，抚驭为难？"徐穆回答道："臣未官闽前，闻亦若此，及守兴化，治固易也。"这样的回答令皇帝有些诧异。当徐穆详细地向皇帝禀报自己治理政务的心得体会时，朱翊钧对他印象深刻。问到吏治，徐穆的回答亦令皇帝满意。

在云南任上，徐穆"清操自励，惠泽尤多"。履任初期，当地发生了这么一件事：某天，突然间彩云当空，令人瞩目。按照迷信的说法，这是祥瑞的征象。巡抚、按察使等见此征象，便想借机粉饰太平，意欲上奏朝廷歌功颂德，当与徐穆商量时，没想到徐穆竟回答道："大理苦旱，澄江苦水，困为成灾，皆不以闻，今以难知之天象为祥瑞，而遽（仓促）闻于朝，无乃不可。"言下之意就是：你等不把当前大理、澄江等地的灾情放在心头，却将那些虚幻的天象去粉饰太平，恐怕不可以吧？由于徐穆的强烈反对，抚按大员始终没敢呈报这个奏疏。从这件事上不难看出，徐穆有关心广大民众疾苦、坚决抵制官场务虚作假的作风。

在河南任职期间，徐穆亦为民众做了一件大好事。按照旧例，黄河沿岸州、郡、县的民众，每年应向官府缴纳一定数量的干芦苇捆，以作筑堤塞坝之需。每到此时，官府借名勒索，给民众造成极大的伤害。徐穆对此十分反感，为纾民困，下令革除了那些坑民、害民的名目。

徐穆为政二十余年，以为政宽大、清操自励、体恤民情、治行卓著赢得了朝野的普遍赞誉；其立身处世、为官之道，成为家族引以为傲的遗风，亦为其子孙发愤为雄、驰骋科场的巨大动力。

清代乾隆年间，徐穆的后人中又出了一位值得一书的清官良吏——徐镇。徐镇系乾隆庚午（1750）科举人，后因"大挑一等"被朝廷选拔，委官分发四川，后历南充、新津、铜梁、汶川、绵竹知县，又任四川乡试同考官，后历任雅州、潼州、龙安、叙州、重庆知府。在任期间，徐镇勤政爱民，惠政颇多。

据史册所记，徐镇治政注重平息民讼，促进民众睦邻关系；兴修水利，增加农民经济收入；选拔人才，提携后进，关怀地方人才的培养。他一心为民，洁己清廉，被民誉为"四川第一清官"。徐镇后历官江西建昌知府、漳州知府、汀漳龙道。

徐镇之子徐如澍，自幼聪慧，喜爱读书，深得父亲疼爱。为了儿子的健康成长，徐镇颇费心力，从小带在身边，悉心教导。徐如澍亲睹父亲清正廉洁、亲民恤民的官风，无疑对其成长及人格塑造产生了深远影响。

徐如澍，字郇南，号雨治、政芃，别号静然，乾隆三十五年（1770），十八岁的徐如澍离开父亲，返回家乡，参加秀才考试，以冠军隶学籍。乾隆二十六年（1771），徐如澍赴省城贵阳参加乡试，中举人。乾隆四十年（1775），徐如澍北上京师，再试文场，荣登皇榜，名列二甲六名进士。

登上仕途后，徐如澍从庶吉士官至通政使司副使，然而其仕途并非一帆风顺。徐如澍从政的四十四年，虽历经乾隆、嘉庆两朝，又蒙皇帝赏识，却未被重用。究其原因，与其生性恬淡，不慕荣利，注重个人名节有关。

和珅是乾隆帝宠信的大臣，权倾一时，位极人臣，结党营私，贪赃枉法，为清流所不齿。徐如澍初入仕途时，和珅闻其名，意欲延揽这位青年才俊于门下，以树立自己虚怀若谷、提携后进的良好形象。徐如澍不想辱没家声、自毁名节，更不想攀附和珅这样的权奸而青云直上，便婉言谢绝。受此羞辱，和珅耿耿于怀，想尽方法暗中破坏徐如澍的升迁。

嘉庆四年（1799），和珅倒台，那些过去依附他的官员一一被牵连，徐如澍却因与和珅毫无瓜葛而安然无恙。闻知徐如澍不群不党、洁身自好的操守时，士大夫们无不对其赞赏有加。

徐如澍仕途上虽然不得意，但在文化事业及选拔人才上有所建树，这体现在从事典籍校订和乡试、会试选拔人才方面。乾隆四十七年（1782），徐如澍参与分校的《四库全书》出版，这是其对中华文化所做出的贡献。在担任考官时，徐如澍重视人才的选拔，如主试四川时，经他选拔的有真才实学的士人就有七十二人；在他任顺天乡试同考官时，又选拔了青年才俊十五人；他在朝廷任职期间，极力为云南、贵州、四川、广东、广西争取学额，足显其关心教育，重视选拔人才。

嘉庆二十二年（1817）四月，徐如澍被授予通政使司副使。嘉庆帝在召见他时曾言："朕念汝久居清要，特简（选拔）用之。"当时，徐如澍已六十五岁，奉命稽查右翼宗学。

两年后，徐如澍辞官归里，优游林下十余载，与郡大夫士流啸咏，有《铜仁唱和诗钞》流播，著有《宝砚山房诗集》二十卷、《文集》十卷、《随笔杂记》两卷，续修《铜仁府志》

十二卷。

徐如澍是一个诗人,早年从杜甫诗作入门,真实形象地反映现实生活;初年以韩愈、苏轼为准绳,继承其气势雄伟、豪放的风格;中年转学陶潜,表现其守志不阿的耿介品格;到了晚年又转向白居易、陆游两家,诗风又为之一变,以此达到"救济人病,裨补时阙"的政治功能。徐如澍作诗的观念是"陈言务去,直抒胸臆,不求工而自工",如其诗《费改斋除铜仁邑下问方宜诗以代答二首》之一,就颇有白居易自然、朴实、淡雅之遗风,摘录如下。

饭煮长腰米,盘堆赤甲蔬。
年丰庖有肉,客至釜烹鱼。
野店芳柴酒,人家种树书。
循声容易致,民是葛天初。

道光十一年(1831),朝廷旨加徐如澍三品卿衔。两年后,这位学识渊深、道德高尚的铜仁名贤病逝于里第,年八十有二,可谓硕德大年,寿终正寝。

徐穆、徐镇、徐如澍祖孙三人是明清时期铜仁涌现的优秀人才,亦是贵州士人的典范。他们胸怀济世经国的大志,走出巍峨的黔山,以嶔崎磊落、刚直不阿的人格赢得了朝野人士的普遍赞誉,增进了华夏民众对贵州士人的了解。他们不仅是铜仁人民引以为荣的先贤,亦是全体贵州人民的骄傲。

黔南第一进士陈尚象

明万历五年（1577）秋，时在刑部观政的新科进士邹元标（字南皋）因上疏指责首辅张居正恋权恋位，不肯丁忧，被明神宗以"触犯首辅""藐视皇帝"的罪名谪戍都匀卫。自此，这位之后成为东林党领袖的政坛新星便与黔南士人结下了不解之缘。邹元标在都匀卫期间，一面磨砺心志，研习王阳明"心性"之学；一面与黔中著名学者孙应鳌、李渭交游，切磋学术，共同传播"王学"；一面倾其所学，四处讲学，培育黔南士子。据史册所载：邹元标门人达百余人，其中最优秀者莫过于都匀士人陈尚象，麻哈州士人艾友芝、艾友兰、艾友芸兄弟。而邹元标与陈尚象一生情深意笃，至死不渝，感人的事迹广为流传。

谈到邹元标与陈尚象的初识，至今流传着这么一段佳话：邹元标初到都匀之时，身居陋室，常秉烛夜读。一天深夜，一位少年登门拜访。邹元标惊诧之余，见来者眉目清秀，气宇轩昂，不禁暗暗称奇。少年自称陈尚象，字心易，号见羲，年十五，其先系安徽凤阳定远籍，高祖陈庆曾任都匀卫指挥使。陈尚象说明来意：闻知都匀来了一位贬谪的官员，是一位才高学博的智者，由于求知心切，便冒昧登门求教，恳请收为门人。说罢，呈上自己的习作。邹元标见其谈吐不俗，文章亦佳，爱才惜才之心顿起。邹元标认为陈尚象潜质不错，若刻苦攻读和学习有方，将来必成大器，于是欣然答应。自此，陈尚象追随在邹元标左右，悉心受其教诲。邹元标亦倾其所学，为陈尚象诠释经义，评文论学。随着时间的推移，陈尚象的学识修养日见成熟，成为都匀士人瞩目的青年才俊。

万历十年（1582），张居正病故，邹元标得以平反，重返政治舞台。次年，十七岁的陈尚象乡试中举。万历十二年（1584），陈尚象上京会考又报捷音，成为"联捷进士"，自此进入官场，卷入波诡云谲的政治斗争中去。

陈尚象为官的年代，正是明王朝江河日下之时：皇帝荒淫残暴，穷奢极欲；宦官佞臣把持朝政，卖官鬻爵；吏治腐败，贪污成风；缇骑四处出没，恐怖气氛蔓延全国；地主豪强兼并土地，鱼肉百姓；劳苦大众饥寒交迫，水深火热……面对社会风气如此败坏、阶级矛盾日趋激烈的严酷现实，陈尚象又将有何为呢？

万历十四年（1586），陈尚象任武闱阅卷官。在此期间，他秉公无私，为国家选拔了一批人才。两年后河南饥荒，哀鸿遍野，民不聊生。他以户科给事中的身份奉命前去该省调查灾情，面对灾民的种种惨象，感到锥心的痛。如何才能救民于水火？怎样才能使之衣食无忧？"恤民保民"的良知使陈尚象不再沉默下去，他上奏朝廷，为民请命，恳请破例减免皇粮七十三万斤，以此纾解民难。

朝廷允准他的请求后，陈尚象又请命赴江浙考察民情。在江浙期间，他访贫问苦，体察入微，百姓对此十分感动。通过深入的调查，陈尚象向朝廷呈诉浙江省大运河船工的悲惨景况。在其奏疏中，以事实为依据，诉说船工税捐繁重、生活困苦，难以维持生计，并希望朝廷想民之想、忧民之忧，酌情减免其税捐。当权者见陈尚象情词恳切、事例典型，加上怕船工闹事，于是将船工的税捐减去一半。

以上两件善举，足可说明陈尚象是一个体民之情、保民恤民、有着"民本"思想的好官员。

陈尚象一生深受老师邹元标的影响，特别是老师那种不畏权贵、敢言直谏的凛凛风骨令他钦佩和景仰。万历十八年（1590），陈尚象奉旨巡视光禄寺及军营，时司礼监太监张鲸在东厂兼管内府供用的库印，是宫内职位最高、权位最大的太监，又管理锦衣卫，深得皇帝欢心，权势熏天，便得意忘形起来。他与鸿胪寺序班邢尚智、锦衣卫都督刘守有沆瀣一气，狼狈为奸，胡作非为，恃权受贿。张鲸的丑恶行径令人发指，可就没人敢惹这位宦逆。

自古以来"忠奸不两立",陈尚象可不认这个"邪",决心扳倒这个祸国殃民的"大老虎"。待将张鲸等人的罪证收集后,他立即上疏朝廷,指斥张鲸等人的不法行径。

在陈尚象精神的鼓舞下,御史何出光、崔景荣等人相继向朝廷揭发张鲸、邢尚智、刘守有的罪行。明神宗迫于无奈,只好将三人及同党或处死,或削职,以此平息民愤。从这件事可以看出,陈尚象忠于国事,疾恶如仇,敢于和皇帝宠信的司礼监及凶残霸道的锦衣卫头子作对,这种大无畏的精神的确令人钦服。

事过不久,陈尚象又在老虎头上动土,上疏奏请裁削光禄寺经费并再次弹劾锦衣卫横行暴虐之罪行。宦官们见张鲸等人已倒台,加之迫于社会舆论的压力,于是有所收敛,不敢放肆妄为。

是年,邹元标遭到宦官佞臣的嫉恨,被迫奉旨调往南京。陈尚象特在城郊为老师饯行,想到今后不知能否见面,陈尚象不禁泪脸涟涟。邹元标对此十分感动,强装笑脸安慰道:"离别寻常,何得尔尔!"没有想到,自此一别,真成了"千古别"!

万历二十年(1592),陈尚象转任刑科给事中,卷入皇太子册立的旋涡中,从而早早地结束了自己的政治前程。这件册立之事还得从五年前谈起。

万历十五年(1587),明神宗册封爱妃郑氏为皇贵妃,并预先公布礼仪,以便各有关衙门做好必要的准备。消息传出后,一位给事中立即上疏提出异议,指出这种尊荣应该首先授予皇长子朱常洛的母亲恭妃王氏,而德妃郑氏系皇三子常洵的母亲。德妃后来居上,完全不符合伦理习惯,实在是本末倒置。这一奏折无疑给神宗泼了一盆冷水，惹得他心中大为不快，然而他一意孤行，仍按原计划进行册封典礼。

这一小小的插曲，正如黄仁宇先生在《万历十五年》中所言的："它竟然是一场影响深远的政治斗争的契机，导致了今后数十年皇帝与臣僚的对立。"就在此时，陈尚象和礼科给事中李献可及六科诸臣联名上疏，请求神宗册立太子。这样一来，就将矛盾升级到白热化。奏疏这么写道："元子年已十一矣，预教当及首春举行，请敕元子出外朝，亲师保。"意即皇长子已经十一岁了，然而教育册封之事至今未定，希望皇上立即处理好皇储之大事。神宗这时候什么话都听不进，对此置若罔闻，因为其心中早有了废长立幼的打算。

看到朝廷内外人心惶惶的景况，陈尚象愤然说道："是余毕命报主之时！"于是他独自上疏，以此抗争。一位朋友知其必惹大祸，便劝陈尚象为自己的白发老母着想一下。而陈尚象却告诉朋友，老母已由弟弟陈尚晋供养。作为臣子，只能先尽忠后尽孝了。

当神宗阅完陈尚象的奏疏时，怒火中烧，愤愤不已，于是以疏册中误写的弘治年号为借口，斥责陈尚象违旨侮君，下诏处罚。

陈尚象到此仍不干休，还想和皇帝论个是非曲直。他再次上疏直谏，曰："预教定储，系国本安危。"语言深切直率，更令神宗愤怒。对于这个不知天高地厚的谏臣，不给点厉害是难以吓退后继者的，遂下旨将陈尚象廷杖八十，罢为庶民。

近十年的宦途生涯，使陈尚象清醒地认识到政治的险恶。返回故乡后，他一度"杜门扫轨"，独善其身。

万历二十二年（1594），贵州提学副使徐秉正为纪念邹元标在都匀讲学之功绩，邀约邹门弟子陈尚象、余显凤、吴金铤等人集资修建"南皋书院"，贵州巡抚江东之特为此作《南皋书院记》。

江东之系东林党人，对邹元标极为敬佩，亦钦佩陈尚象的人格学识，对其"以兴学术为乐事"的高风亮节肃然起敬。一日，江东之接到陈尚象的书信，心中十分欣喜。陈在信中谈到自己对地方历史文献匮乏而又被忽视的忧虑，谈到长此以往子孙后代势必无所借鉴的担心。江东之亦有同感，于是延见陈尚象与曾任云南按察司副使的许一德，与他俩商议修纂《贵州通志》之事宜，最后商定由许一德和陈尚象担任主纂。时许一德年事已高，修志的重担便落在陈尚象肩上。

在修志的过程中，曾发生过这样一件事，凸显出陈尚象的清操人格：一日深夜，贵州宣慰使水西土司安国亨持千金造访，希望陈尚象在志书中为其美言，歌功颂德。陈尚象不为所动，神色凛然，挥手拒绝。

经过三年的潜心编修，这部志书终于在万历二十五年（1597）成稿刊印。之后的不少学者认为：这部万历本的《贵州通志》，较之弘治本的《贵州图经新志》及嘉靖本的《贵州通志》，不仅史料翔实、内容精审，而且叙事谨严、条理分明，标志着贵州方志在修纂上已进入成熟发展阶段。从这部志书亦可发现，从观念上，作者一扫自东汉班固以来的"西南外夷，别种殊域"之"内夏外夷"的偏见；而提出"黔于古非异域"、早在先秦已为华夏版图的一部分的正确认识。另外，这部志书着重政治制度、经济文化及建置沿革的纂述；在文字上也有一些创新，如《贵州通志·艺文》中著录了一篇《夷字演》，它以彝文与汉文对照排比，是一篇珍贵罕见的民族文字资料。这部志书质量上乘，被誉为明代志书的"善本"。尤为可贵的是，这部志书的序言出自邹元标之手。在文中邹元标笔端饱含感情，追忆了与昔日黔中友人的真挚情谊，摘录如下。

元标一别兹土，荏苒凡二十年。忆承名儒，如少宗伯淮海孙公（孙应鳌）、参知同野李公（李渭）及诸士陈公（陈尚象）等，以圣贤之学相切劘朝夕，盖期报君主万一，乃戍则亡一矢一镞之劳，仕则谙小心翼翼之恭负圣皇解网之恩，孤并州父老之望。五溪云山，用想为劳，抚兹志，悠悠我思矣！

万历二十七年（1599），播州宣慰使杨应龙起兵反明，贵州大地烽烟四起，战祸殃及都匀。这年，都匀遇饥荒，粮价飞涨，民不聊生。陈尚象目睹民众家破人亡、妻离子散的悲惨场面，于是带头捐款捐物救济灾民。在他的带动下，缙绅士人纷纷响应，从而使灾民渡过了难关。

陈尚象一生扶危济困，具有侠义精神。尽管家境困窘，他仍然不忘接济比自己困难的乡邻及师友；即令陌生人有求于他，他也毫不迟疑地尽力相助，这种助人为乐的品德被时人广为称颂。

六年后，邹元标和一些朝臣联名上疏，恳请朝廷重新起用陈尚象。神宗这时已经淡忘了当年之事，于是下旨让陈尚象官复原职。然而陈尚象早已对官场的生活厌倦，更不愿意违背自己的个性和人格去效忠朝廷。为了不让别人说他"违抗圣旨"，他便以侍奉老母为由，婉言谢绝出仕。

万历四十一年（1613），陈尚象与友人赋诗谈笑时突发急病，不久辞世，时年五十一。令人叹息的是，陈尚象家无余财，竟连购买棺木的钱都没有，可见其家贫困到了什么地步！

凶耗传到北京，邹元标悲痛万分。在陈尚象的弟弟陈尚晋、陈学博的请求下，邹元标满怀深情写下了《刑科右给事中见義陈君墓志铭》的悼文，其中有两句是对陈尚象人格操守最中肯、最贴切的评价，那就是："孤不损志，贫不坠行。"

清官循吏杨师孔

明永乐十一年（1413），为了巩固西南疆域、制约土司势力，明王朝在贵州建省。随着大批军人、官员、移民的进入，贵州的经济、文化发生了巨变。到了万历、天启年间，贵阳涌现了不少仕宦之家、书香门第，在城南风景优美的南明河畔霁虹桥（今称南明桥）一带，建起了一座座典雅秀丽的园林别墅，最为著名的有石林精舍、远条堂、江阁、南园、西园和溪园。

霁虹桥一带林壑幽静，风景绮丽，绿水长流，寺庵聚集。南岸秀丽的山峦下，有南庵（今翠微阁）和芳杜洲；隔岸相望的是水月寺与武侯祠（今均不存）。每日晨钟暮鼓，梵音互答，山水清音，鸟鸣虫唱，犹如一阕奏鸣曲，令人心旷神怡，尘念顿消；

到了夕阳西下时，凭高视下：波光粼粼的南明河，草长莺飞的芳杜洲，随风轻扬的岸边垂柳，与四周的樵舍、渔村，南庵、水月寺、武侯祠融为一体，构成一幅境界幽邃、山水绝佳的画面。

梁启超先生说："雄奇峻伟，钟灵毓秀，足以孕育伟大人物。"历史证明，居住于南明河畔的这些家族，在短短的数十年间，孕育出了一批才华卓异的文人墨客和头角峥嵘的英雄豪俊。他们中最具影响的人物有不畏权贵、风骨凛凛的杨师孔，横戈立马的将军诗人越其杰，"天末才子"谢三秀，以及"诗、书、画三绝"的才人杨文骢。

杨师孔，字愿之，一字泠然，号鲁源，祖籍江西吉安府，隆庆四年（1570）诞生于贵阳一军人家庭。明洪武年间，杨氏中的一人以武功被授以千户之职，随军征蜀，后改戍黔，遂定居贵阳南明河畔。

杨师孔"幼年丧母，百罹备尝"，然而不幸的童年没有摧毁他的意志、动摇他发愤的决心。据史册所记，杨师孔生而英敏，酷爱读书，有"过目成诵"之誉。随着年岁的增长，家中的藏书已满足不了他的求知欲。每当听说某家藏有难觅的经典时，他一定前去借阅、抄录，以此丰富自己的知识。随着时间的推移，杨师孔的才华慢慢被贵阳士林所认识，学台使者杨公、郭公"奇其才，引重之"。

杨师孔早年丧妻，义不再娶。对亡妻真挚、深沉的感情不仅令朋辈感动，而且得到郡守刘公的赞赏。万历二十五年（1597），杨师孔乡试中举，二十九年（1601）成进士，经吏部选定，出任山阳县令。

山阳治所在今江苏淮安，是东南经济繁荣之地，朝廷的一些部院在这里设有机构。当时，宦官把持朝政，掌控地方矿税。矿税使陈增、鲁保依仗特权，在淮安飞扬跋扈，作威作福。大中丞李道甫欲依法制裁陈增、鲁保，却得不到朝廷支持，也得不到有关部门配合，其处境尴尬，失望痛心。

杨师孔莅任之初，得知山阳民众流行争讼的不良风气。杨师孔熟读杜甫之诗，对其"致君尧舜上，再使风俗淳"的政治理念十分认同。有感于山阳爱打官司的恶俗若不纠正杜绝，不仅影响百姓心志，而且危害社会环境，他立即采取措施，制订"以讼止讼"的措施，换言之就是：让诉讼双方自拘到庭，待听完各自说明诉讼的原因后，再对其分析是非，指出对错，然后动之以情，晓之以理，使其心平气和，握手罢讼。"以讼止讼"推行后，取得了良好的效应，山阳民众不再乐于争讼，此风逐渐止息。

山阳的豪强大户素来是地方官员头痛的对象。这些豪强大户攀附宦官，蔑视法律，肆虐乡里，鱼肉百姓，成为社会动乱的最大隐患。为了打击恶势力的嚣张气焰，使百姓免遭伤害，杨师孔不动声色，暗地派人调查犯法的豪强大户。待罪证搜集完备后将其拘押到案，审判定案后"格杀百数十人"。这一断然措施，令豪强恶徒闻之心惊，恐惧震栗。

抑止了社会不良风气、铲除了作恶一方的豪强恶徒后，山阳民众对杨师孔的治政风格有了新的认识。有人惊诧道："（县）令何前文弱而后武健也？"一位阅览丰富的人道出这其中的奥妙，告诉大家：杨师孔是一个"神勇不怒者"，如果他上任时就暴露其锋芒，被人觉察，那么这些豪强恶徒今天就不会束手就擒了。

杨师孔在山阳打击恶势力的事引起了陈增、鲁保的高度关注。对陈、鲁而言，杨师孔敢在太岁头上动土，不是吃了豹子胆就是大有来头。然而不管其有什么胆量，什么背景，在山阳这块地盘上，还是得听我们的；不管什么人惹上了我们，吃不完得兜着走！可是，杨师孔为官清正、勤政爱民，民众对他热烈拥戴，陈增、鲁保亦感到无可奈何。在无法罗织罪名的情况下，陈增、鲁保有所畏惧，不敢贸然出手。

江苏巡抚某公对杨师孔在山阳的治绩十分赞赏，随之上奏朝廷。万历三十二年至三十五年（1604—1607），杨师孔两度奉召进京，觐见皇帝。在京述职时，因杨师孔在山阳时"省河防之费，均践更（受钱代人徭役）之役，善政在舆诵者甚众"，在朝廷"考功"中，其政绩获"天下卓异第一"。

述职结束后，杨师孔返回山阳等候新职。闻知杨师孔准备将其死党徒逮捕法办的消息时，陈增、鲁保大感不妙，于是暗中收买刺客，准备乘杨师孔祭祀时行刺。由于杨师孔有所防备，这次行刺未能得逞。

逃过此劫，杨师孔预感到陈增等人不会就此干休，想到仅靠自己的力量与宦官势力抗争，毕竟势单力薄，不禁叹息道："怨深矣！不除阉人，将钳我于市。"

为身家考虑，为前途担忧，杨师孔决定早些离开山阳，赴京候职。山阳百姓闻知，纷纷拥上街头，"哭拥县门者万众，公不得去"。正当杨师孔去留难定之时，突然接到朝廷调令，擢升他为户部主事。在离开山阳时，上万民众为其送行，道路为之堵塞。

在京任职期间，杨师孔秉持一贯的官风，勤于政事，注重清操，不依附权贵，不结党营私。然而这种作风在等级森严、朋党分明的官场是行不通的，亦为上司同僚所不喜。上官黄某感到杨师孔在自己身边是个威胁，于是准备将其调往穷乡僻壤。闻知此事后，杨师孔加深了对官场的认识，为保清操，乞补学职，得任顺天府教授。

万历三十八年（1610），杨师孔任翰林院检讨，充福王讲官，之后因父母相继谢世，遂返回贵阳守制。杨师孔的宅院"石林精舍"建在贵阳南明河畔（今石岭街旁）的山洞旁，位于现甲秀楼下游不远处。该处依山傍水，景色宜人，园中奇花异卉、翠竹怪石，给人以美感。"天末才子"谢三秀是杨师孔的好友，其居亦在南明河畔。谢三秀在《寒夜饮杨愿之太史石林精舍》诗中，对石林精舍有如下描述。

> 为园近在宅之隅，怪石林林白云起。
> 踞如虎兮伏如象，仙掌芙蓉不可状。
> 鬼斧何年劈洞来，峭壁嶙峋几千丈。
> 池曲双双下白鸥，寒漪不动镜光浮。
> 竹石逍遥袁粲宅，图书容与米颠舟。

有亭聊以寄寥廓，斜阳晚映青山郭。

只知幽处生烟霞，不谓胸中具丘壑……

万历四十五年（1617），杨师孔出任山东昌平学正，继而升工部水司主事。怀想半辈子与宦官的恩恩怨怨，回顾仕途的起起落落，杨师孔感到人生若斯，韶华易逝，很想乘着自己仕途平坦之际更好地施展经国济世的才华。

工部尚书王某雅重杨师孔的才学德识，于是将京城的一些建设项目交给他负责。为报知遇之恩，杨师孔在修建皇极门工程时殚精竭虑，不避劳怨，顺利地完成任务，还为国家节省了数以万计的金钱。

万历四十六年（1618），杨师孔奉命管理经营浙南税赋。此前，浙江巡抚急于战备需要，请求浙东、浙南税关向百姓加派赋税。杨师孔莅任后，不忍再给民众增加负担。在仔细复核过去的赋额后，他动用税关盈余的钱财去补足。杨师孔这种不扰民、不坑民，"不加赋而用足"的治政之策，充分体现了儒家的"民本"思想。

杨师孔为官清廉，常以"处脂膏而不润"来警惕自己；在对待普通民众上，他宽厚仁慈；而对待那些"吞舟的大鱼"（大罪犯），他决不手软。杨师孔的清廉作风及疾恶如仇的性格得到商民的赞颂，民众感其恩德，立石颂扬。之后，杨师孔官移屯田郎中，在修建皇陵的工程上亲力亲为，竭尽所能，得到上官的好评。

自古以来，清官廉吏在黑暗的官场中是难以生存的。杨师孔身处宦官佞臣擅政之际，作为一位有良知的官员，要保持自己的人格清操，不与邪恶势力同流合污，自然会招致排斥和打击。在裁减皇帝亲近之臣的"帽价"的问题上，杨师孔坚持原则，因而损害了近臣们的利益，从而触怒了新近得宠的太监魏忠贤。杨师孔知魏忠贤心狠手毒，不会放过自己，于是有了离京的念头。恰逢此时云南学官还有缺额，上司亦示意其调入补缺，杨师孔毫不迟疑地呈上报告，经朝廷批复后，出任云南提学佥事。

天启元年（1621），永宁（四川叙永、筠连、古蔺等地）宣抚使奢崇明反明，贵州水西宣慰司同知安邦彦随之响应，战火延烧到川滇黔三省。赴滇途中，杨师孔到贵阳停留扫墓。时值安邦彦率大军围困贵阳，杨师孔与潘润民等人一面招募勇士护城，一面暗地派人联系曲靖驻军，以此夹击奢安军。围解，杨师孔之子杨文骢带领勇士追击叛军，大败之，迫使安邦彦趁夜逃遁。

在云南提学佥事任上，杨师孔为地方做了以下实事。

魏忠贤擅政时，下令各省富家子弟交纳粮食入补弟子博士员（秀才），以此交纳国库。杨师孔对此大为不满，认为这是借教育之名敲诈读书人，是对教育的亵渎。为了不增加读书人的负担，他采用士绅捐款助学和出租学田等方式，得数千金，全数上交。

另一件事发生在杨师孔转任临沅道参议后。有一天，土官普名声前来谒见。普名声体格魁梧，目光犀利，应对自然，大方得体，给杨师孔不错的印象。然而寒暄之余坐下交谈时，杨师孔突然发现普名声正在打量着他，随即迅速避开目光，似乎在掩饰着什么。正是这瞬间的神色变化，使杨师孔意识到：眼前的这位来客不容小觑，绝不是简单人物。送走普名声后，杨师孔突然想起了近期紧张的局势，再将它与普名声的拜访一联系，确定来者不善，有着不可告人的秘密。想到这里，他感到背脊发凉，一种莫名的恐惧涌上心头。他不无感慨地说道："祸滇者必此人也！"此语不幸而言中，其后普名声果然反明，对明王朝在滇的统治造成了极大的威胁。

在云南的几年中，杨师孔痛感边疆文教落后，于是捐廉资助学校经费，购买经史古文，以助士子诵读，并在大理、楚雄建书院，筑浮屠（"浮屠"义为佛塔地，此为借代指佛寺），助多士科名。在杨师孔人格学识的感召下，云南士人勤奋向学，文化教育日益兴盛。

崇祯元年（1628），杨师孔升任浙江参政，分守温州、处州，驻苍括。在任上，他严厉打击海上的倭寇和盗窃矿山的匪徒，使浙东沿海地带得以安宁。

崇祯三年（1630），杨师孔赴京述职，途中染病。闻知后金军此时已越过长城，攻占永平、滦州，并逼近京城，他震惊之余，强撑病体，不顾年老力衰，扶病前行，到德州时以至病重不起。弥留之际，他喟然叹曰："死无他恨，恨不能勠力灭虏，以贼遗君父耳！"说完后溘然长逝，时年六十。

心系家国的王尊德祖孙

明末清初，贵阳王氏家族尤为士林所瞩目。这个仕宦之家不仅孕育了王尊德、王承祜、王承祥三名进士，还培养出文武兼资的英雄豪俊王孙章。据史册所载：王氏祖孙三代，不管是担任封疆大吏，或位居清要，或捍卫桑梓，均以廉洁的官风、清新的形象以及对家邦诚挚的爱，赢得了黔人的钦仰与赞颂。

王氏入黔始于明朝初年。据《贵州通志·人物志》所载：明洪武十四年（1381），南直隶凤阳府泗州人王德、王万一兄弟，随官军远征云南梁王。云南平定后，王氏兄弟以军功留黔任职：王德在贵州前卫（治今贵阳）任军职；王万一任官普安卫（治今盘州）军职，其后子孙因世袭移居贵阳。经过两百余年的风风雨雨，这个军人世家弃武从文，躬耕自读，问鼎科名。

万历二十二年（1594），王尊德乡试中举，十年后再试文场，成为王氏家族入黔后的第一位进士。入仕后，王尊德历任行人、中书舍人、监察御史等职。

万历年间，明王朝内乱频发，外患不止，爆发了播州之役、宁夏之役、朝鲜之役，史称"万历三大征"。

经历十年的征讨，动用川、黔、湖广三省军力，明王朝平定了播州杨应龙之乱，然而并没有消除贵州动乱的症结。有感于斯，时任监察御史的王尊德针对贵州盗贼难治、兵饷全无的状况，于万历四十八年（1620）向朝廷提出治乱的方策。

王尊德认为：贵州山冈瘦脊，民众稀少，为盗者大多是少数民族。经过官府征剿后，社会日趋安定，民众安居乐业。然而不幸的是，贵州灾疫频兴，民众死亡过多，饥寒者出于无奈，只好上山为贼。由于"制贼必须兵，欲缮兵必须饷，有饷有兵，可剿可抚"，他恳请朝廷不仅要增加兵饷的投入，还要为贵州选好抚臣（巡抚）。为了证明自己的观点，王尊德以前贵州巡抚江东之为例，说他为了振兴贵州的经济，自己捐廉为贵州买数万金赈田，又为兴人文、重教育、关心民生倾尽心力。然而不幸的是，如此受民爱戴的抚臣，竟因为平播兵败而被问罪，实在有失公道。

尽管王尊德的奏疏切中时弊，但此时的明廷忙于内斗，自然无暇采纳其建议。

天启二年（1622），贵州动乱再起，水西宣慰同知安邦彦起兵响应反明的永宁宣抚使奢崇明，攻陷毕节，进围贵阳。

面对后金的攻势、山东白莲教起义、西南动乱，明廷进退失据，一筹莫展。由于贵阳危在旦夕，王尊德担心故乡民众的安危，便多次上疏朝廷恳请派兵以解贵阳之围。其情词激切，震人心魄，明熹宗亦为之动容，不得不任令王三善接替卸任的贵州巡抚李枟，率领大军驰援。

王三善惮敌势盛，畏首畏尾，滞留湖南沅州，调兵集粮，迟迟不到任。后担心贵阳陷落，朝廷怪罪，他先后移驻镇远、平越（今福泉市）。到平越后，他又派人赴四川乞求救兵。在援兵未到之前，他按兵不动，从而导致"外援俱绝，贵阳围益困""人相食"的悲惨境地。

情况危急到了如此地步，王三善竟然逡巡不敢驰援，完全置贵阳民众的身家性命于不顾。对此，王尊德愤怒至极，便与时任监察御史的贵阳人徐卿伯联名上疏，恳请朝廷再次下旨，催促王三善挥师入黔，荡平叛乱。在朝廷的严令督促下，王三善不敢推诿，只好决定以死一战。是年十一月，明军被击败。十二月初，战局逆转，王三善分兵三路，直奔贵阳，击杀敌军主将安邦俊与阿成。与此同时，驰援贵州的四川、湖广官军大有斩获。在三路官军的进击下，贵阳之围始解。有感于王尊德多次疏请朝廷出兵解围之功德，贵阳民众无不为之感动，颂其恩德。

在之后的岁月里，王尊德历任太仆寺少卿、副都御史、广西巡抚。在广西任上，他"绥靖苗傜，劳绩最著"，受到朝廷嘉奖。崇祯元年（1628），王尊德调任京城，任刑部侍郎，其后又总督两广。在此期间，他勤于政事，最终劳累过度，死于任上。朝廷"赠兵部尚书，赐祭葬"。

王尊德刚方有志操，风裁峻整。明熹宗当政时，魏忠贤擅权乱政，广植羽翼，朝中权贵竞相攀附，王尊德"挺然独立，绝不与通声息；又不为忠贤立生祠，时论翕然称之"。不仅于此，王尊德与左光斗交章弹劾奸佞方从哲攀附权贵、欺诓朝廷罪，赢得朝野好评。其后，王尊德出按广东，吏治为之肃清。

据《贵阳府志》载，王尊德品格高尚，生性俭素，即令身居高位，平常一袭布衣，饮食简单，与贫寒士人没有两样。其为官清廉，不事积聚，亦无钱财留给子孙。病逝之日，家中清贫困窘，令人叹息。

王尊德次子王孙章聪颖过人，少怀壮志，经史诗文无不阅读。王尊德对这个儿子十分钟爱，当官时常带在身边。在父亲任所，王孙章"凡文案卷籍，罔不综览"，由此对经世济民之道产生浓厚的兴趣。

天启二年（1622），"奢安之乱"在川黔地区爆发，随即形成燎原之势。当安邦彦率十万人军进围贵阳时，贵阳陷入了前所未有的悲惨境地。恰逢此时王孙章因事返里，进入贵阳后，一幕幕悲惨的画面直击他的眼帘：在安邦彦大军的围困下，昔日这个人文昌鼎称誉西南的文化古城成了鬼城。往日人流涌动、生意繁忙的商业街成了残垣颓壁，杳无人迹；到处是残肢断腿，到处是呻吟哀号的伤员，凄惨的哭声仿佛为这座即将沦陷的城市鸣起了丧钟。城内粮食匮尽，糠、核、草、木、败革无一不被吃尽。军民为了活命，目光转向死人之肉；当死人吃完后，便吃活人。更有甚者，易子而食，或吃自己的亲人。更令人发指的是，守城的一些官兵竟然公开"屠人于市肆，斤易银一两"。

面对如此惨景，王孙章百感交集，怆然泪下。当时，即将卸任的巡抚李枟坐困危城，指挥若定，表示愿与贵阳共存亡，"焚书籍冠服，预戒家人，急则自尽，皆授以刀环"。对此，王孙章深受感动，决心与李枟一道，誓死捍卫家邦，即令抛头颅洒热血亦在所不惜！

王孙章对家乡有着深厚感情，看到贵阳即将毁灭，便担负起保卫家乡的责任。他不仅向官府献战守之策，还督率义勇守城。贵阳解围后，王孙章以弱年（未成年）有功而广受民众好评。不久，王孙章返回父亲任所，"军府事多所擘画，尊德甚爱之，不使离左右"。父亲辞世后，他哀毁尽性，不能自已。

明亡之后，王孙章顺应时代潮流，因从军有功，深受洪承畴赏识。经其推荐，王孙章出任刑部员外郎。在此任上，由于早年在父亲官衙有所历练，加之办案公允正直，被擢升为九江知府。

针对清初遭受战火最多、百姓离散、物资匮乏的棘手难题，王孙章招抚民众，"劝农桑，缓催科。流民始复，岁渐丰稔"。与此同时，王孙章将治政的要务放在地方文教的振兴和培养人才上。在他的努力下，九江士人奋发图强，志在功名，中举者数倍于他府。

王孙章对地方的治安非常重视，当得知所属瑞昌有巨盗、彭泽有疑狱时，他立即赶往，"靖其根株，活其株连"。在其治理下,九江安居乐业,治安良好。自是,王孙章循(守法有治绩)声大起。不久,王母逝世,王孙章辞职奔丧。其后寓居江陵,终老该地。

王孙章有子五人,次子王承祜于《贵州通志·人物志》有传。

王承祜,字受之。清康熙十八年(1679),王承祜中进士,入翰林院,官编修,改监察御史。在御史任上,他尽职尽力,尤其对长芦盐政有所建树,因此升任顺天府丞兼提督学政。

康熙三十年(1691),王承祜充任会试监试官。所谓"会试",又称"春闱",即乡试后第二年春天,在京师由礼部主持的考试,应试者系举人,录取者为贡士进而取得殿试的资格。是科(壬申)榜发之日,广西、云南、贵州三省竟然没有一人考中。作为一位有责任感和使命感的官员,王承祜痛感导致这种现象的根本原因是朝廷对西南地区的忽视与冷漠。自明永乐十一年(1413)贵州建省以来,文教日兴,科甲鼎盛,这与入黔官员关心文教有着重要的关系。清朝建立后,为统治的需要,大兴官学,作养人才,各级学校在贵州的府、州、县、卫、厅蓬勃发展起来,士人阶层亦日渐壮大,形成了一股不可忽视的社会力量。然而自清初以来,清王朝虽然根据各省的政治、经济状况及教育的发展水平来下达乡试的名额,但遗憾的是,顺治十七年(1660),贵州乡试名额仅二十名,居各省乡试名额之末。之后,乡试名额虽陆续有所增加,然而仍远远不能满足广大读书人追逐功名的愿望。这种情况一直困扰着王承祜,最终他打破沉默，向清廷上疏《题贵州会试分卷事例》，指出会试分南、北、中卷，旨在因地取才，然而行之既久，各省文教的发展此消彼长，沿用旧例，势必打击了一些省的士人勤奋向学、志在功名的热情。

奏疏上达，康熙帝亦感到原先的政策不妥，于是曰："朕自御极以来，礼闱较卷依例施行，今顺天学政所奏殊属不公，川、广、云、贵界在远方，士子寒苦者甚多，准给驿马。其各省额数（学额人数）令礼部大臣众议。再奏议上，始令贵州编入中左卷，后乃定令贵州举人十五名中一名（进士）。"

王承祜关心桑梓，为贵州文教发展做了一件影响深远的大好事。之后，王承祜逝于任上，葬于江宁（今南京）城南牟珠山。

"神韵"诗人周起渭

贵州数诗家，有明推雪鸿。国朝二百年，吾首桐埜翁。
雪鸿宦不达，桐埜寿未丰。天欲文西南，大笔授两公。
谢诗春空云，周诗花林红。吾以二公较，尤多桐埜雄。

这是清代咸（丰）同（治）年间贵州著名诗人郑珍《书桐埜书屋图后》的诗句，作者回顾了明末清初的贵州诗坛，并对其中两大诗人谢三秀和周渔璜在诗坛的地位、影响，以及他们的命运、诗歌风格做了切实公允的评价。

周起渭，字渔璜，号桐埜，祖籍江西庐陵，贵阳青岩骑龙人。明洪武年间，其先人随军入黔，任白纳长官司土官，遂落籍贵阳。风云变幻，江山变色，转瞬间几百年过去了，周氏的命运发生了逆转。随着清初"改土归流"的推行，周氏世袭土官的权势不断削弱，其族人顺应时代，移居青岩骑龙寨，自耕自读，以图再起。

康熙三年（1664），周起渭在骑龙寨诞生，其父周国柱系贵阳府学生员。周起渭自幼聪慧过人，十五岁时便以《灯花诗》而崭露头角，二十三岁问鼎科名，乡试中解元，三十岁时进京会试，荣膺进士。

周起渭的成名与其聪明才智和童年就读的桐埜书屋不无关系。离其家前行约五百米路，就是周起渭就读的"桐埜书屋"。桐埜书屋是周氏家族教育儿孙的处所，为穿斗式山顶二重檐砖木结构，小青瓦屋面，占地约三百平方米，由三间开重檐的山顶正房、三间开穿斗式山顶右厢房、观景亭和石铺院坝所组成。步入院前的观景亭，可以凭栏观赏山野的景致。远山含黛，近山滴翠，骑龙寨遥遥在望。一条小河从远处蜿蜒而来，穿过石谱桥，流向远方。在阳光的映照下，小河波光粼粼，几只白鸭在水中嬉戏游弋，荡起层层涟漪。河岸上柳丝轻扬，两个牧牛童子骑在牛背上哼着山歌。不远的田畴稻浪飘香，不时惊起几只扑棱棱的秧鸡，接着又飞落到不远处的稻田中。此情此景，令人赏心悦目，情性怡然。正是这种自然之美，触动了童年周起渭的灵性与潜质，陶冶了他的情怀节操，使他从中获取诗意与美感，成为才华横溢的诗人。

当时，周氏族人的子弟聚在这里，听老师授课，诵读诗书，学习经典。屋外雨声、鸟声、蝉声、蛙声、蟋蟀声此起彼伏,与屋内书声交响,汇成悦耳的奏鸣曲。在这样的学习环境中,周起渭度过了一个个春花秋月、杜鹃白雪的时日,度过了无数个面壁苦读悬梁刺股的日月。

进入仕途后,周起渭先后任过翰林院检讨、侍读、侍讲学士、浙江乡试正考官、提督顺天学政、詹事府詹事;并受命为钦差大臣,奉旨祭祀过禹陵和明太祖陵,巡阅江浙两省驻军。周起渭之所以步入台阁,为天下所瞩目,这与其才、学、德、识是分不开的。

周起渭求知欲极强,谦虚向上。当年他名噪京华时,仍虚心师事文坛泰斗王士祯和朱彝尊。与此同时,他与名流田雯、查慎行、查嗣瑮、宋荦等时相往来,谈文论艺,相互砥砺。以其才华卓越、道德高尚,被时流推崇为"力持风雅,领导群彦"的文坛领袖。

周起渭襟怀坦白,爱才如渴,一生中提携和选拔了不少贤才,如浙江乡试"亚元"方婺如,其人是一位著名的学者和诗文家,与方苞、方舟齐名,时称"三方"。周起渭唯才是举的官风,颇为浙中人士赞许。

周起渭写过不少诗歌,大多是山水纪游之作。其诗继承了王士祯的"神韵"说,讲究画境的清丽秀逸和诗意幽远淳和的理想境界,艺术性极高,诗中也不乏具有深刻现实意义以古喻今的佳作。咸同年间,贵州大诗人莫友芝对周渔璜的诗歌有以下评价。

> 盛极朱王后,诗坛不易崇。先生起天末,孤旅对群雄。
> 明祖华严铣,苏亭赤壁风。波澜压群辈,馆阁洗疲癃。

莫友芝充分肯定了周起渭是继朱彝尊和王士禛之后崛起的诗坛骄子,并对这位生长在"天末"的贵州诗人孤身与京华名家互竞雄长的才华感到钦佩并赞美。诗中的"明祖华严铣,苏亭赤壁风",是指周渔璜的咏史诗《万寿寺大钟歌》和感怀诗《赤壁避风登苏公亭放歌》。前者通过北京万寿寺(今觉生寺)的永乐大钟的铸造原委,引出了明成祖朱棣为了夺取皇位而致使骨肉相残的史实,以及子孙们步其后踵争夺权力而酿成的苦果,造成"帝王子孙无处所,血溅长陵一抔土"的悲剧,从而揭露了封建统治者凶残暴虐的本性;后者从逆向思维的角度着笔,叙说宋代文学大家苏轼因乌台案贬谪黄州的不幸遭遇,认为其贬谪在政治上是不幸的,但在艺术创作上却是坏事变好事。正是由于奸佞的迫害,才使苏轼成了黄州赤壁的"风月主",写下了千古绝唱的前后《赤壁赋》,这种见解新颖独特,颇受后人推重。今天,仍有人在苏公亭向游人朗诵《赤壁避风登苏公亭放歌》,由此可见,周起渭的这首诗影响之大,传播之久。值得一提的是,周起渭的诗歌风格对清末贵州诗人郑珍、莫友芝及陈田影响甚大。他们都视周起渭为清初黔中诗界的先驱而尊崇。

康熙五十一年(1712),康熙帝下令编纂《康熙字典》,时任侍读学士的周起渭为纂修官之一。这部文字学巨著传世至今已有三百多年,成为世代读书人治学的瑰宝。由此不难看出,周起渭对中华文化的重大贡献。

  周起渭一生中大部分时间住在北京，虽身在京城，却心系故乡。康熙五十三年（1714），他病危时向老父留下遗愿：一是将自己在北京樱桃胡同的住宅捐作"贵州会馆"，为来京的黔中人士提供憩息之所；二是献出自己多年来的积蓄，嘱托家人重修桐埜书屋，让骑龙寨的农家子弟读书上进；三是要求父亲和弟弟修建一座骑龙到青岩马路之间的高车桥，以便利山乡与城镇的交通；四是希望家人在骑龙设立义仓，以便灾年时救济家乡父老。这种心系桑梓体恤民困的高尚情怀，深受黔中士人赞许。

康熙朝武状元曹维城

康熙四十二年（1703），各省武举人汇聚北京，参加癸未科殿试大考。对于近半个世纪连年征战的清王朝来说，在扫荡明朝残余势力、平定三藩叛乱及收复台湾之后，举行这次武科进士大考，不仅标志着国家走向安定、经济趋于繁荣，而且是炫耀统治实力、选拔人才的绝好机会，因此这届武科殿试大考盛况空前，人才荟萃。

来自各省的武林精英、尚武豪俊聚集京城，无不企盼荣登皇榜，扬名显亲。他们个个膀圆腰粗，武艺超群，精于"弓刀石马步箭"。值得一提的是，在应试的举子中，不乏一些能文能武、风流儒雅的英雄豪俊，他们如同人中之龙，备受各界关注。

据《大清会典》载,当时武科殿试的项目有"骑射、步射、挽弓、舞刀、掇石"的外场考试,在演武场上进行。考生考试合格后才能参加内场的笔试策问。骑射、步射及技勇(挽弓、舞刀、掇石)考试,皇帝亲临监阅;策论试卷,由四名读卷官诵读给皇帝听。凡录取的考生与文科进士的称谓相同,分一甲、二甲、三甲三个等级。第一甲只取三名:第一名称状元,第二名称榜眼,第三名称探花,赐武进士及第;中二甲的武科考生赐武进士出身;中第三甲的武科考生赐同武进士出身。

骑射、步射、技勇考试分三场进行,采取淘汰制,一场不能通过,就无资格参加第二场。头场考骑射,录取标准是"纵马三次,发九矢,中四矢"为合格。箭靶子是远处树上悬挂的毡球,靶子之间相距约七十米,射靶线较远。炮声一响,考生纵马驰入规定的射靶线挽弓劲射。

步射录取的标准也不简单。考生在行进中射三箭,两箭必须射中相距一百米的布靶中心。布靶高七尺,宽五尺,靶心是二尺的正方形。由于距离较远,目标小,要求考生不仅箭法高明,而且臂力过人。

闯过前两关后,接着是考生的技勇考试。先挽弓,挽满不同力度的几种强弓。继而舞刀,刀重八十斤、一百斤、一百二十斤,刀必舞花。所谓"舞花",意即舞必有套路,有花样,并规定"刀尖拂地即不合格"。最后是掇石。所谓"掇石",即今天所说的"举重",考生以能举起一百斤、二百五十斤、三百斤之石为合格。以上三项技勇考试,必须有两项达到标准后才有资格进行笔试策论。

笔试策论的策是策问，即根据国家的大政方针及战守之策向考生发问。问有两题：首题从《论语》《孟子》中取材出题；次题从《孙子》《吴子》等古代兵书中取材出题，考生按问逐一对答；论是议论时事，按题目写论文一篇。对于一向重武轻文的大多武科考生来说，力闯数关、艺压群英已殊属不易，若又要在文场上才惊四座，更是难上加难。

经过几天的角逐较量，最后大考结果揭晓，来自西南边陲贵州的武举曹维城"大魁天下"，成为华夏士人谈论称颂的新科武状元。

由于历史原因，广大民众瞧不起军人，总认为他们头脑简单，四肢发达，没有文化，有勇无谋。至于那些深谙战守之策、能诗能画的儒将，则顶礼膜拜，奉若神明。正因为如此，各种历史著作对军人的生平事迹的记载，均过于简略，使后阅者难以得其全貌，曹维城的情况正是如此。

据史料记载，曹维城原籍贵州平越（今福泉市）府。平越位于贵州中部，是一个历史悠久、山川秀丽、物产丰饶、人文荟萃的古城。自古以来，这里人才辈出，历代不衰，孕育出不少英雄豪俊，如明正统年间的南京户部尚书黄绂和清康熙年间的河东总督王士俊，他们均以"劲节清风"和"清廉恤民"的官风赢得了百姓的称道。

曹维城于康熙二十年（1681）生于一军人家庭。其父曹元肃，康熙十二年（1673）癸丑科武进士，系平越历史上第一个武进士。曹元肃官至副将（副总兵），解甲归里后居于平越。由于受到父亲的影响，曹维城从小习武学文，年轻时不仅武艺超群，而且工诗善画，被当地士人所瞩目。成为武状元后，曹维城历任御前带刀侍卫、云南副将，三十多岁时辞去军职，返回家乡，不久定居贵阳城南邸宅。

曹维城虽系武状元出身，然而却无军人骄横跋扈的作风，亦无豪门显宦的傲气。其豁达豪迈，俊雅斯文，待人谦和有礼，真诚好客，得到贵阳士人的普遍赞誉。当时著名诗人吴中蕃、周渔璜、朱文、潘德征等人与曹维城常相往来，交谊甚深。他们常在曹状元府宅内，谈诗论画，文酒相娱。朱文曾有诗赞曹维城，摘录如下。

我爱曹公子，风流多蕴藉。
二十夺状头，三十称诗伯。
长剑倚青天，高门列画戟。
叱咤生风云，六诏流惠泽。
富贵不骄人，功名垂竹帛……

曹维城传世的诗不多，现选其《初秋游黔灵山》一诗以飨读者。

黔山精舍好，相对有名僧。道悟无生妙，禅参最上乘。
茶煎涧中水，香蓺佛前灯。不许尘凡到，云岚护几层。

曹维城何时病故，史册没有记载，仅知道其子曹石系雍正二年（1724）武进士。与父亲一样，曹石也担任过御前带刀侍卫和副将。曹石能诗，曾师事大诗人周起渭，晚年定居贵阳家宅。

从曹元肃到曹石，曹家三代均系武进士，而曹维城是"大魁天下"的武状元，与其子分别担任康熙帝与雍正帝的御前侍卫，可见这个军人世家代有传人，英雄辈出。

曹维城是贵州历史上第一个武状元，亦是唯一的武状元。他与其后的文状元赵以炯、夏同龢及文探花杨兆麟合称"三状元一探花"，是贵州文化史上最令人称道的科举人物之一。贵阳人民为了纪念武状元曹维城，特将其息影之地命名为"曹状元街"。

蝉联科举的王枟世家

清代诗人赵翼诗曰："江山代有才人出，各领风骚数百年。"继明代周瑛之后，到了清康熙年间，黄平又出了一个王枟世家。在王枟的言传身教下，其家奋发图强，科名蝉联，成为黔中士林瞩目的文化世家。

王枟世家的崛起，得之于时代的大环境。清康熙、雍正、乾隆之际，为了遏阻土司势力的膨胀，进一步加强在西南的统治，清王朝在贵州推行"改土归流"和"开辟苗疆"的政治决策与军事行动。在采取"大棒"政策的同时，中央政府在苗疆实施"大兴儒学，作养人才"的举措。在这个历史际遇中，王枟家族应运而生，以族中能人的聪明才智、学识人格崛起于黄平。

王枟，字文重，一字震来，号蒲水，祖籍浙江上虞。据史册所载："明初，王枟远祖王荣三以千夫长从征来黔，守兴隆卫，遂家焉。"王枟少罹苦难：幼年丧母，无人照顾。父亲续弦，娶了一个冷血阴狠的继母。之后，父亲教学他乡，王枟随继母生活。继母视其如奴仆，动辄呵斥骂詈，虐待打骂。幼小的王枟不仅缺吃少穿，还须承担家中砍柴的苦活，饱尝生活的艰辛和痛苦。某次回家晚了，继母就将家门紧闭，王枟无处栖身，只好露宿野外。

为了排遣心中的苦闷，王枟常去当地名士高奇男弟子王登贤处寻求乐趣。王登贤见王枟勤奋好学，天资聪慧，便倾其所学，悉心教导。在其精心栽培下，王枟忘掉了自己的不幸境遇，全身心地投入学习之中。

王枟求知若渴，嗜书如命，每日砍柴时从不忘记带书阅读。晚上继母不准他在屋内点灯看书，王枟便坐在空谷仓中默默记诵所读的文章；天冷难耐时，则以煤灰围住双足抵御寒冷。正是在这种"苦其心志，劳其筋骨，饿其体肤，行拂乱其所为"的磨炼下，王枟的视野日益开阔，学养日臻成熟，成年时已是一位六经通晓、文思敏捷、下笔千言、学养俱佳的士人。

康熙二十六年（1687），王枟到省城参加乡试，中亚元（举人第二名），选石阡府学教授。十年后王枟入京会试，"拟第一，以边省抑制后列"，换言之，以成绩而言，王枟本来是可以排在三甲第一名的，但朝廷对边远省份的士人存有偏见，于是将其排在后列（三甲第二十五名）。

考中进士后，王枟先后出任江南嘉定、江西上高、云南南宁三地知县，充任辛卯、庚子乡试同考官。由于王枟深受儒家"民本"思想的熏陶，加之自己早年历经坎坷，了解民间疾苦，入仕后恪尽职守，勤政爱民，所到之处皆有善政，民众口碑甚佳。

在嘉定任上，时值海塘坍塌，灾及百姓，王枟"哀民生之艰"，痛百姓之所痛，特向上官恳请豁免民众积欠，并创办义仓，赈济灾民；鉴于治地文教不兴，他创义塾、聘塾师，为穷童提供受教育的地方；王枟倡导治民爱乡爱土，热爱地方文化。为使乡邦文化不坠，治地古圣先贤受到景仰，他带领士绅前往孔庙祭祀，并为先贤出版著作。

在上高任上，王枟发现该县有一里湖，久涸而废，而当地百姓无田可种，生活艰难。有感于斯，便倡导治地民众引水入湖，筑堰二十余里，变八千亩荒地为良田。这项举措影响深远，不仅为当地的农民解决了饭碗问题，而且改善了当地的生态环境。王枟离任时，为缅怀他对嘉定、上高民众的善政义举，当地士绅为其撰写《永怀集》《遗爱集》，以志纪念。

南宁原系云南曲靖附郭县，王枟上任后，勤于政事，决疑案，修县志，深得民众拥戴。离任时，南宁人民将其列为名宦，建祠奉祀，学者称其为"文庄先生"。

雍正二年（1724），王枟回归故里，将旧宅命名为"蒲水居"，日以著述为事，以教子为乐。王枟文人气息浓厚，平时与客谈笑，常使弟子置笔砚于座旁，偶有心得，辄口授命弟子记录下来。王枟平生喜文，每当作文不顺时，夜必辗转反侧，反复思考，偶有灵感，立即翻身下床，点燃油灯，疾书录下。

雍正十一年（1733），王枟应聘参修《贵州通志》，后主讲于贵阳贵山书院。王枟学识渊博，教导有方，凡在其门下请业的弟子大都学有成就。两年后，王枟因躲避战乱而客居湖南。乾隆二年（1737）六月十三日，这位学养俱优的老先生病逝他乡，时年七十三。之后，归葬黄平罗湖，入祠乡贤。

王枟一生著述甚丰，作品《敖署新编》《四书管见》《蒲水居诗赋稿》《读易文》《尚书文》《燕台草》得以传世；其主修的志书有《南宁县志》，编纂的志书还有黄平的《飞云崖志》。

王枟教子有方，五个儿子均学有成就。长子王光士是太学生，次子王焕士、三子王彬士均为雍正壬子科举人，五子楚士是乾隆壬戌科进士，四子焯士系雍正庚戌科武进士，时人将王门才俊誉为"五子登科"。

据民国《贵州通志·人物志》所载：自王枟入仕至清末，王氏家族六代诗礼传家，在科举场上大有斩获，五人成进士、七人中举人，蝉联科举之盛况在黔中书香人家中实属罕见。

五代七翰林，一榜三进士

在清代的历史中，贵阳、开阳的何氏家族在科举场上风光占尽，书写了"五代七翰林""一榜三进士"的骄人成绩。这个簪缨仕宦之家、著名的文化世家，通过与豪门巨族联姻，成为有清一代及民国年间贵州士族之冠冕。

何氏先世来自安徽庐江府，后移居四川长寿（今属重庆）。明末天下大乱，何氏因避张献忠之乱而入黔，著籍贵阳小高寨。据《贵州通志·人物志》所载："何氏入黔始祖何梦熊，天资英敏，博览群书，默识一过辄不忘；工诗文，叠韵长篇，援笔立就；尤善钟太傅（钟繇）及二王（羲之、献之）书法，寸简尺牍，人争宝之。"

清康熙十二年（1673）十一月，吴三桂在云南举兵反清，自称天下都招讨兵马大元帅。一时间，云南巡抚朱国治被杀，贵州提督李本深响应，吴三桂马宝部进抵安顺，云贵成了大战场。

当得知吴三桂叛乱的消息后，何梦熊对吴三桂亡明投清继而又造反的节操深恶痛绝，决定帮助官军平叛。他往来于滇黔之间，遍访战地，观察山川形势，密访吴三桂军虚实，然后急速赶往贵阳，将其调查结果及平叛建议禀报清军主帅。因其平叛思路与清军主帅暗合，遂被留置军中参议戎机。在其后的日子里，清军主帅采用了何梦熊的建议，在平远（今织金县）大败吴三桂军，进而收复黔西、大定（今大方县）、毕节等地，为光复西南奠定了基础。

尽管何梦熊深得清军主帅器重赏识，然而他淡泊名利，不求仕进。平定"三藩"之后，他功成身退，回归故里，每日吟诗作赋，醉心翰墨。

康熙十八年（1679），杨雍建入主黔政，慕何梦熊之名，延请他入幕。在此期间，凡巡抚衙门文稿题奏，悉出其手；在清理积案时，何梦熊认真审理，公正执法，平反冤狱数十案；对地方政务之利弊，他知无不言，坦诚献策。正是由于他的精明干练和公正严明，不仅赢得了杨雍建的信任，而且百姓亦对其感恩戴德。

康熙三十年（1691），阎兴邦抚黔，何梦熊再度入幕襄事。他才识闳通，善于策划政务，深得阎之倚重。

何梦熊个性洒脱，孤高自傲，不愿受制于官场的繁文缛节。

几年后，以母老为由，坚辞幕职，随后携家移居开州（今开阳县）思茅坪，闭门养亲教子，以诗文书画为乐，"自是足不履城市，年逾七十，犹于灯下作小楷，点画无误，寿七十七"。

何梦熊以自己的才智韬略和磊落胸襟，为子孙后代树立了光辉的榜样。在其后的岁月中，何氏家族继承先人遗志，在科举场展露才华，书写了明清以来贵州世家荣获进士最多的傲人成绩。

何梦熊的儿子何锦（字鹤川）是何氏家族入黔后第一个获取科名的人。何锦自幼好读书，弱冠（二十岁左右）有文名。雍正元年（1723），何锦参加乡试，中癸卯科举人。雍正三年（1725），云贵总督鄂尔泰聘请滇、黔、蜀、粤四省名宿主校文事，公开考试选拔。何锦才冠群儒，荣膺第一，再试亦系第一，于是声名大噪。雍正七年（1729），何锦中明通榜进士，入翰林院，散馆任检讨，之后，出任浙江仙居知县。

何锦履任后，得知仙居盗贼猖獗，民不堪其扰，何锦立即遣干役捣匪巢、捕盗魁。在其严厉打击下，盗党一一解体，社会秩序日趋安定。当时，仙居流行祈雨恶俗，一些宵小之辈借此敛聚钱财，百姓亦因此耽误耕作。何锦对此大为反感，认为不仅劳民伤财，而且有伤民风民俗，于是予以革除。

之后，何锦调归安知县，因上司索贿不予，被劾免职。后经按察司查验实属诬陷，得以复职。这次政治打击，使他对官场有了深刻的认识，不再眷恋仕途，于是乞假还乡。

贵阳东门外有螺蛳山，府志称其与省脉有关，一些商人雇工凿石渔利，破坏自然景物。何锦返回贵阳后，见此现象极为痛心,特吁请当道明示禁令。之后,他在螺蛳山凿石处建清淑阁,培植风景。何锦热心地方公益,为便民利民,斥资在城郊下坝河上修建飞龙桥。以上义举得到百姓称道。

何德新,字晖吉,何锦长子。《贵州通志·人物志》称其"十岁能诗,稍长博览群书,亦豪侠不羁,能拓五石弓,好谈兵,论天下大事,又甚有文名。人嫉其才,斥以为狂"。

乾隆六年(1741),何德新举于乡,十年(1745)成进士,入翰林院,选庶吉士。十三年(1748),授翰林院检讨。在京任职期间,何德新为遣寂寞,曾单骑至西山游玩,因迷方向,困于山中,后遇胡僧导出,遂自号"西岚子",作《西岚赋》《西岚子传》以自况。

乾隆十四年(1749)冬,何德新出任凉州知府,亲临辖属五县十二驿。在此任上,何德新问民疾苦,排忧解难,恪尽职守。当得知当地农民常为争夺分配灌溉用的雪水而大打出手、闹得你死我活时,为消弭民众纠纷,他特制定章程以约束。由于章程公正公平,民众对此亦无怨尤。

凉州是回汉杂居地区,民族矛盾、宗教矛盾时相发生,对地方稳定带来了隐患。为化解民族矛盾、增进民族了解,何德新视察治地,拜会回、汉居民及地方首领。在其坦诚的劝解下,民族矛盾得以缓和。

不久,治地柳林湖屯民发生欠租、聚众、遁逃等事件。经过调查,得知这次事件源于官逼民反。柳林湖地处凉州镇番城边界外,与贺兰山阿宝游牧地相接,雍正中期因征讨准噶尔而在此屯田。柳林湖侧面有三个渠，屯民沿渠编号而居。十多年后，当地渐有兼并，贫者不能偿租，兼并者便告之以官。县衙闻讯后，立即派差役前往拘提，不问缘由便欺凌、虐打屯民，从而激起了屯民的反抗。人们纷纷群聚，对虐民害民的差役围而殴之。知县对此大怒，又派营官前往弹压。屯民见事闹大，惊恐而逃。

何德新深受儒家思想熏染，为保民恤民，不使事件扩大，他亲自来到屯民逃亡的地方，承诺既往不咎，对其欠租以官方代偿及延缓征期等办法处理。由于处置得当，符合屯民利益，何德新得到拥护。在其感召下，屯民纷纷返回，柳林湖事件就这样骤然平息下来。

乾隆十九年（1754），清军征讨准噶尔，何德新因用毛袋包装军粮之事得罪了陕甘总督永常，旋即以"玩视军储"的罪名被劾革职。

乾隆二十五年（1760）春，清军平定西乱，乾隆帝拟将祭谒皇陵。何德新入京献《圣武平西赋》，洋洋两千余言，乾隆帝阅后大为欣赏与嘉许，随之召见何德新，并询问其罢官缘由。何德新据情以对。乾隆帝得知其本意是为了国家利益，便笑道："军需所重粮，非裹粮之物也。若粮运迟误，虽锦包绣裹亦难道，如其未误，毛袋何妨。"随之下旨恢复何德新原职。

何德新出任湖南永州知府后，因救灾、赈民劳累过度，病故任上，时年四十四。

何德新一生著作甚丰，时人称其"文齐韩、柳，诗宗工部"，所著有《五湖集》《燕南集》《西凉集》《甘泉集》等。

其诗作被选入《黔诗纪略》等。

何德峻,字鲁瞻,号自岳,何锦第三子。何德峻两岁时,赴浙任职的父亲携他同往。八岁时,他在父亲任所第一次见到了省亲的长兄何德新。当时何德新已二十六岁,对幼弟非常疼爱。两人朝夕相处,情深意笃。之后,为提升弟弟的学养,何德新倾其所学,悉心教导,并与之谈文论学,质正诗文。在长兄的影响下,何德峻学业大进,声名远扬,不久考取秀才。

乾隆十八年(1753),何德新出任甘州知府,何德峻亦举于乡。三年后,何德新奔父丧,兄弟再次相见。守孝三年后,兄弟二人先后入京,没想到分别不久,兄弟阴阳相隔,成了永诀!

乾隆二十五年(1760),何德新劳瘁过度,病故于永州任上。惊悉长兄凶耗,何德峻如同雷殛,哀恸之至,随即自京奔丧。

自兄殁后,何德峻矢志著述,为诗文若干篇。时人评其为"国朝以来,贵阳能文章者,盖以德峻为最",并对其修纂的《东山志》赞誉甚高,认为"赅洽谨严""有良史才"。

乾隆三十四年(1769),何德峻荣登科甲,选庶吉士,官翰林院编修,不久以病告归,四年后卒于家,年三十九。

诗礼传家,代有传人。乾隆五十二年(1787),何家又传喜讯,何德新之子何泌中进士,入翰林院,散馆后改庶吉士,官编修。何泌与其父的个性极其相似,对翰林院刻板的工作和保守的氛围极不习惯,于是乞归乡里,主讲于贵山书院。

贵山书院是省城最负盛名的书院,其前身为明代的阳明书院。明清以来，贵山书院一直由学识渊博的学者主持，是培养举人、进士的摇篮。何泌主讲期间，与监院翟翔时密切配合。两人在贵筑县知县王堪恩的大力支持下，对贵山书院进行教法改革，致使"士行蒸蒸日上，文学、科名日盛，贵阳人士遂冠于西南"。

何泌之子何应杰，嘉庆七年（1802）进士，官翰林院编修。其学养俱佳，颇受士林推崇。可惜英年早逝，时年二十九。

乾隆五十八年（1793），开州何氏的另一支再报捷音，何学林进士及第，选翰林院庶吉士，散馆授检讨，充国史馆纂修，改御史。嘉庆五年（1800），何学林出任江南乡试副主考，次年任湖南学政，官至苏淞常镇道及杭嘉湖道。有政声。卒于官，享年五十七。

据《贵州通志·人物志》所载：何学林少孤家贫，穷蹙无告，母子相依为命。当秀才时，为奉养母亲，何学林常肩负粮米往来于黔湘交接之境。数十百里的长途肩负，其中的艰难困苦不言而喻。后来何学林金榜题名出任湖南学政时，专程赶往旧游处，想到昔日的艰辛，不禁慨叹不已。那些曾经认识何学林的人，想到彼情，看到此景，莫不感触万千，叹息不已。

何学林是一个天性纯孝的人。为官后，立即迎养母亲，对其关怀备至，克尽孝心。母丧之后，其三载尽忧，哀恸感人。《何学林墓志铭》中曾有以下记载："学林孑身处京师九年，与公同舍者，闻公夜梦必呼母。及典试江南，见馔食丰腆，咽不忍食，以母夫人食贫不能饫甘旨也。"由此可见其对母亲的养育之恩是何等刻骨铭心！

"一榜三进士"是何氏家族引以为傲的文化符号。咸丰十年（1860），清文宗三十岁，朝廷特赐恩科取士。时贵州籍廷试成进士者共五人，而何家居其三，时人称为"一榜三进士"。这三位何姓进士是何亮清、何鼎和何庆恩。何鼎系何亮清从侄，何庆恩亦是其族人。何鼎是何德修（德新之弟）的曾孙。

何学林之孙何亮清，字湘雪，贵筑人。咸丰十年（1860）中进士，授翰林院编修，后在四川为官，所至政绩昭著，光绪初年卒于成都。何亮清善书法，工诗文，著有《苍漪山房诗钞》。

何亮清之姐系戊戌变法时礼部尚书李端棻之母。李端棻少孤，承蒙叔父李朝仪及舅父何亮清的悉心教诲，终成大器。李端棻晚年在评论自己一生的学养时，曾有"吾一生为人之道，得之吾叔；为学之道，得之吾舅"的感慨之语。

据《贵阳府志》所载，自清初何梦熊以来，何氏家族一直弘扬家风，克承先学，穷则修身齐家，达则治国平天下，不仅出了"五代七翰林""一榜三进士"，而且涌现出人数众多的举人和贡生、廪生，是为黔中著名的文化世家。这种"文化现象"一直维持到清朝灭亡。

陈法祖孙三代的桑梓情

清代康熙至嘉庆的一百五十余年间，贵州文教勃兴，人才辈出，广大士人走出黔山，问鼎科场，书写了骄人的成绩，被人誉为"俊杰之士，比于中州"。贵州安平（今安顺市平坝区）白云陈氏，乘运而起，祖孙三代书写了"一门四进士，父子两翰林"的佳绩，成为当地士林的楷模。

白云陈氏来自江南扬州府江都县，入黔始祖为陈旺。明洪武年间，陈旺随傅友德远征云南，后以武功授昭信校尉，敕封平坝卫左所百户，遂定居当地。传至第八代时，陈氏子弟转向科举场中寻求发展，陈懿为陈氏参加明代科考的第一人。之后，陈氏子孙步武先人，通过苦读而进入仕途，逐渐成为黔中著名的书香仕宦之家。

明末社会动乱，政权易主。面对清兵大举入黔，时任四川庆符知县的陈氏第十二代陈祥士弃职归里，因耻于与新政权合作，便以行医为名，云游四方，暗中组织武装力量反清复明。到了其子陈恭锡时，见明王朝的覆亡已成定局，于是有悖父亲教诲，参加了康熙三十八年（1699）科考，列贵州乡试第十三名，授直隶丰润知县。陈恭锡的中举，不但改变了这个家庭的遗民身份，延续了"四世为令"的官宦世家。

陈恭锡之子陈法、陈澈，扬家学与家风，兄弟俩先后荣膺进士。陈恭锡嫡孙陈庆升、陈若畤父子接踵而起，相继成进士。陈氏祖孙三代蝉联科甲的事迹，成为安平士人奋斗向上的目标。

陈法，字世垂，号圣泉，晚号定斋。康熙五十二年（1713）乡试亚元，是年秋成进士。进入仕途后，陈法先后任顺天乡试和北京会试同考官。雍正年间，改秩刑部郎中、直隶顺德（河北邢台）知府。乾隆登极后，陈法历任山东登州知府、大名道道员等职。

陈法在大名道任职期间，因上疏为河督白钟山鸣冤，被革职成边。获赦后，诏举经学，大学士陈弘谋以陈法应荐。恰逢此时陈母病故，加之陈法无心仕途，便回黔奔丧。

陈法热爱桑梓，关心家乡教育事业。雍正三年（1725），因病告假回籍，恰逢其同年颜仪凤任安平（平坝）知县。为发展家乡文化教育，陈法建议颜知县增修安平县学，培育地方人才。时任贵州学政的王治山亦是两人的同科进士，于是委托陈法代撰

《重修安平县学记》。

在《重修安平县学记》中，陈法表达了自己对教育的看法及对颜知县的期望。其曰："凡教之法，贵于渐且久。"恳请颜知县"勿弃其民而终教之"，敦促学生道："无怠于学。"并期望"后之继颜君而宰是邑者"，铭记教育是"敦行谊以为风俗"的根本，是"育人才以备国家之用"的大业。

乾隆十七年（1752），受贵州通省清军粮驿道朱近堂引荐，陈法入主省城贵山书院讲席。为不负所荐，陈法在贵山书院潜心讲学，亲制《学约》九条、《学规》十四条，严格规范学生，培育了一代黔中士子，造就了大批人才。

值得称道的是，陈法把每年所得束修全部捐与书院，作为购置图书、教师津贴、补助贫寒学生膏火及年终返家的路费等用。据《安平县志》所载："先生掌教贵山书院十年，所得修脯（礼物与酬金），一无所取，为置书院膏火，数遣人往京师购置内版书贮院中。"贵山学子咸受其惠。陈法逝世后，学子们自发组织"陈公会"，于每年八月二十四日（陈法生日）在书院举行纪念，缅怀其捐金资学的功德。

陈法对贵州教育的贡献，早在乾（隆）嘉（庆）时期即为学界所肯定。道光年间，安平知县刘祖宪、安顺知府庆林、贵州布政使祁真、按察使何金、学政许乃普、巡抚嵩溥会同云贵总督阮元，联名疏请陈法入祀贵州名宦乡贤、陪祀尹（道珍）公祠；民国时期，为缅怀陈法在贵州教育史上的地位与作用，将其事迹载入《贵州名贤像传》中。

113

陈法笃志理学，善诗文，一生笔耕不辍，著有《明辨录》《易笺》《河干问答》《内心斋诗稿》等，内容涉及哲学、政治、水利、诗文、教育诸方面。所著《易笺》八卷为《四库全书》收录，是黔中学术专著入选《四库全书》的唯一作品，其学术价值不言而喻。

陈法深刻认识到地理环境对贵州士人人格特质的影响。他在《黔论》一文中，以自己的观察，阐述了地理环境对贵州人人格特质的影响。他指出："黔处天末，重山复岭，鸟道羊肠，舟车不通，地狭民贫，无论仕宦者视为畏途，即生长于黔而仕宦于外者，习见中土之广大繁富亦多不愿归乡里。"他认为贵州人有"五病"，那就是"陋""隘""傲""暗""呆"。究其原因，这与黔人身处的地理环境有关。陈法所谓的"陋"，是见识不广；"隘"，是心胸狭窄，目光短浅；"傲"，是固执己见，意气用事；"暗"，是不知人心险恶，世事复杂；"呆"，是不合时宜。

要疗治"陋""隘""傲""暗"这"四病"，陈法提出了具体的药方，那就是"凡子弟就塾，先讲明小学，使朝夕习弟子之仪，则长而傲可化也；博之以经史，使之从明师益友讲习讨论，则陋可文也；浸灌之以先儒理学之书，事识义理之宏阔，集古今名臣列传以开拓其心胸，则隘可广也；亲戚有仕宦于外者，使从之游于通都大邑，见大人先生，聆其议论，日阅邸报，与闻世事，则暗可通也……"换言之就是贵州士人须"受教育，增见识，广交游，拓眼界"。至于"呆"病，陈法却认为"宜宝之",这是黔人可贵的品质。陈法曰:"若夫呆者,朴实而不知变诈,谨伤而不随诡随,此黔人本色,天真之可保守而不失,以之任事,则实心可取;以之事上,则直道犹存。"陈法所说的"实心"和"直道",就是我们今天所说的"敬业"与"忠诚",这种品质植根于黔人骨血,确是贵州人的骄傲。

清末进士杨恩元对陈法有如下评价:"顾安顺,在明清两代,不少传人,而最近所属之安平(平坝)殊为远逊。惟清中叶时,陈定斋(陈法晚年号)昆仲崛起兹邑,文章政绩,皆足模范当世,取法后来……庶几览者知黔中文化有开必先,不待郑(珍)、莫(友芝)出而已名作如林,后先济美。"

陈法之子陈庆升,自幼聪颖过人。"六岁从(陈)法北上,于舟中教以四声,罔不明了。年十二法携至淮阳,经岳武穆祠,祠有碑数千言,读一过即成诵"。

乾隆九年(1744),陈庆升举于乡,十三年(1748)中进士,时值陈法因白钟山一案被革职戍边。惊闻消息后,陈庆升极为痛苦。父亲为官清正,仗义执言,竟然遭此下场,由此感到司法极不公正,于是上疏朝廷,恳请代父戍边。陈庆升疏文言词之哀切,感情之真挚,令乾隆帝为之动容,于是收回成命,赦免陈法回籍。

进入仕途后,陈庆升历任翰林院检讨、四川正考官、陕西道监察御史、江南道监察御史、礼科给事中、工科掌印给事中、刑科给事中、大理寺少卿。

乾隆二十四年(1759),陈庆升补工科掌印给事中。一日,左都御史召陈庆升到其邸宅，告诉他已将其名列于这次京官考评的名单中，并暗示自己能为陈庆升写好的评语，举荐其荣升。

陈庆升听后大不以为然，表示自己之所以到来，是以为有公事相召，而左都御史的话应该告诉那些削尖脑壳想升迁的人，说后拂袖而去。左都御史怔怔地望着陈庆升离去，恼羞之余，随即将陈庆升从考核名单中除名。

乾隆二十五年（1760），陈庆升任巡漕御史，巡视通州漕务，针对没有固定法规、漕运米数、闸堤管理及漕官挪用钱款四事向朝廷建言献策。"部议虽未尽从，然亦有所采用，遵行至今未改"。之后，他又革除巡漕御史行署度支上的弊病，建言巡漕御史每月支银五十两充费，充分表现其忠于国事，清直无私的官风。

为父母守孝期间，陈庆升掌教常德朗江书院。他秉持父亲理学理念，"令学者知趋正学，读朱子《小学近思录》，通经读史，不专读诗文，兼习音韵训诂。其言痛中学者之弊，常德人咸敬服之"。

乾隆三十五年（1770），陈庆升卒于大理寺少卿任上。

陈若畴，字闻之，陈庆升第三子。少以文学受知于汉学大师朱珪、纪昀，并在纪昀门下学习了十余年。一日，陈若畴求教于纪昀，曰："公修四库书，知古人书已著尽，故不著书。畴因公得知四库书，亦将不敢著书，但我寒士也，作诗文求生活可乎？"是故陈若畴虽学问渊深，但只著有《自远诗稿》《闻之时文》两种。

乾隆五十九年（1794），陈若畴举顺天乡试，嘉庆四年（1799）成进士。之后，他历任咸安宫教习，湖北远安、黄冈知县，直隶任丘教谕。

有人说，"家国之爱，桑梓之情"早已植根于陈氏家族的骨血中，成为他们"修齐治平"的动力，可从陈法祖孙三代接力筹建贵州会馆一事中得到佐证。

康熙五十三年（1714），詹事府詹事周起渭在京逝世。其父周国柱、弟周起濂赴京治丧，将周起渭京城房屋捐作贵州会馆，旨在为旅京黔人和贵州赴京会试举子提供食宿方便。这一义举，对时任翰林院检讨的陈法触动不小。陈法认为，樱桃斜街的贵州会馆远远满足不了黔人的需求。如若自己将来有了能力，一定再造一个贵州会馆新馆。

乾隆十二年（1747）冬，陈庆升到北京，一是探视父亲，一是参加会试。当其拟住贵州会馆时，发现已人多房满，无处容身，只好出资赁屋以居之。一次，陈庆升与父谈及贵州会馆之事，正好勾起了陈法对往事的怀想。经过思想交流，父子俩均认同修建新贵州会馆之必要。陈法回籍后，修建新贵州会馆之事萦系于陈庆升心头，苦于官俸微薄，无力承办，就将此事搁置起来。乾隆四十五年（1780），陈庆升在京逝世，临终前将此心愿嘱托儿子陈若畴。当时陈若畴未曾入仕，家境贫寒，穷蹙无告，只得将父安厝于北京白塔庵内。为守父墓，他与弟陈若藻著籍北京。

在之后的宦途中，陈若畴铭记着祖、父遗训，决心完成他们的未竟之业。为此,他节衣缩食,积蓄薪俸,以备后用。道光六年(1826),陈若畴与其弟陈若藻"积清俸购棉花七条胡同屋宇,捐为贵州新馆"。对此义举,时任户部员外郎的魏鸿(贵州人)仿祀周起渭故事,立陈若畴之父陈庆升的牌位于新馆之中庭,每岁十一月二十八日(陈庆升生日)醵金致祭,并撰《贵州新馆记》勒石以纪之。

陈氏祖孙三代为北京贵州会馆新馆所做出的贡献,成为黔中士人的美谈,他们对桑梓的诚挚之爱,将永存黔人心中!

贵山书院"三先生"之艾茂

麻哈（今麻江县）地处黔中腹地、清水江上游。县境之内，青山环抱，丘陵起伏，林木葱翠，河流纵横。自古以来，这里聚居着汉、苗、布依族等民族。自明初朱元璋经营西南后，大批军人、移民纷纷进入贵州，麻哈的经济、文化也随之发生了变化。有清一代，麻哈士人艾茂问鼎科场，荣膺进士，成为麻哈继明隆庆五年（1571）宋儒之后的第二名进士。

艾茂祖籍江西省新建县，先世于明成化年间来黔经商，后落籍麻哈。其曾祖艾世美是一个注重学养的读书人，隆庆年间，艾世美选为拔贡。其后，历任四川马湖训导、江西庐陵教谕，官至湖北松滋知县。艾世美为官清正，有政声，平生不喜阿谀奉承，钻营拍马。人谓其"见直道不行，拂衣而归，以课农训子以终老"。

明万历初年，刑部观政邹元标因抨击权臣张居正，谪戍都匀卫。时艾世美客寓都匀，钦佩邹元标的人格学识，常邀其到家做客，遂结为诗友。当时，邹元标服膺王阳明心学，并以传承"王学"为己任。为此，艾世美特邀其赴麻哈州静晖寺讲学，并令其子艾友芝、艾友兰、艾友芸师从邹元标。邹元标对艾氏父子的友情及学养有如是评价："父子蒸蒸起，为州治斯文鼻祖。"

艾茂，字颖新，号凤岩，生于清康熙六十一年（1722）。艾茂从小秉承家学，聪慧好学，六岁时随父学习经史子集，十四岁赴贵阳应童子试。其才华得到督学邹一桂的赏识，喜而拔置第一，并赠诗云："两序温文归大雅，五经讲诵逊神童。"

乾隆十五年（1750），艾茂中乡试第三名。次年成进士，入翰林院任庶吉士，散馆后授检讨，继任国史馆纂修官兼《续文献通考》纂修官。在此期间，艾茂早出晚归，沉溺史册，对史实不确定之处认真考订，从不轻易着笔。艾茂办事认真严谨，却招致一些同修者的不满，认为其"濡滞"，难以共事。然而等到艾茂考订史实后再述之成文时，同修者阅后无不为之震惊，钦佩不已，认为其文有"班马笔意"。艾茂曾对人说："史须信，今传出，宁任淹迟，何敢妄矜敏捷也。"从其语言可看出，在艾茂的心目中，修史是一件传之后世极为严肃的大事，修史者务必求实存真，恪守史家"不轻易下笔"的古训，切忌图快草率，更不能妄自夸耀，卖弄文才。

艾茂是一个淡泊功名、不乐仕进的文人。他热爱自然，追求个性，翰林院死气沉沉的生活加上追名逐利、相互攻讦的人际关系令他十分厌恶，于是有了辞官返里的打算。

乾隆二十二年（1757），艾茂以养亲为名辞官返乡，过着一种悠然自得、无拘无束的生活。这样的日子没有过多久，贵州巡抚周人骥慕其才名，聘艾茂到省城最高学府贵山书院担任主讲。

时值乾隆中期，政治稳定，经济发展，国家大兴文教之政。当时，贵州在推行"大兴官学，作养人才"的政策，遂使府、县兴学育才，学校遍立。艾茂痛感家乡文教之落后，深谙教育之功能，加上自己对教育有特殊的兴趣，十分珍视这个难得的机遇。

艾茂学识渊博，道德高尚。在贵山书院执教期间，他倾其所学传授弟子，注重培养生徒独立思考的能力，并言传身教，抓学生的道德修养。由于教学有方，教学效果显著，在短短的时间内就使贵山书院的学风发生了根本变化：学生学业精进，精神面貌焕然一新。在之后的己卯（1759）科乡试和庚辰（1760）科会试中，贵山书院荣登科名者不少。清廷得知艾茂在家乡讲学传教大有成绩时，申令嘉奖之余，特授予其侍讲一职。

乾隆二十六年（1761），艾茂奉召回到阔别四年的翰林院。到京城不久，恰逢保送御史，这时一位友好者告诉艾茂，这是升迁的好机会，希望他好好把握。然而艾茂志不在此，对高官厚禄毫无兴趣。在其心目中，当一个普通的读书人最为惬意，不仅说话自由，毫不顾忌，而且不用仰人鼻息，看人脸色。艾茂个性洒脱清高，难以适应翰林院沉闷刻板的生活，最终还是以乞养亲老为由，辞官归里。

祖父病逝后，艾茂受云贵总督吴达善之聘，赴昆明五华书院主讲，历时五年。之后返回黔中，复掌贵山书院教职，达十年之久。

艾茂是一位慧眼独具、有伯乐之才的教育家。他认为，"教人必先器识"，首先得有知人鉴。教师对学生智力的优劣、学习的勤惰及他们的理想情操，应有一个全面的了解，这样才能因材施教。在艾茂的精心培养下，其门人品学兼优，为士林所瞩目。高足何学林、罗方五、严匡山、花杰、张桐轩等人学有成就，后来成为政坛、文坛的翘楚。尤其是花杰，中进士后官至江西布政使，在其任御史时，刚正不阿，不畏权贵，被时人称为"殿上虎""花老虎"。

艾茂对贵州文教的贡献在士林中反响极大，并引起了贵州巡抚及藩台的高度重视，多次上疏朝廷，称颂艾茂的才学德识，恳请不要将其调任，让他为家乡多多作养人才。朝廷允准，特下旨对艾茂予以嘉勉，再次授予其侍讲之职。

艾茂晚年，辞教还乡，息影林泉。其居所有都春园、筠筜庄。都春园藏书丰富，景致幽雅，艾茂尤珍爱之。之后，艾茂扩建都春园，将祖辈从云南移植的一株宝珠树种在新修的屋堂后，名其新屋为"宝珠堂"。

据史册记载，艾茂对宝珠堂情有独钟，读书偃卧其中，无拘无束，悠闲自在。他在宝珠堂中，"日执《周易》一卷不释，谓：'天道人道皆备，吾一生精力当尽此矣！'"艾茂认为：

"六合之远,一身之近,瞬息之倾,动静之交……无乎不有。"显然这是艾茂从《周易》中悟出的哲理。每当读书著述之余,艾茂便到都春园中种花锄草,愉悦情性。

时洪亮吉视学黔中,因仰慕艾茂的学养,特为其作《都春园序》《宝珠堂记》,并赠诗,摘录如下。

朝衫脱罢卧烟云,自构园林乐静便。
生意不芟闲草木,逸情何异古神仙。

艾茂热爱自然,思想深邃,每当闲暇之时,常登临送目,欣赏山川林木的风姿美态,并以物寄情,诉诸诗文。其诗颇有特色,诗情画意中蕴含着朴素的哲理。如《飞云崖》中,艾茂这么写道:"动静为根理可思,云情石态故迷离。"

又如《南岳山诗》中,又有是说:"缥缈飞楼胸此豁,冥搜物象发天藏。"

艾茂一生著述甚丰,其作品《易经人道》《贵山四书集讲》《贵山新草文集》《联捷文稿》《应制律诗》《兰亭集子石刻》《宝珠堂诗集》《五经类纂》《性理集成录》《古文聚精录》《独山志》皆行于世。遗憾的是,这些作品大多毁于咸同大起义的兵燹中。如今贵阳名胜甲秀楼壁嵌珍藏的名人墨迹诗文中仅存艾茂诗一首,贵州博物馆尚藏有《艾氏家集》,另外民国《麻江县志》中还收藏着艾茂部分诗文。

嘉庆五年(1800)九月,艾茂病逝,享年七十九,葬于麻哈城南五里的飞凤山。其友罗典（岳麓书院山长）在《艾凤岩先生墓志铭》中对艾茂的人格道德、情趣品性有如下评价："文足以行远，才足以有为，复出之于谦让……不绘不雕，不跂以为高。在官清白，归田逍遥，其门济济，其乐陶陶，乌知夫山之寂而世之器。"可以说这是对艾茂最中肯的评价。

艾茂是乾隆年间贵州著名的教育家，他以教育为职志，始终关心家乡的文教事业，为贵州培养大批人才。正是由于其对教育做出的特殊贡献以及他才高学博的人格魅力，学界对他尊崇备至，景仰有加。艾茂逝世后，贵山书院的学子把他与前书院两位杰出的山长陈法（贵州平坝人）及张甄陶（福建人）合称为"三先生"，一起奉祀，供时人、后人缅怀。

乾嘉学派传人莫与俦

老来不记旧乡相,独记先辈之高风。
乾嘉之际盛人杰,翘者未易遽数终。
鸿猷何啻冠当代,余绪亦足称儒宗。
唯有南洪北朱纪,就中爱我推数公。
谓能负气少屈曲,稍学可作西南雄。

这是莫与俦晚年写给门生郑珍的一首诗。在诗中,他回顾了昔日在翰林院学习时的美好岁月,怀想自己由于得到汉学大师洪亮吉、朱珪及纪昀等人的悉心指导,因此得识治学门径。不仅如此,这几位大师对他期许很高,希望他将汉学传入西南,发扬光大。

莫与俦没有辜负以上恩师的期望，之后，他辞官返里，以教育为职志，培育了一批英才。其高足郑珍、莫友芝得其真传，使汉学在西南卓然兴起。郑、莫在汉学的卓越成就，名扬华夏，令人叹服。

何谓汉学？曾国藩在《翰林院庶吉士遵义府学教授莫君墓表》中对汉学曾有如是说："乾隆之季，海内矜言考据，宗尚实事求是之说，号曰汉学（亦称朴学）。"梁启超在《清代学术概论》中对汉学的内容做了进一步的解释，云："其学问中坚，则经学也。经学之附属则小学，以次及于史学、天文学、地理学、音韵学、金石学、校勘学、目录学，等等，一皆以此种研究精神治之。"

莫与俦，字犹人，又字寿民，清乾隆二十七年（1762）诞生于贵州独山州（今独山县）北兔场上街一教书先生家庭。父亲莫强，秀才出身。由于几次乡试未中，莫强便绝意仕进，沉下心来以教书为业。莫强授徒，注重学生智育、德育的培养，教导他们"读书非以取科名"，不是追求高官厚禄，而是应该注重个人修养。而修养须从正心、诚意、格物、致知开始，进而修身、齐家，最终达到治国、平天下的人生最高理想；莫强教导学生敦品力行，要求他们孝敬父母、信赖朋友、和睦邻里、亲善姻娅、仗义疏财、悯恤孤贫。正是在这种"敦实行，崇礼让"的家风熏染下，莫与俦从小随父学习经史，勤奋好学，聪敏过人。少年时，进入文场，在州、府的童生考试中常常名列榜首。

而一个人的命运并不完全取决于自己的聪明才智，往往与机遇有着重要的关联。莫与俦之所以能扬名黔中，与贵州学政洪亮吉的赏识、提携是分不开的。乾隆五十八年至乾隆五十九年（1793—1794），洪亮吉两度视学贵州十三府一厅，对当地的文教进行考察及甄拔人才。在都匀考察期间，恰逢都匀府举行院试，洪亮吉发现学子莫与俦品学兼优，认为其"将来必以名节显"，于是识拔为生员（秀才）。

嘉庆三年（1798），莫与俦中举人，次年再试文场，成进士，授翰林院庶吉士。在此期间，他常向当时著名的汉学大师朱珪、阮元、纪晓岚及洪亮吉请业，得识治学门径。

嘉庆六年（1801），莫与俦以知县分发四川，任盐源知县。盐源地处川藏交界之处，风土人情与内地迥异。上任之初，时值冬季，莫与俦冒着风雪前去彝、藏族聚居区踏勘和了解民情。令其惊异的是眼前白草雪山、落日黄沙、藏族同胞的衣着和住居，那碧如明镜的小海（今名泸沽湖）浮起的"雪螺"，这些有别于内地的奇异景观和诗情画意，在他的心中涌起了温馨甜美的感情。

在盐源任上，莫与俦对治地的民族问题十分关注，慎重处理民族矛盾，尊重彝、藏族同胞的民族信仰。为了化解民族矛盾，他周巡县境，了解民风、民俗，废除陋规、陋俗，制止土司属吏额外摊派。其治政的官风、亲民恤民的官德，深得民众爱戴。

嘉庆九年（1804），莫与俦出任四川乡试考官。他慧眼识人，从众多的学子中挑选出梁起祥、潘时彤等八个有真才实学的青年才俊。秋闱过后,正当莫与俦接到出任署理直隶邛州同知的调命时,突然接到父亲病故的噩耗。当时他手头困窘,缺少盘缠返黔,无奈之余,充当提学使周廷栋的幕僚,前往四川泸州等地校士。在周廷栋的厚赠下,莫与俦得以返回故乡独山,自此进入他人生的新时期,成了一位以教育为职志的教育家。

服丧期满,莫与俦见到母亲年老无依,需要侍奉,于是无心仕进,便向朝廷请求暂缓赴任。在此期间,他侍亲教子,教书谋生,先应八寨厅(今丹寨县)王氏之聘,后主讲于独山州紫泉书院。在此期间,莫与俦注重学生智育、德育的全面发展;在教学内容上,他以"六经宗伏、郑,百行法程、朱"为教育准则。换言之,就是讲解、诠释六经,以秦博士伏生及东汉经学大师郑玄的方法为圭臬;日常言行的规范和道德修养,则以宋代理学大师程颢、程颐和朱熹的要求为准绳。由于教学效果显著,深得学生、家长赞颂,影响也随之扩大,致使向学之风渐渐兴起,从而改变了当地尚武轻文的遗风。

莫与俦担任教职达十四年,这时他年已花甲,突然接到吏部公文,促他入京选官。莫与俦料理好家中的事务后,北上候命。在前往北京的行程中,他眼前浮现的是过去官场尔虞我诈、勾心斗角、追名逐利、谄上骄下的一幅幅画面,搅得他心绪不宁,情绪焦躁。回到现实,他心中又涌起了温馨的情愫。虽然教师生活清苦,但不用仰人鼻息,不用看人脸色,加之"聚天下英才而教之",多么高尚而惬意。要想舍弃自己热爱的教育事业,再卷入污浊的官场中去,这是莫与俦万难接受的。经过痛苦的思索,在行抵湖北襄阳时他断然决定：弃政从教！

返回贵州后，莫与俦向巡抚衙门呈请改任教职，道光三年（1823）被选任遵义府学教授。是年秋，携妻小赴任。

黔北名城遵义，历史源远流长，文化积淀深厚。府城襟山带水，城区街市整齐，店铺林立，商业繁荣。漫步其间，蜿蜒而来的湘江流经府城东北，清澈秀丽，洋溢着灵气。沿着山脊而建的西南城垣，雄伟壮观，令人叹服；在城东对面，只见一峰突起，上面殿堂宫宇，林木葱翠，那就是遵义府学所在的笔花峰麓。遵义府学"下瞰湘流，七曲回抱，烟岚四涌，诸山皆朝"，视野开阔，景色奇佳，是当地人文与自然完美结合之所在。

莫与俦举家来到遵义后，这位学识渊博、出身于翰林院庶吉士的学者大名在遵义的学子中传扬开来。不少学子前来请业，遵义府学顿时热闹起来。曾国藩在《翰林院庶吉士遵义府学教授莫君墓表》中曾记述了这件事："遵义人习闻君名，则争奉就而受业。学舍如蜂房，又不足，乃僦居半城市。旦暮进诸生而诏之学，以尽其下焉；而上焉者，听其自至可也。"

任教期间，莫与俦针对学舍少、附读生多的现实问题及困难，将两次修葺文庙的钱款用来修建校舍。他在《补葺遵义府学记》中曾这么写道："辟黉舍（校舍）以聚生徒，时肄习以广术业，勤训迪以储人材。"黉舍的修建解决了学生的住宿问题，为他们安心读书勤奋向学提供了良好条件。可以说，这是莫与俦为遵义教育所做的第一件好事。

莫与俦为遵义教育所做的第二件好事是在遵义学宫旁创建汉

三贤祠,冀望遵义学子学习先哲,在汉学研究方面有所建树。莫与俦所钦仰的汉三贤是:汉武帝初年时注《尔雅》的犍为文学卒史舍人,他是我国训诂学的鼻祖;文学家司马相如的门人、被誉为"牂牁名士"的贵州辞赋作家盛览;东汉时曾赴中原向经学大师许慎学习,学成返回南疆,传播中原文化的贵州教育家尹珍。莫与俦曾经对学生郑珍这么说道:"吾不能专精文字训诂,成一家之书,以报师友,愧十九年多士师。惟三贤汉儒专门,又皆国故,以此倡士,蔚有兴者,吾志毕矣!"

道光八年(1828)秋,遵义才人郑珍辞去湖南学政幕府的差事,返回贵阳参加乡试。落选后,回到遵义。郑珍久闻莫与俦大名,求知心切,便前去府学拜望莫先生,请求指点治学门径。莫与俦见郑珍才华出众,态度诚恳,便收为弟子。当时,莫与俦第五子莫友芝正随父亲攻习汉学。郑、莫相互欣赏,倾心而谈,于是订交。随着时间的推移,两人的感情愈加深笃,不仅成为志同道合的终身好友,而且在学术上建树卓著。

之后,郑珍依照老师的训示,写《汉三贤祠记》,以此叙述儒家经典著作《六经》的研究发展演化历程。莫友芝将郑珍的表述再向前推进了一步,在自己的文章中阐述了崇尚朴学的原因。他认为"《六经》堂构于汉儒,守成于宋程、朱诸子,而大败坏于明人"。待到清代乾、嘉年间,士人纷纷崇尚朴学,"一时期朝野诸老宿,痛惩前代空疏文巧之佛老吾道,而力挽回之。事必求是,言必求诚,支离惝恍之习扫弃净尽,于是汉学大明,《六经》之义若揭日月"。

莫与俦在教学中遵循乾嘉学派的治学方向，《清代贵州名贤像传·莫与俦传》中有如下之言。

其徒举阎若璩《六经》宗服郑（郑玄），百行法程（程颢、程颐）、朱（朱熹）之榜，以树依归。其于一代专精大师所为诂训，如易（《易经》）惠氏（惠栋），书（《书经》）阎氏（阎若璩），诗（《诗经》）陈氏（陈奂之），礼（《礼记》）江氏（江永），说文则段氏（段玉裁）、王氏父子（王念孙、王引之），未尝隔三宿不言。其示诸生谓：学莫先于正趋向，趋向之正不正，视乎义之明不明。又谓：读书当实用，经典所载孰非师法，言言而求诸身，事事而思其用，则读一卷书，自有一卷书之益。

俗话说"名师出高徒"。在莫与俦这种博学鸿儒的潜心教导下，门人中涌现出精通许、郑之学，被人誉为"西南硕儒"的大学者郑珍、莫友芝，以及才高学博的郑珍之子郑知同。

清末贵州诗人陈田在《黔诗纪略后编·莫与俦传》中对莫氏亦有如是评价："吾黔讲明宋学以定斋（陈法）为大宗（师）。黔士知有汉学，自先生（莫与俦）始。厥后先生之五男友芝、门人郑珍、珍子知同，以考据训诂之学成书数十种，出与海内通人硕学证据，推为汉学专家。先生提倡之功伟矣！"由此可见，莫与俦在弘扬乾嘉汉学及培养人才方面对贵州文教发展是有巨大贡献的。

道光二十一年（1841），莫与俦与世长辞，享年七十九。弥留之际，他对莫友芝等子女说道："贫不葬，葬吾遵义可也。"子女遵从父言，将其葬于乐安江畔的青田山庐中。

莫与俦一生著述甚多，有《二南近说》四卷、《仁本事韵》两卷、《喇嘛纪闻》两卷，诗文若干卷。后莫友芝收集父亲残存诗文，编为《贞定先生遗集》四卷刊行，其中《贵州置省以来建学记》《都匀府自南齐以上地理考》《牂牁考》《毋敛贵州先贤》等，均为研究古代贵州文化的重要文献。

莫与俦有子九人、女七人。其子莫友芝、莫庭芝在文学上均有不俗之成就。莫友芝与郑珍、黎庶昌同为沙滩文化的代表人物，是清代咸（丰）同（治）年间贵州文坛上执牛耳的大学者、大文人。六子莫庭芝，系贵州著名的音韵训诂学者及教育家，曾任安顺府学教授，后主讲于贵阳学古书院。莫庭芝继承其兄莫友芝的遗志，收集黔人诗词，辑成《黔诗纪略后编》，为后世留下了一部珍贵的文学遗产。

傅潢与洪亮吉

乾隆五十七年（1792），江苏阳湖（今常州武进区）人洪亮吉出任贵州学政。在任期间，洪亮吉以振兴贵州文教为职志，所到之处，购置经史、充实书院、奖励学子、拔擢人才，从而推动了黔中士人向学之风，致使贵州文教勃兴，人才辈出。他的学识才华及人格魅力影响并造就了两位黔人——贵阳的傅潢、傅寿彤父子。

傅潢，字星北，号筱泉，乾隆三十八年（1773）生于贵阳一书香人家。傅潢祖籍上元（今南京市），明成化年间，先祖傅恩官拜湖广布政使，后在荆州为明宪宗殉死，从此子孙流寓湖北、湖南两地，最终定居贵阳。傅潢天资聪敏，对诗尤有兴趣，在父亲傅琏（岁贡生）的教导下，"六岁读《毛诗》，辄能解悟，十三学诗，十六遂工诗"。傅潢十九岁时，其诗作无意中被贵州学政洪亮吉看到。洪亮吉慧眼识人，见傅潢颇具诗才，欣喜之余，补其为县学生员。

当时，"乾嘉学派"高张"复古"大旗，在学术上打出"汉学（朴学）"之目。其治学范围为以经学为中心，而衍及小学、音韵、史学、天算、水地、典章制度、金石、校勘、辑佚等，多引证取材于两汉。其治学方法在于讲求"实事求是""无征不信"。洪亮吉是当时著名的汉学大家，其《国语注疏》《左传诂》《公羊谷梁古义》《汉魏音》《比雅》《六书转注录》《三国疆域志》《东晋疆域志》及《洪北江诗文集》流传甚广，为广大士人所诵读。其骈体文亦有极高的成就，梁任公认为洪亮吉骈体文"力洗浮艳"之风。

傅潢是洪亮吉的崇拜者，对其学识人格极为钦佩。由于自己地位卑微，始终不敢冒昧到学政衙署去拜望洪亮吉。乾隆六十年（1795），洪亮吉任满还京，傅潢特别感到懊丧，痛悔自己再没有机会就教于"北江先生"了。

返回贵阳后，傅潢一度就学于贵山书院山长翟翔时门下。翟翔时系贵阳宿儒，博闻强识，于经学尤长《尚书》《左氏春秋》，又工诗善文；其教诲门生"严谨有法，经义各制，各相其材"。在翟翔时的悉心教导下，傅潢"学行咸有矩则"，识见渐趋成熟。

嘉庆三年（1798），傅潢游学湖南，学益精进。未及返乡，忽闻洪亮吉因敢言直谏、抨击时弊而谪戍伊犁。据说洪亮吉在致军机王大臣的信中有如是之语:"……励精图治,当一法祖宗初政之勤而尚未尽法也;用人行政,当一改权臣当国之时而尚未尽改也。风俗则日趋卑下,赏罚则仍不严明,言路则似通而未通,吏治欲肃而未肃,何以言励精图治……今一则处事太峻……二则进贤退不肖似尚游移……"此信由成亲王呈嘉庆帝阅后,"上怒其语憨",立即将洪亮吉落职下狱,拟就正法,旋即又免死遣戍新疆。

听到北江先生的遭遇后,傅潢加深了对其人格的认识,同时为其命运担忧。不久又传来消息,说北京地区久旱不雨,嘉庆帝怀疑"罪亮后言事者日少",可能触怒了苍天,于是传谕伊犁将军释放洪亮吉回乡。洪亮吉在新疆戍所待了百余日后就这样被赦还。

傅潢得知这一喜讯后,按捺不住激动的心情,立即从贵阳赶往常州武进。当洪亮吉见到这位不远千里而来的贵州青年时,感触颇深,握住傅潢的手,感慨地说道:"曩者予视学黔中,得名士翟锦观辈,未有能通吾学者,子归为我传之。"

在武进的日子里,洪亮吉将汉学力行之精要授之傅潢,期望其潜心治学,终成大器。与北江先生相处的日子虽不长,但傅潢不仅开阔了自己的视野,而且领悟到学习汉学精要之诀窍。这对傅潢今后的人生及治学有着巨大的影响。

嘉庆八年(1803),傅潢教授于贵定,闲暇之时,作《诗义长篇》二十五卷。第二年参加乡试,因用汉学注义而被黜于副榜。愤懑之余，傅潢北上京师寓居数年。在此期间，傅潢与名士张问陶、包尔赓、陈云交游甚多。

时王引之任河南学政，其官署聚集者多为当时名士。张问陶、陈云常出入王宅，曾以校雠之事嘱托傅潢，从而使其得以遍览珍贵的典籍。傅潢深知做学问要占有资料及善于摘录资料的重要性，为此特作《筱泉笔记》。

嘉庆十三年（1808），傅潢任国史馆誊录，次年改任八旗教习官。嘉庆十五年（1810），参加顺天（今北京）乡试，中举人，第二年再奏捷音，荣膺进士，时年三十八。

在返乡途中，傅潢特地赶往武进祭拜两年前逝世的恩师洪亮吉。面对先师的坟茔，傅潢久久伫立，抚今追昔，悲恸不已，痛悼一代学界巨子的仙逝。在武进流连三日后，他满怀凄楚之情踏上归程。返回故里后，傅潢应贵州巡抚曾燠之聘在贵阳正习书院任了八年主讲，之后步入仕途。傅潢一生官运不佳，久居下僚，他为官清正，体恤民困，所至之处，官声甚好。以下事例足可佐证。

道光二年（1822），傅潢选授博野知县，适逢该县大雨成灾，米价因之飙升。目睹广大民众挨饿的惨状，傅潢不顾同僚的反对，下令开仓赈民，救活了不少百姓。

在满城知县任上，傅潢的清廉被上官怀疑。为考验其清白，上官私下派人以金饼贿赂傅潢。傅潢不为所动，严词拒绝。

傅潢再任丰润知县时又逢该县闹蝗灾，为了不使虫灾蔓延，他立即亲率民众到田间捕杀蝗虫。由于措施及时，当年仍然获得了较好的收成。

之后，傅潢相继任兴安知县、苍梧知县、全州知州，每至任所，募乡勇、平冤狱、审旧案、捕盗贼，民众对其治政口碑甚好。

道光十七年（1837），傅潢将调任西隆知州时突患重病，是年病逝于桂林，享年六十四。

傅潢一生涉猎广博，好与名人交游，著述大气典雅，尤以经史见长。其主要著作《庭训》四卷，采撷先秦诸子及汉宋诸儒格言，分志学、修己、与人、接物四目，近似《颜氏家训》，旨在教诲子弟。另著有《诗集》十六卷。

沙滩文化的奠基人黎恂

清代咸丰、同治至光绪年间，遵义东乡乐安里（亦名沙滩）以郑珍、莫友芝及黎庶昌为首的文人集团，继承发扬乾嘉学派精神，以经学、小学、训诂、考据、诗歌、散文、方志等方面的学术造诣扬名海内外，从而赢得了华夏士人的赞誉。当人们将视线投向沙滩文化时，无不注目于黎恂，是他教育和影响郑珍、莫友芝及黎庶昌等人，为他们的崛起奠定了基础。

黔北重镇的遵义东乡，是一个风景秀绝的鱼米丝茶之乡。岗峦起伏，林壑清幽，乐安江蜿蜒流淌，两岸田畴沃野，农舍村落散布其间。东乡禹门寺，系黔中著名的佛教圣地。该寺殿堂巍峨，蔚为壮观。禹门寺有一振宗堂，由于环境幽静，适于读书治学,被山下山村乐安里居住的黎氏家族所利用。自明末以来,黎氏便在这里设立家塾,以此教育族中子弟。

乐安里前临清流,后枕岗峦,村里仅有七八十户人家。乐安里前的江中有一形似琵琶的沙洲,被人称为琴岛,习惯称为沙滩。

乾隆五十年(1785),黎恂诞生在沙滩一士人家中。父亲黎安理系乾隆四十四年(1779)举人,是一个饱读诗书、淡泊名利的读书人。黎安理除短暂出任教职和知县外,大部分时间以塾师为业。在其悉心教导下,子黎恂、孙黎兆勋、外孙郑珍学有成就,成为黔中文坛的中坚;门生王廷蔡、王青莲相继考中进士,成为科举时代的翘楚。

黎恂性格沉厚颖悟,从小爱好读书,嘉庆十五年(1810)乡试中举。嘉庆十九年(1814),再试文场,成进士,随之补任桐乡知县。在任上,黎恂本着养民爱民的原则,"勤民敬事,不扰不烦,教人以敦伦饬纪为先,课士以穷经致用为实"。正狱讼,弭盗贼,宽赋税,厘漕务,凡事带头,为下属做表率。为此,得到民众的拥戴,贤声大振,名扬远近。

黎恂常说:"人以进士为读书之终,我以进士为读书之始,诚得寸禄,了三径,资事亲,稽古吾志也。"由此可见,黎恂并不把功名富贵看得很重,却把求知、治学作为自己人生的理想。黎恂在桐乡任了五年知县,始终以振兴地方教育、提携优秀人才为己任。他先后充(任)丙子、戊寅、己卯乡试同考官,所选拔的士人如李品芳、俞御焜、朱恭寿等人,后来均以政绩卓著而名显于世。

据史册记载：某抚军过郡境暗地查访下属官吏的操守德行，正巧拾到匿名信，上面列举了不少官员的劣迹，唯独称赞桐乡县令黎恂贤德。不久，黎恂接到调任归安知县的通知，未及赴任，突然闻知父亲病故，于是回籍奔丧。守丧期间又逢母亲仙逝，这接连的打击，使得他哀伤痛苦，"淡然有守墓终焉之志"。

由于热爱自然，不求仕进，加之痛感家乡文教落后，守制期满后，黎恂称病家居，以教授乡邻子弟为乐。他将自己从浙江购置的数十箱经史子集陈列于居宅旁锄经堂中，供族亲子弟攻读。据史册所载，黎恂的外甥郑珍及独山学子莫友芝之所以才冠黔中，无不得益于早年博览了锄经堂的藏书；其子黎兆勋，侄黎庶蕃、黎庶焘、黎庶昌，孙黎汝谦亦得益于这些藏书的熏染。诚如后人所言："遵义文化，风韵百年，源于沙滩，以恂为先。"

黎恂与郑珍的关系非比寻常，既是舅甥又是岳婿。郑珍幼年随父迁往母家遵义沙滩，最初受教于二舅黎恺。外祖父黎安理病故后，大舅黎恂奔丧返里，郑珍的教育又由大舅负责。黎恂见郑珍禀赋过人，"知非小就才，令多读古籍"。郑珍遵其教诲，在锄经堂中阅"藏书数万卷，纵观古今，殚心四部，日过目数万言"（郑知同《行述》）。郑珍在《埋诗》一诗中亦有"十四学舅家，插架喜侈看。始知阅八千，旧是先生贯"之句。

在大舅的悉心教导下，郑珍研读程、朱性理之学，从而"德业大进"。黎恂非常赏识郑珍的才华，曾感慨地说道："昔欧阳文忠公（欧阳修）刮目苏子瞻（苏东坡），有当让此人出一头之许,吾于甥亦谓然。"在郑珍十八岁那年,黎恂将自己的长女许配给了他。

杜甫诗曰:"纨绔不饿死,儒冠多误身。"科举时代,即令你有绝世的才华,未必就能文场得意,金榜题名。郑珍才华横绝一世,但命运不济,怀才不遇。黎恂非常理解和同情女婿的心境,在《郑子尹珍婿生日作长句示之》中将此情表现无遗,摘录如下。

郑子有才不可羁,卓立天骨矜权奇。
郑子能文苦不遇,即今三十已虚度。
少年曾读等身书,寻常咳唾皆成珠。
饥来一字不堪煮,吁嗟吾道其非与。
小住京华歇行角,依旧归心殊落落。
如入宝山空手回,江湖与我同漂泊。
买鱼沽酒向沙津,一醉东风桃李春。
英雄未必无知己,相尔岂是蓬蒿人。

郑珍在《舅氏雪楼黎先生行状》对黎恂有如此评价:"早年落笔千言,纵横自恣,后出入唐宋,不主一家。以前贵州诗人,或能或之先也。"

莫友芝早年得益于锄经堂藏书熏染。道光三年(1823),十二岁的莫友芝随父亲莫与俦赴遵义府学任所,在襟山带水的遵义府城中,莫友芝攻读汉学、宋学及各家学说。他读书勤奋刻苦，"恒彻旦夜不息，寝食并废"（黎庶昌《莫征君别传》）。听说遵义东乡有个锄经堂，那里的藏书经史子集四部俱全，计三万多卷，为黔中之冠，主人黎恂亦是个博学鸿儒，在禹门寺开馆授徒。莫友芝求知心切，于是以年家子身份前往求教，得以与黎兆勋、郑珍为同窗学友，饱读黎氏所藏经史子集，并深得黎恂教诲，使自己的学问得以长进，视野得以开阔。

黎恂的侄儿黎庶昌是沙滩文化的代表人物之一，中国近代史中著名的外交家和散文家。在他成长的过程中亦得益于黎恂的教诲和锄经堂藏书的熏染。黎庶昌自幼喜爱读书，聪颖好学，因此深受伯父喜爱。黎恂常给他讲授诗文史志，激励他奋发图强。在伯父的精心陶冶再加上自己的苦读，黎庶昌少年时代就能写出漂亮的诗文，而且胸怀大志，人格卓然独立。

道光十四年（1834）黎恂再次出仕，任官云南，先后任平彝县、新平县、大姚县知县，后又代理云州、沅江县、沾益州、姚州等地知县和知州以及东川府巧家厅同知。其所到之处，勤政爱民，清廉公正，口碑甚好。咸丰元年（1851），黎恂见大乱将起，于是辞官归里，再次重操旧业，设馆授徒，教授族中子弟。

咸同大起义爆发后，为避战乱，黎恂先后辗转于石阡、板桥、桃溪及遵义等地，后移居禹门山寨。同治八年（1869），黎恂病故，终年七十八。

郑珍在《巢经巢文集》中对岳父黎恂的人格操守有如下评价。

先生生平不苟言笑，立不跛倚，坐必端，行斋必流，老无媵侍……从仕数十年，家无玩好之物，案无棋槊之具。子孙出入，多不识为宦家子也……其居官不阿奉长吏，然亦未尝傲之，而恒免掣肘，得遂其利民事……先生天赋既优，而至少至老，好学不倦，即写付子孙读本，积之当盈数尺，晚年学养尤邃。年八十，耳目神明不衰，朝至暮，无间时，望其色，听其言，观其行动，粹然君子儒也。

黎恂一生著述甚丰，刊行的有《蛉石斋诗钞》四卷、《千家诗注》两卷、《运铜程》以及与刘大黼合纂的《大姚县志》十五卷。未刊书稿有《蛉石斋文集》《北上纪程》《读史纪要》《四书纂义》和《农谈》。

郑知同在《蛉石斋诗钞》跋中，认为外祖父黎恂是继孙应鳌、陈法之后"以经术发为咏歌"最杰出的诗人。他说："府君本儒者，积学数十年，出经入史，靡籍不究，而一归本程朱风雅其余事也。故生平不多属笔，然有所构思，则必内抒性情，外关风教，介合温柔敦厚之旨。"

黎恂是一位启蒙教育家，曾启迪了郑珍、莫友芝、黎庶昌等一代英才，在启蒙教育上颇有造诣，他曾针对传统儿童诗歌读本上存在的一些弊病进行改革，认为"子弟所读，先入为主，不正俗本之误，后将转以正本为非"，以致对前人诗句"必繁曲引证，反胶泥其聪明。至本事本旨，不称载其前说，又无以引其聪悟"。正因为如此，"为童子计"，他自注《千家诗》，对族中子弟进行教育，鼓其幼志，使知世间书。这本《千家诗注》，不仅通俗易懂、注释精当，而且每位作者的小传写得十分精彩，特别是司马光、苏轼等的传略尤见功力。诗注突出了其一生的事功、才华及人格魅力，使人读后深受教益。

竹帛留香的周际华

　　周际华，字石藩，自幼聪颖才异，十四岁中秀才。时值父亲周奎参加礼部考试，留京七年不归。面对家中赤贫如洗、难以度日的窘境，周际华便以传授蒙童谋生和赡养母亲。

　　贵筑麟阳寨距贵山书院三十余里，为了不耽误功课，周际华每日半夜动身赶到省城贵阳，用心学习后，又赶回学馆传授蒙童。每当他感到饥乏困顿难以坚持时，便以父亲的教诲来激励自己："虽身处困顿，而不肯稍易其操；虽心逢横逆，而不敢一逞其气。无苦不尝，无气不受，无亏不吃。"正是这种不畏艰辛孜孜不倦的求知精神，使周际华学养与日俱增。

　　嘉庆三年（1798），周际华中举，三年后成进士，授内阁中书。鉴于父母年老无人奉养，周际华请求朝廷改任教授一职。

嘉庆七年（1802），周际华选授贵州遵义府教授。时值遵义旱灾，人心浮动。目睹饥民争相抢夺粮食的混乱场面，周际华深为忧虑。如果事态发展下去，势必酿成大祸。为防患未然，他立即向知府建议打开粮仓平粜。可是知府胆小，害怕上官怪罪，坚持报请批复后才可开仓。周际华考虑到遵义离省城三百里，公文往还须六七日，况且还不知道上官批不批准。如果照这样下去，饿死人或引发动乱怎么得了！有感于此，他找到知县胡德瑛，对其说道："擅发仓，不过罢官被罪而已，可以救民，何惜一官？且事定可买补，于官事正无碍也。"

胡德瑛被周际华心系民众的精神所感动，于是不顾自己的仕途，下令开仓济民。百姓见此，恐惧之心逐渐平静，社会也日趋安定下来。俗话说"吉人自有天相"，几日后天降大雨，旱情为之缓解。秋粮收获后，胡知县按照周际华原来的计划，购买谷物填补仓储旧额。

嘉庆十四年（1809），周母病故。丁忧三年后，周际华出补都匀府教授。十年后，被保举为候用知县。道光二年（1822），父亲病逝，周际华返里守制，期满后入京候命。

道光六年（1826），周际华选任河南辉县知县。辉县地处河南北部，与山西太行地区毗邻，辖境之内的卫水、峪河、东石河时常发生水患。县内还有一条新河，系明代万历年间开凿，其功能本是引卫水东流，向南延伸到县南，再从西南流入卫水，这样不仅可以分减卫水冲激之势，还能灌溉两岸的田地。然而因年久失修，这几条河都存在着严重的问题。峪河原来修有红石堰，以此防备河水旁溢，红石堰毁坏后，峪河也就淤塞；东石河沙泥壅积后，地势坟起；新河亦淤塞不行。每年汛期到来，卫水水势汹涌，由于峪河、东石河、新河几条河道淤塞，县境洪水泛滥，百姓深受其害，不堪其苦。

周际华上任后，周历县境，勘察各条河道，然后带头拿出自己的俸薪，号召民众出资疏浚河道。在他的率领和感召下，百姓纷纷响应，疏通并加深了峪河河床，复修红石堰。在疏浚新河时，周际华令民众分段包工，克日完成。在对付东石河的难题上，他除疏浚河道外，并凿六十余丈的河道，坚筑其岸，使之通于新河。这些水利工程的完成，使辉县民众免遭洪灾之苦。即令汛期到来，虽盛涨，无漫溢之患。

为了改变农村的落后经济，周际华鼓励辉县民众种植桑树四万株，其他树种十五万株，同时对每家每户所种的树苗造册登记，并派人不时去检查。这项举措致使辉县蚕桑业大兴，民众从中获益甚多。

辉县文教不兴，教育设施落后。周际华出资购买房屋，扩大百泉书院的规模，并拟定学规十条，以鼓励学子向学。

辉县流行焚香祷祠的民俗，或聚者百千人，或迎神拜佛，形象妆饰怪诞，花样百出。周际华平生笃守程朱理学，而认为浮屠（借指佛寺）多靡丽之风，十分厌恶，若长此以往，不仅劳民伤财，而且愚民心智，于是再三戒谕民众，对不改者毫不留情地严厉处罚。周际华前后毁掉百余处祠堂，将其屋宇改为义塾，并将没收的庙产作为义学，尼庵改为节孝祠。此外，他还缮城建仓，举节孝，辑县志，修理名贤诸祠，凡教养之政，靡不兴举。

道光十一年（1831），周际华调任河南陕州知州，随即出现一个棘手的交通问题：自古以来，从渑池进入陕州，要途经峡石驿。其处石道高峻陡峭，是来往行商的鬼门关。一旦前车折轴翻车，后车就接踵受害。每当此时，一些不法之徒乘人之危，或以背人负货来挟取重利，或借此劫盗危害他人。针对以上情况，周际华倡导州民捐银八千余两，雇千人修之。修路期间，他排除了一切干扰，惩办为非作歹之徒，带领广大人民群众修缮道路。经过两个月的凿险平崎，终于将这条昔日人们谈之色变的石道变成了安全道路。

值得一提的是，在修路途中，民工于乱石中掘出一座石碑——这是雍正年间河东总督王士俊（贵州福泉人）修筑峡石驿的记事碑。无独有偶，在百年之间，竟然有两位贵州籍的官员都修筑过峡石驿，造福陕州人民！

道光十五年（1835），周际华奉命调往江苏。上任之前，恰逢辉县遭遇蝗灾和大水，为此他亲赴灾区了解灾情，将自己目睹的惨状向上官禀报，直言不讳地说，"民之流亡，十室有九""以困极之民迫以征输，必激而为变""为国家筹固本之计"，特恳请官府缓征该县赋税。虽然上官最终没有答应周际华的请求，然而其爱民恤民、为民请命的高尚品格跃然纸上，令人称道。

道光十六年（1836），周际华署高淳知县，次年调任兴化知县,所到之处,勤政爱民,造福一方,被人称颂。

兴化位于江苏东部,地处盐城、东台、海安、泰州、高邮诸州县之中,南接长江,东临黄海,西濒运河,河网密布,是南北漕运的必经要道。然而地形犹如釜底,每年汛期到来,兴化遭受水患较之周围的州县尤甚。

周际华到任后,针对汛期即将到来的严峻形势,特向两江总督林则徐呈请开拦江坝泄洪,认为:汛期一到,运河势必被洪泽湖、邵伯湖等所溢灌,如果在湖水盛满时打开拦江坝,将其放入江中,以刹其汹涌之势,这样一来,运河两岸的州县就不会遭殃了。

周际华的建议遭到了盐务官商的强烈反对。这些人自身的利益出发,认为"坝开流急,盐舟西上牵曳甚艰"。周际华据理力争,"以盐务所计,不过十四里牵挽之资,以较七州县田庐场灶之漂溺,蠲(除去)免振恤之烦费",要考虑"亿万生灵之性命"。林则徐十分赞同周际华的见解,于是力排众议,采纳了他的建议,从而使七州县的民众免受水患。民众对此感恩戴德,称颂不已。

周际华在兴化的德政不仅于此,他关心教育,拨款资助文正书院;他打击盗贼,维护社会安定;为了搞活地方经济,使民众脱离贫困、安居乐业,他依照辉县的经验出资设局,购置两部机床、三十辆纺车,聘请有经验的纺织能手担任教师,再令十岁以上的民间少女学习纺织,供其原料和饮食。每期学员三十人,朝入夕出,学会了再归家教其亲人,后来者复补其缺。在周际华的大力推动和支持下，兴化民众更相传习，木棉纺织业大兴。

道光二十年（1840），正值鸦片战争爆发之际，周际华调江都兼署泰州知州。其治所江都是漕运重镇，富庶之地。这里盐仓、粮仓密集，积蓄甚富，然而亦是水患多发区，年年如此，民众生命财产深受威胁。鉴于是年的水灾，周际华为民请命，从两江总督裕谦处得粟九万石以赈饥民，然后他委任该县吏员周文进主管赈灾事务，从而使沿江的数十万民众得以生活。

次年十月，英军攻陷定海、镇海，裕谦投水自杀。英国军舰直入长江，沿江两岸民众惶恐不安，唯独江都社会秩序安定。人们都说这是周际华"请赈之力"。不久，周际华署泰州知州，管理泰州水坝，因江防有功，保举加同知衔。

道光二十二年（1842），周际华之子周顼任职于常镇通海道。按官场惯例，父子不能在同一省任职。为避嫌疑，周际华以年老有病告归。

道光二十六年（1846），周际华病逝于贵阳，时年七十四。其事迹编入《清史稿·循吏传》。

周际华是清王朝的一代良吏，是一个有良知的士大夫。他一生恪守儒家的民本思想，时刻牢记父亲的谆谆教导，兼之早年历尽艰辛，与人民有过亲密的接触，了解民间的疾苦，因此他不管是担任教职或是治理政务，始终以亲民恤民、造福一方为职志。这充分体现了黔中士人的家国情怀和人生理想。

申祐

黃袍

周璞

苏轼

田秋

張慶齡

蔣宗魯

庚子年八月廿七日一毛敬繪

陳尚象

周起渭

庚子年八月十六 蒙敏增

陈法

莫以儔

石赞清

庚子年八月廿九日 蒋兆和

丁寶楨

李瑞棻

劉春霖

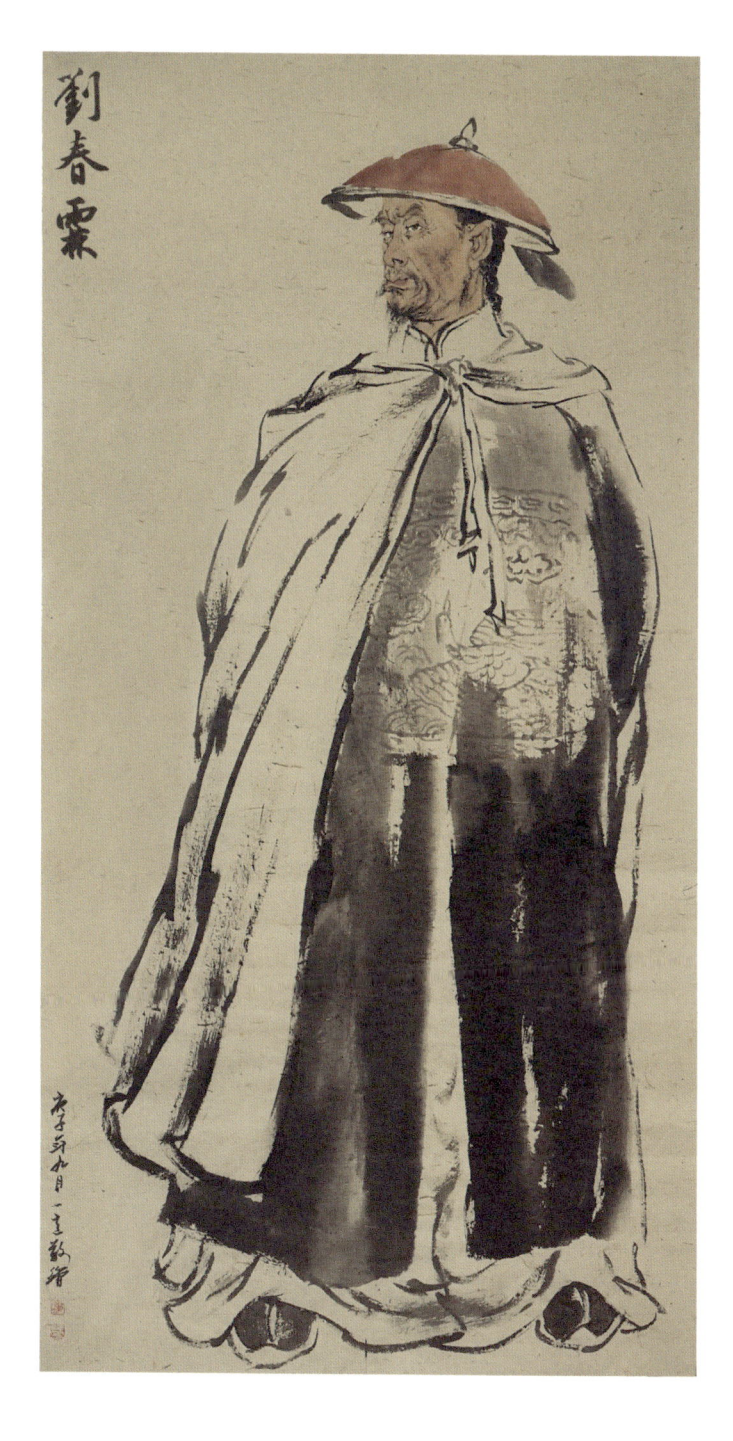

趙叔姰

庚辰暮春寫
王敖贈

广顺金家四进士

广顺州（治今长顺县广顺镇）地处黔中腹地，位于苗岭中段，坐落于长江、珠江两大水系的分水岭上。四境之内，丘陵起伏，林木苍翠，风景宜人；中部平坦开阔，田畦整齐，宛如白练的玉带河由西向东而来，穿城而过，将其分为南北两片，给城镇风光增添了美色。

由于广顺系黔南著名的产粮区、省城贵阳重要的粮仓，历代统治者对此无不予以关注：元代在广顺设金筑府，明初先后改名金筑长官司、金筑安抚司，之后又相继隶属于广西、四川、贵州三省。明万历四十年（1612）三月，经朝廷"改土归流"，改金筑安抚司为广顺州，广顺由此而得名。

广顺的人文资源十分丰富，境内的白云山为贵州四大佛教名山之一，传说明建文帝朱允炆流亡时曾在山中修行。山中有罗永庵，建于明正统五年（1440）。明崇祯年间，贵州巡抚使胡平捐银修白云山，并作《题建文帝阁碑记》。崇祯十一年（1638）四月十五日，著名地理学家徐霞客游历黔中，行至白云山，被其风光吸引，三日后兴足而去。广顺的城郭始建于崇祯二年（1629），到了清道光年间已具相当规模。城内外有"内八景，外八景"，是文人骚客必游之地。城中还有两淮盐运使但明伦之子但钟良所营建的但氏花园，亭台楼榭，穷极工丽，擅池馆林园之胜，为一时之冠。

自清代中期以来，从广顺走出了一群嵚崎磊落、头角峥嵘的英雄豪俊，其中就有"黔中三奇男"之一的"拔贡总兵"刘清、博雅多能的两淮盐运使但明伦、"一门四进士"的金氏家族。

《贵州通志·人物志·德行篇》，在"金殿行"的小传中，载有金氏家族发迹的历史：金殿行原系岁贡生，由于文场多次失意，感到前途渺茫，于是有了另谋出路的打算。对于当时的读书人来说，科举失败后可以当讼师、文案、医生和塾师；对金殿行而言，讼师文案，不屑为之，悬壶济世，非其所长；而设馆教书最为理想，既可学以致用，作养人才，又可谋生养家，教育子女。于是他走上了教书育人的道路。

金殿行"积学能文"，教学上很有一套，他讲解经史，深入浅出，极有见地，教育学子，注重德学。在其循循善诱之下，州人受业者率多通明之士。

在儿女教育上，金殿行更是倾注心力，精心培植。他不仅激励其刻苦攻读，奋发图强，而且以圣贤之教来规范其言行。在父亲的熏染下，四个儿子奋发图强，在科举场上书写了"一门四进士"的佳绩。儿子们显达后，金殿行仍不忘以"洁己爱民训之"。儿子们亦很争气，均有勤于政事、亲民恤民的政声，得到民众好评。

金殿行德高望重，乐善好施，每当遇到困厄之人，"必解囊金以助之，以故家中落，然亦不以介意"。

金鼎寿，字鹤皋，金殿行之长子，嘉庆五年（1800）乡试中举，十三年（1808）成进士。进入仕途后，金鼎寿首任广西富川县知县，之后母亲病故，守孝期满后先后任罗流、北流两地知县。

在北流任上，金鼎寿遵循父亲教导，心系苍生，勤于治政，以下事例足可佐证。

一日，金鼎寿升堂审阅诉状，这时一件"火烧麻风八命"的案子进入了他的视线。这件案子的原告为县民卢遇隆，状告者是廪生（公家供膳食的生员）梁某。卢遇隆指斥梁某是其子被烧死的主谋。被告梁某平生胆小怕事，受不住惊吓，一时想不通就悬梁自尽，好在家人发现早，捡回了性命……仔细琢磨案子后，金鼎寿始终觉得有些蹊跷，于是传讯梁某。在鬼门关走了一遭后，梁某胆子突然大了起来。为了洗刷冤屈，他赶到县府申诉，表示愿意向官府输（献纳）金三十两，为其缉拿元凶。金鼎寿听后，正言厉色地说道："缉凶，邑令分内事，何金为？"坚定地表明了自己的态度。为了兑现自己的承诺,金鼎寿迅速派员侦办此案。经过秘密调查取证,抓捕真凶六人,从而真相大白。在办案的过程中,卢某的原形慢慢显现出来:原来其居心叵测,早就觊觎梁某殷实的家产,见其懦弱可欺,于是借案诬告,以遂贪欲。

结案后,真凶伏法,梁某昭雪,卢某亦遭惩处。此案的侦破在北流民众中引起巨大的反响。金鼎寿清刚正派、尽职尽责的官风,赢得了民众的拥护。在民众心中,金鼎寿与那些公器私用、贪赃枉法的官员截然不同,由此拉近了距离,有了亲近感。

一日,金鼎寿翻阅公文时,发现县里粮仓缺粟一万二千余石。按朝廷规定,必须在三年内补足。当其将情况告知民众后,得到他们的理解与支持,民争输,一月而毕,可限三年补足仓缺的任务一月得以完成。

金鼎寿十分关注治地的文教,当得知县书院资金匮乏且缺少给学子的津贴后,他四处奔走,向士绅、商贾劝捐,得"捐银千五百两,购产益之"。

道光元年(1821),父亲病故,金鼎寿返里服阕守制。四年后重返官场,拣发安徽,历任蒙城、桐城、怀远、歙县、广德、六安诸州县长官。

歙县多棍徒,绰号"搅客"。这些棍徒为非作歹,为害乡里,成为地方的顽疾。金鼎寿上任后,缉办为首者七八人,立即刹住了这股歪风。歙县有一猾贼姚大奎,结党营私,殃民尤甚,官府奈他无何。为使百姓安居乐业,金鼎寿经过暗中调查,然后将姚大奎秘密缉获,案询明,立毙杖下。其党潜遁。自此,歙县治安状况为之一变，民众不再担心家中被窃。

道光十一年（1831），金鼎寿升任广德知州。鉴于当地文教不兴，士人不图仕进，他建奎阁，修圣庙，士气文风为之不变。调任六安后，他整治安、除民害，严拿积匪四十余人，得到上官的赏识。

金鼎寿在安徽的治绩引起了两江总督陶澍的关注。陶澍知人识人，于是将其荐之朝廷。金鼎寿上京述职时，吏部考核其政绩为"卓异"，得以觐见道光帝。

离京时，金鼎寿突接吏部通知，命其返回任所等候升迁。令人意外的是，他突然辞职，欲返回故乡。金鼎寿为何不乐仕进，如此抉择？这可能与其痛感官场腐败和哀其家人凋零有关。金鼎寿返回治地后，接到朝廷对其辞官的批文。离开广德时，士民设宴饯别者接连不断，以表爱戴之情。

金鼎寿辞世后，为纪念这位"民命屏障"的好官，广德民众将其入祠广德名宦。《安徽通志》对金鼎寿有如是评价："鹤皋为江督陶文毅（陶澍谥号）所知，以居心平恕、慈惠之师荐于朝，道光中安徽循吏（明理守法的官员）不多数也。"

金鼎梅，字了凋，鼎寿弟，嘉庆十六年（1811）进士。道光三年（1823），金鼎梅就任直隶（河北）房山知县时，恰逢当地大旱，为纾民困，金鼎梅至大安山黑龙潭祈雨，离城七十里徒步往来，赤日中回至中途，大雨如注，人皆以为至诚所感。对今天的人来说，老天普降甘霖是自然现象，与金鼎梅的"至诚所感"无关。然而一位父母官，不顾烈日暴晒、路途艰难，徒步往来七十里为民祈雨，足可显现其忧民所忧、解民倒悬的高尚情怀。

房山民众一直被蝗灾所侵扰。每年夏秋之际，铺天盖地的蝗虫涌到房山，啃掉了庄稼，留下了荒凉。为了不再重演过去的悲剧，金鼎梅派人到四乡教授捕虫法，并组织民众灭蝗，遂使蝗虫不再成灾。

房山系清王朝皇陵所在地，向来承担谒陵官员的费用和所需的民夫历来有旧章可循。金鼎梅认为房山是个穷县，民众负担太重，于是减其半，有不敷（足），捐廉（养廉银）以济。

之后，金鼎梅改任贵州铜仁府教授，曾留在房山达一年之久，等待与继任者交接，按照朝廷规定，在此期间生活自理。士绅民众得知情况后，疼惜这位爱民的好官，于是纷纷出手相助，供其生活。

金鼎铭，字子恭，鼎梅弟，嘉庆十九年（1814）进士。由于受父亲影响，金榜题名后，他请就教职，选贵州黎平府教授。父亲辞世后，金鼎铭守孝期满补官思南府教授。

思南地处黔东北武陵山腹地，乌江流域中心地带，东临雄奇的梵净山，西依黔北重镇遵义，南与石阡接壤。自明正统十年（1445）至清嘉庆七年（1802）的三百五十余年间，思南人才辈出，孕育了申祐、田秋等十七名进士以及著名的理学家李渭。据《思南府志》所载，该地"屏异教，行四礼，黜浮崇实，士慕正学，骎骎文献之风"，四处显现出民风淳厚、文教昌明的景象。

在府学任教期间，金鼎铭对这里的人文环境和教学环境十分满意，于是倾其所学，悉心教授。在其影响下，学子均能克勤，两郡士人多有成就。

按照昔日学规，新入学的学生拜见师长时要进献礼物，这叫"纳贽之仪"。金鼎铭对此颇有微词，为表节操，将自己收受的礼物全部用来资助贫困学生。

金鼎铭生平喜爱写文章，不治理生计，家庭因之屡屡困窘，但他一点也不放在心上。由于少年时苦读伤身，金鼎铭患有严重心悸不安的病，于是想靠饮酒来舒缓病情，谁知适得其反，因饮酒致疾于五十三岁病逝。由于家贫，无以归葬，其兄鼎寿得知消息后，自安徽寄资以返其榇。

金鼎年，字子长，鼎铭弟。嘉庆十五年（1810）领乡荐，以举人充景山官学教习。道光十二年（1832），金鼎年成进士，出任陕西靖边知县。在任期间，"鞫（审讯）狱平允，卓著政声。邻县定边有狱久不决，奉上官檄委鞫，一讯而平"。

金鼎年清廉自守，从不敛财，卒于官，囊无余资，士民相以财物助其家，始得归葬。

良吏才人但明伦

清代嘉（庆）道（光）年间，广顺人但明伦步入仕途，官至山东及两淮盐运使，始终以爱国爱民为职志，以自己的卓著政绩、惠政善举、抗御外侮的凛然正气，以及出众的才华、对《聊斋志异》精辟的评点，彪炳史册，流芳千古。

但明伦，字天叙，号惇五，一字云湖，乾隆四十七年（1782）诞生于贵州广顺州北场一书香人家。据史册所载，但明伦自幼聪慧过人，广泛涉猎经史子集，其才学得到士林赞许。

嘉庆十五年（1810），但明伦中举，九年后荣膺进士。进入仕途后，先后任翰林院编修、御史。御史的本职工作是监察官员的不法行为，并将其弹劾法办，然而但明伦器局宏大，除政务之外，将目光投向当世要务之上。他针对国计民生存在的弊病，向朝廷上十余奏疏，力陈正本清源、救敝起衰的治世理念。

道光三年（1823），但明伦出任湖南岳常澧兵备道。履任之后，他常微服出行，察访民情。除审旧案、平冤抑之外，他将矛头直指地方官吏中贪赃枉法、鱼肉百姓的违法行为，制定禁令十八条，将其刻在数百石碑上，立在辖境内作为警示。但明伦雷厉风行的行政作风、公正廉洁的操守及恤民保民的"民本思想"，深得百姓拥护。

道光十年（1830），洞庭湖水暴涨成灾，湖岸大量民房农田被淹没。面对民众遭受的苦难，但明伦忧心如焚，于是不顾安危，乘小舟、迎波涛，在灾区四处视察。与此同时，他组织人力，放赈救灾，尽心尽力，从而使数万家庭得到安顿和救助。民众感其恩德，誉其为"爱民清官"。

道光十三年（1833），但明伦服丧期满入都，令主政山西河东道。河东道管辖的是产盐区，所产的盐运销山西、河南、陕西等省。但明伦上任后，两个棘手的问题摆在他的面前：一是产盐区交通不便，物流困难，至王官峪路段有百余里凸凹不平的山路，向外运输的盐车常常在此倾覆，大大影响了盐的运销。二是一些不法奸商借此抬高盐价，牟取暴利。有感于斯，他立即捐出薪俸，组织民众修筑道路，致使盐道畅通无阻。待交通问题解决后，他腾出手又重拳整治和打击那些借盐道塞堵难行而坐地起价的不法奸商。盐区附近的水堤每逢涨水时为害盐池，过去治事者总是头痛医头、脚痛医脚，小修小补，敷衍塞责。但明伦为此筹款十万，加固堤防，保护盐区，从而消除了隐患。

但明伦在河东道的政绩得到朝廷的关注，不久升任山东盐运使。在此期间，其因"失察"之罪降级，以知府发往湖北补用。他历署襄阳盐法道，补郧阳知府。履任后，他整顿盐务，缉拿盐枭，打击"教匪"，维护治安，为治地的长治久安奠定了基础。尤为民众称赞的是，但明伦在防护荆州大堤一事上，带领民众抗洪抢险，敢于担当，无惧无畏，充当了"民命屏障"的角色。

荆州万城堤长达一百数十里，是保护荆州的前沿阵地。道光二十年（1840）夏天，长江水位暴涨，洪水超过堤数寸，有时达一尺多，对荆州城形成了巨大的威胁。为抢险抗洪，保护百姓生命财产，但明伦不顾年老之躯，率领官民先期筑堤防护。

一日，得知中部万城堤内部崩溃的消息后，但明伦立即驰马前往，路途遇见大批奔逃的民众。面对大堤缺口汹涌而至的洪水，目睹四处奔逃的民众，他立即登上大堤，端坐于上，慷慨激昂地喊道："堤决则荆州不保，吾必以身殉之。"在其无私无畏的精神及处变不惊的魄力感召下，部属及民众停止逃亡。一时间锣鸣鼓响，民众云集，抬土抬石，堵塞缺口。经过三日的艰苦奋战，大堤终于修复，荆州恢复了平静，民众的生活有了保障。

因护荆州万城堤有功，但明伦升任江苏常镇通海兵备道。离开郧阳时，恰逢天降大雨，这时大街上出现了感人的一幕：荆州当地绅耆军民冒着大雨，跪立泥沼中，送别他们心中的父母官——但明伦。船行后，还有数百人护送他直至襄阳。

道光二十一年（1841），但明伦升任两淮盐运史。六月，鸦片战争爆发整整一年，英人凭借坚船利炮，扰粤窥浙。沿海吃紧，全线戒严。时值隆冬，但明伦履霜冒雪，亲赴海岸视察。视察途中，他发现长江入海口有一名为"鹅鼻嘴"的险隘处，是进出长江的第一重要门户，若添兵据守，即可断绝英人深入江浙内地之水路。有感于此，他立即向上司写了五次报告，力促采取行动。然而上司视而不见，弃而不用。随着广州、厦门、定海、镇海、宁波相继失守，英舰北窥松江，欲图长江，江浙危如累卵，民心浮动。

道光二十二年（1842），英军向镇江进攻。镇江是漕运之咽喉，南北运输的生命线，若失守，后果不堪设想。果不出但明伦所料，英军从不设防的鹅鼻嘴进入长江，一举攻占吴淞口、上海、宝山。镇江、瓜洲相继失陷，英军进逼三岔河，炮声隆隆，震于江上。烽火近在肘腋，扬州军民人心惶惶，兼之土匪四起劫掠，内外交集，危如累卵。

扬州本是长江沿岸繁华之地，亦系朝廷税库之所在，但明伦坐镇扬州，深感重担在肩，压力很大。为了不让数百万税银巨款落于敌手，他一面派人迅速将所贮库银移于淮安、清江妥善保存，一面动员扬州军民修浚城池，训练壮勇积极备战，严阵以待，并在英军企图登陆的三岔洞一带沉入上千只装满石块的漕船，再钉上梅花大桩及埋上铁锚，以此阻敌船前进；他又在河岸潜伏乡勇，设铁炮、埋地雷，以备进犯之敌。但明伦坐镇从容，声色不动，阻敌来路，暗防其攻，致使一个月之间，英舰徘徊江上，不敢轻举妄动。

受阻的英军随后改变了策略，分乘数百只舢板船冲入三岔河，欲登岸攻占扬州。在但明伦的指挥下，扬州军民从容应对。瞬间，枪炮齐鸣，河浪飞溅，无数舢板灰飞烟灭，无数英军士兵成了河中之鬼。埋伏在两岸的清军水勇乘胜追击，收复瓜洲。

道光二十二年七月二十四日（公元1842年8月29日），中英《南京条约》正式签订。十余日后，英军全部退出长江。自英军攻占镇江至英军退出长江这近百日中，扬州始终掌握在中国军民的手中。

为了感谢但明伦抗击外敌的卓越功勋，扬州人民纷纷题诗献联，并绘制八图"纪德政"，命名为《淮南舆颂》，以志纪念。

道光二十五年（1845），但明伦复任两淮盐运使，扬州人民为之欢欣鼓舞，数千人自发前往黄河北岸迎接。当其到达扬州时，民众夹道欢迎，盛况空前。之后，但明伦又为扬州人民办了许多好事，如修城垣、疏浚护城河、填土夯实瓜洲崩岸、建造缉私船缉拿私枭，竭忠殚虑，不遗余力。这些善举善政，广为民众称颂。

但明伦是封建儒家思想培养出来的人才，他勤于政事，恤民护民，以天下为己任，他与同时代的曾国藩、胡林翼、李鸿章、丁宝桢等人一样，恪守封建的"春秋大一统"思想，对任何危及封建统治和"犯上作乱"的"暴民"均持否定态度，不惜与之对抗为敌，我们从以下事例中可以得到佐证。

但明伦早年登上仕途就上疏朝廷，建议"筹办贵州党匪"事宜；在山西任职时，他又逢赵城教民戮官焚署、劫狱据城的事变，为此，他"日夜驰四百里，安辑郡邑"；咸丰三年（1853），太平军攻占扬州，当时但明伦已七十三岁，且长病未愈，然而他强撑精神与盐运使刘良驹会理防务，后随漕督刘殿邦攻克土垒木城。

咸丰五年（1855），但明伦溘然长逝，时年七十五。

但明伦对家乡怀有深厚的感情，身在仕途，心系桑梓，只要有能力就想反哺故乡，造福乡人。道光十一年（1831），他返回广顺探亲，看到家乡不少穷家子弟无钱读书，便立即捐银千两设立两所学堂，用此作养人才。其后，这两所学堂培养出大批举人、贡生及读书人。他的善举善款为广顺的文化发展做出了巨大的贡献。另外，但明伦对家乡志书的修纂十分关心，为了使乡邦文献不坠，他慷慨解囊，集合以金台修为首的三十位修志者，历时四年之久，终于完成了这项艰巨的任务。道光二十七年（1847），《广顺州志》编成印行，时任安顺知府的胡林翼阅后，称其"精核"。

但明伦文学素养极高，每当公务余暇之时，以阅书、笔耕自娱，其著述有《诒谋随笔》《升沈功纪录》《读史管见》《资治通鉴观要》《耕织器具图说》《白云山迹考》及《聊斋志异新评》，其中《聊斋志异新评》最为著名。

自清初《聊斋志异》刊行后，历史上出现过不少评点本，而其中尤为著名的是王士祯（号渔洋）、何守奇、但明伦及冯镇峦四家的评点本。总体而言，王评过于简略，仅只言片语；冯评甚为详细，行文随意点染，对作品的整体却解析不够；何评

163

虽认真，而识见不高；唯有但评对作品的整体做了宏观的阐释和鉴赏，见解精辟独到，胜人一筹。清末喻焜对但评有如是说："《聊斋》评本，前有王渔洋、何体正两家。乃云湖但氏新评出，披隙导窍，当头棒喝，读者无不俯首皈依，几于家有其书矣。"民国年间曾撰写《咸同军事史》及《清代贵州名贤像传》的凌惕安先生对但明伦的《聊斋志异新评》也大加赞扬，在其《黔故拾掇》中这么写道："但云湖先生手批《聊斋》，匪惟阐发事理，抑且启迪文思，余酷嗜之。"

有人说，一个人的伟大，不在其位高权重，富可敌国；不在其才识宏通，学贯中西，关键的是其对国家民族有何贡献。但明伦身处清王朝风雨飘摇、统治危殆的时期，以自己的卓著治绩，抗御外侮的民族精神，心系天下、爱民恤民的高尚情怀，以及胜人一筹的文学才华，赢得天下人的赞誉，值得后人感佩！

封疆大吏张日晸

清镇历史悠久，山川秀丽，为贵阳西部大门。古往今来，这里人才辈出，世代不衰，涌现出不少嵚崎磊落、头角峥嵘的人物，清嘉（庆）道（光）光年间的封疆大吏张日晸就是其中的佼佼者。

元末明初，安徽凤阳人张垔追随明太祖朱元璋开创基业，赠昭勇将军。之后，张氏子孙世袭军职，历任于浙江、江西、福建三省，官至浙江左军都督佥事，袭苏州卫指挥使。随着江山变色，王朝更替，张氏家族日趋式微，其子孙弃武从文，走上了科举求仕的道路。清乾隆年间，张日晸的伯祖父张世昌出任清镇（辖属贵阳府）知县，其弟张世楷（国子生）随其赴任，这是张氏入黔之始。

张日晸之父张德巽是张世楷的三儿子，早年以优行生贡于国子监，之后在科举场上极不得意，为养家糊口，便转而教书授徒。张德巽博学多才，善于教书育人。在教学上，他遵循孔子"因材施教"的教育思想，"凡生徒之颖异者，期以大授；中材以下，亦各以成。尝谓世无弃材，在因人以教之，故所造就甚多"。

张日晸，字东升，号晓瞻，乾隆五十六年（1791）生于清镇。幼时，由于父亲在广东秀峰、浔江书院任教，张日晸的启蒙教育得之于母亲支氏。

张日晸儿时聪敏好学，三岁识字，六岁能文。嘉庆五年（1800），父亲补官开泰（今黎平县），因路途遥远，不便挈眷赴任。在张日晸的请求下，父亲带其前往。在开泰的日子里，他与父亲朝夕相处，了解到家庭的历史，理解父亲放弃科举转而教书的苦衷。不久，父亲转任定番（今惠水县）学正，得其精心栽培，张日晸学德精进，"业遂大成，于时有圣童之目"。

父亲病逝于定番学正教职时，张日晸年仅十二。对其母支氏来说，丈夫的辞世给家庭带来了巨大的灾难：儿子尚幼，家中除了破屋几间，荒园一亩，可说无甚财产。面对夫亡子小、家徒四壁的逆境，为了重振家业，使儿子终成大器，支氏毅然典当衣饰，纺织抚孤，亲持家务，教诲子女。

白天，张日晸与弟弟张日㬢从师学习，晚上归家必课读。一年四季，不分严寒酷暑，在张家的破屋里，孤灯如豆，昏黄灰暗,书声琅琅,机声札札。一个妇人、两个童子,构成一幅感人的画面。晚年张日晸在其画作《篝灯课子图》中有诗云:"传家旧有书盈簏,篝灯母自呼儿读。手中擘絮口授书,书声机声相往复。三更膴脖(禽鸟鼓翼声)啼临鸡,窗隙生风摇焰绿。"生动地再现了当年母亲教子的感人场景。

一天夜晚,张日晸疲惫难支,昏昏欲睡。母亲见之,怒气上涌,抓起竹条,令张日晸跪立,边抽打边哭道:"零丁若此,犹不知奋,吾无望矣!"母亲痛心的哭泣震撼了张日晸的心灵,令其痛下决心,励志苦读。

嘉庆十一年(1806),张日晸考取秀才,年仅十五,随之进入省城著名学府贵山书院,受教于名师翟翔时。为了减轻母亲的负担,张日晸靠着笔耕赚取酬金,以此支付学习期间的费用。

嘉庆十五年(1810),张日晸以乡试第一名中举,时年十九。嘉庆二十二年(1817),他再战文场,荣膺进士,"以御试冠天下",入翰林院,选庶吉士。

登上仕途告别家人时,母亲拉住张日晸的手,语重心长地说道:"居家俭,累在一家;居官俭,累在百姓。"这句告诫的话让他刻骨铭心,成为张日晸的官箴。

进入仕途后,张日晸任翰林院编修。在翰林院的四年间,他参与了《大清一统志》的撰写。其学识才华为嘉庆、道光两朝皇帝所赏识,其道德文章亦被朝臣同僚所敬仰。

道光元年(1821),张日晸相继出任顺天(今北京)乡试正考官,湖南、河南乡试正考官,"所得多知名士",如李星沅、陈起两位英才就是其典试河南时所选拔的。

道光九年至道光二十六年（1829—1846）间，张日晸历官四川叙州知府、成都知府，建昌（今西昌市）兵备道、浙江盐运使、四川按察使、河南布政使等职，所到之处，惠政善举甚多，广受百姓好评。

在叙州任上，适逢府属筠连、雷波等地遭受水灾。张日晸闻风而动，迅速赶往灾区，当夜宿在破庙内。第二天，他勘察地形，带领百姓疏浚水道，使灾情由大化小，民众的损失降到最低点。面对灾民的苦难，他广设粥棚，周济灾民；又秉承母意，捐银千两办励节堂，安顿无依无靠的寡妇，使其免受冻馁之苦。在其惠政下，叙州数万百姓得以度过灾期。

在成都知府任上，张日晸"锄强暴，治讼狱，动合机宜，民以神仙称"。张日晸知人识人，善于鉴别选拔人才。在主持成都府试时，他无意中看到一份被阅卷官"批抹"的考卷。由于深谙考场弊端，觉得其中大有问题，为了公平正义，不埋没人才，在其干预下，经过重试，发现这位名叫罗文光的考生才华横溢，识见高远，于是将其"拔置第一"。

作为地方官，地方经济是检验其治绩的标准。上任之初，张日晸就把发展经济改善民生当作第一要务。当得知成都地区民众对种桑养蚕热情不高的情况时，他不禁感到困惑。在其心中，蜀锦美艳绝伦，扬名天下，不仅是百姓生存的依托，而且是地方经济的生命线。为引导民众种桑养蚕，振兴地方经济，他亲自撰写《树桑百益书》，并兴办养蚕讲习所，培养民众养蚕技能。在其大力推动下，种桑养蚕户日益增多，收入亦随之增加，经济效益在第二年就体现出来。

张日晸调任四川建昌兵备道时，正值雅安春荒，粮价猛涨。他哀民生之多艰，立即筹银七千两，派干员到外地购粮出售，并根据灾民的经济情况分别售以减价粮和救济粮。与此同时，他在官署中收养灾民遗弃的孩童，使其读书学艺，待到能独立时再行遣返。之后越巂、峨边起兵燹，张日晸提兵进剿，建城筑碉，严为保障，边民赖之以安。

张日晸有感于建昌文教落后，跻身科甲者不多，于是置田产、建学校、购书籍、聘名师，招生教学。为了营造文化气氛、加深民众对教育的认识，他还在学校周围创建文庙、奎阁，以壮其观。不久，教育的成效显现出来，向学之风在建昌勃然兴起，获取功名者日益增多。士民感其恩德，"奉公长生位祠之"。

据史册所载：张日晸审案谨慎，一丝不苟，凡州县上呈的审理案件，必亲自审阅，发现疑窦，饬令重审。他常告诫属僚："刑吏应以哀矜为重。"意即执法者应以怜悯为重，切忌苛刑重典，滥杀无辜。在四川按察使任上，他"廉平持法，大小之狱，必得其情，一时平反者众，民至今能道其事不衰"。其办案风格，广为人称道，曰："平恕公允，鲜生冤狱。"

道光二十三年（1843）六月，黄河中牟段两次决口，遭灾面积达二十五个州县，洪水淹至开封城墙下。时任河南布政使的张日晸督令关闭城门，堵塞进水缝隙。退水时，他率领民众赶修城堤，不顾自身安危，亲临指挥抗洪，终使开封免遭淹没之浩劫。

开封百姓对张日晸大无畏的精神大为感动，其事迹广为传颂。

之后，为了安置因洪灾而进入开封避难的灾民，张日晸在开封五门外的空地捐廉修建房屋安置灾民，并为之购食物、药品及衣服。这些修建的房屋俨然形成村落，被灾民称为"太平庄"。朝野对此赞誉有加，张日晸对属僚说道："官吏多尽一份心，灾民多受一分惠。"河南虽然连年水灾，赖张日晸竭力拯救，灾民活命者实多。

道光二十六年（1846），张日晸升任封疆大吏——云南巡抚，赴任途中，惊闻母亲病逝，悲痛欲绝，急如星火地返乡奔丧。按照明清官制：官员在父母逝世后得回家守制，三年期满后再由朝廷重新任命；若朝廷因官员守孝耽误国家大事，可做"夺情"（不必弃官弃职）之举。清廷本欲倚重张日晸治政的经验与才干来防堵西方列强的渗透和云南少数民族的起义，然而念其报效国家三十年，以及殚精竭虑、无怨无悔的忠臣之心，于是准其回乡"丁忧"（守孝）。

张日晸对故乡感情很深。清镇是他生于斯、长于斯的故土，这里有他童年的记忆，有他青年时的奋斗历程；这里是他生命的起点，亦是他灵魂归依之所。守孝期间，他常流连于清镇的寻常巷陌，触摸岁月的流痕；也曾徜徉于林园池馆，寻觅逝去的流光碎影。他前后捐银七千两为故乡修城阁、建书院。随着岁月的流逝，虽然"风流总被雨打风吹去"，在清镇城中，至今还矗立着一座梯清塔。在塔基二层处，留有张日晸所撰所书的《新建梯清塔记》，清楚地记录了当年他捐银修塔的意旨。

道光二十九年（1849），张日晸复任云南巡抚。在任上，他勤于政事，亲民爱民，偕总督共同上疏，奏请"免各铜厂民欠无着工本银六千余两"。次年七月，思茅地区受游匪滋扰，逼近茶山，官军多次围剿仍无效果。张日晸偕总督再次上疏，调集各镇弁兵兜剿。得旨，务期尽数歼除，迅速葳（完成）事。由于操劳过度，张日晸积劳成疾。令人感动的是，张日晸在病中仍为《安顺府志》（清代清镇隶安顺）审定文稿，并捐修志费银二百两。同年八月，张日晸病情加重，不治而亡，时年六十。

张日晸是一位学养淳厚的士大夫。在其为官的数十年间，从未放松自己道德文章的淬炼。政务之余，勤于著述，有诗文集《庶常集》《编修集》存世；其所绘《篝灯课子图》多幅，系怀念先慈支氏教导之恩所绘；传世书法《训子琐言》，被人誉为"不狂不滞，风神动人，俨然大家风范"。

翟煜观在《张中丞墓铭》中，对张日晸有如是评价："刚明清介，淡然无欲，律己严而待人恕，自奉薄而周人急，遇事处之以厚，与人必尽其诚，则性与学之相成也。综观公生平，懿行在伦常，实学在经济，文章在史册，颂祷在苍生，不徒黔之伟人，亦当代之完人也！"

心系桑梓的陶廷杰

清代咸（丰）同（治）年间，生活在千里苗疆的劳苦大众不堪封建统治下的残酷剥削与压迫，纷纷奋起响应太平天国运动，分合聚散而形成的五十多支起义队伍对清王朝在贵州的封建营垒进行狂飙似的扫荡，致使贵州全省几无完土、无一县瓦全。在这场腥风血雨中，都匀进士陶廷杰逆风而起，企图力挽狂澜，最终回天乏术，身死家灭。

乾隆五十年（1785），陶廷杰诞生于都匀一士绅家庭。其自幼聪慧，酷爱读书。嘉庆十八年（1813），陶廷杰以拔贡举于乡，次年成进士，入翰林院，选庶吉士。

进入仕途后，陶廷杰历任翰林院庶常馆编修，两次充任顺天乡试同考官，任湖广道监察御史、山东道监察御史、吏部给事中（谏官），兼稽查富新仓、广东提督学政。之后，因父亲病故奔丧返回故乡，主讲于贵阳贵山书院。

在贵山书院任教期间，陶廷杰注重学生道德学识的培养以及对后辈的勉励和劝谕。在《题贵山书院勉学十首》诗中，陶廷杰告诫学子："修文要识先修行，有德方能必有言。理足精粗胥见道，功深左右必逢源。""自古真儒惟慎独，一毫私意莫相侵。""人非有品不能贤，砥砺廉隅志要坚。"这些诗句蕴含着深刻的哲理。

道光十年（1830）后，陶廷杰复出政坛，历任刑部给事中、甘肃按察使、陕西布政使、代理陕西巡抚（官衔从二品）等职。

陶廷杰为官数十年，清正廉洁，克己奉公。据史册所载，其在陕西布政使任上，每逢节寿日，"辄闭门独坐，禁绝馈遗"。代理巡抚时，其"尤弊绝风清，纲纪为之一肃，人不敢干以非礼"。在陕西布政使任上时，正值大学士穆彰阿当政。由于鄙薄穆彰阿的德行与操守，陶廷杰不屑与其为伍。当穆彰阿寄函给他时，他竟然置之不理。之后，陶廷杰代理陕西巡抚时，穆彰阿又向他委婉示意借贷五千金。尽管左右劝其虚与委蛇，但陶廷杰就是不买账。从以上事例不难看出，陶廷杰爱憎分明，有不同流合污的人格魅力。

在甘肃按察使任上时，陶廷杰力除积弊，平反冤狱数十起，其部民属吏谈者，无不感服。从陶廷杰《狱赠群僚》一诗中，不难看出其秉公办案的官风，摘录如下：

> 折狱惟良语最醇，可知罪当在情真。
> 偶存成见明皆昧，再有私心屈怎伸？
> 抽茧剥蕉能入细，发奸擿伏定为神。
> 尤须一片精诚念，息息相关只为民。

道光二十五年（1845），陶廷杰进京述职，道光帝对其曰："朕知尔能胜大事，必不负朕委任也。"时任军机大臣的穆彰阿见皇帝赏识陶廷杰，便使阴招、进谗言，千方百计动摇皇帝对其的信任。在穆彰阿的打击下，陶廷杰最终"奉旨以四品顶戴休致"。

陶廷杰热爱故乡，关心桑梓文教。早在乡居守孝期间，为培植地方文物，激励士人奋发向上，他曾于道光十九年（1839）捐资一千两白银助修都匀文峰塔。退出政坛后，他热心公益事业，为奖励后进，曾经捐助巨资给都匀南皋书院作教育经费，随后又准备捐金为学子买试卷及为学官增加收入。

咸丰四年（1854），独山州民对州官借口筹饷趁机勒逼苛敛的"贪横罔利"行径恨入骨髓，在布依族青年杨元保的领导下，揭开了咸同大起义的序幕。随后，贵州各地起义相继而起，全省几乎都卷入了这场反压迫、反剥削的起义中去。

都匀府是民间秘密教门——斋教盛行的地区，早在清代乾隆年间，斋教王道林就在都匀府传习教义、发展教徒。道光末至咸丰初，青莲教首刘仪顺亦到黔东南地区活动。

咸丰五年（1855）春，清江、台拱苗民起义。官军因陆续调往镇远、思州，而使原驻地军力相对薄弱，斋教首领罗光明趁机组织信徒、民众积极筹划起义。六月底，罗光明与其教徒里应外合，一举占领三脚坉州城。之后，罗光明、余正纪、柳天成相继攻占都江厅城、古州厅城、八寨厅城，整个黔东南地区大都落入起义军手中。当时，罗光明率军在八寨、三脚坉、独山一带战斗；余正纪率军在黎平、古州、永从一带战斗；柳天成率军在都匀、独山、麻哈之间战斗；陈鸣勋率军在麻哈、贵定、都匀地区战斗。

丹江、八寨相继被义军攻陷后，都匀知府鹿丕宗急忙募兵"防剿"。为桑梓计，为家庭谋，陶廷杰不惜"毁家纾难"，倾其家财，召集远近流民保卫府城。柳天成率军围困都匀一年多，然而府城内供应充足，人心安定，这全靠陶廷杰之力才得以维持。

咸丰六年（1856）秋，鹿丕宗被罢，新知府石均一改过去据险死守的战略，转而全面出击。在起义军的强攻下，未及一个月，都匀这个黔南的门户被柳天成部攻占。城破之前，亲朋好友都劝陶廷杰带领家人逃往他乡。然而他却说道："吾忝系乡望，受国恩，官至二品，年逾七十，何可自图其私，置桑梓于不顾？我去，其谁与守者？计惟城存与存，城亡与亡耳！"并作《文峰塔》一诗，以表"其临难不苟免，不轻去其乡，私图自全"的决心，摘录如下。

水抱全城万象涵，到头关键岂空谈。

千夫建石方圆合，七级凌霄日月参。

故址立成新雁塔，中峰长镇老龙潭。

一支健笔钟灵秀，振起人文冠斗南。

咸丰六年（1856）八月初三，柳天成部起义军占领了都匀府城，陶廷杰率领乡勇展开巷战，拼死抵抗，最终不敌，战败身亡，一家死于非命。

陶廷杰是个悲剧人物，一个封建没落王朝的精英分子，在时代狂风暴雨的冲击下，以年老之躯与"气吞万里如虎"的起义军抗衡，其结局是可想而知的！

民族脊梁石赞清

在两次鸦片战争中,帝国主义凭借"船坚炮利"粉碎了"天朝上国"的神话,揭开了中国封建社会神秘的面纱,将昏庸腐朽、文恬武嬉、懦弱无能的官场暴露在民众眼前。然而,每当危急存亡之秋,民族脊梁便应运而生,勇于担负起救亡图存的重任。其中一位黔人,以他铁骨铮铮、凛然难犯的形象和刚毅不挠的民族气节,赢得了国人的敬仰和赞誉。他就是第二次鸦片战争中任天津知府的石赞清。

嘉庆十年(1805),石赞清出生于贵州省黄平县旧州镇石牛寨一贫苦人家。石赞清幼时,父母双亡,只好投靠贵阳以编竹笠为生的伯父。伯父家贫,见石赞清聪颖好学,便节衣缩食供其读书。不久，伯父家境更加困窘，只好让其退学。好在塾师慧眼识人，于是向东家高某力荐石赞清，说其如何聪慧，将来必是大用之才。高某见石赞清聪明能干，高兴之余，不仅免费让其读书，还将女儿许配于他。

随着年岁的增长，石赞清进入省城著名的贵山书院就读。道光十五年（1835），石赞清中举，三年后考中进士，分发直隶候职。

时琦善任直隶总督。这位封疆大吏平生骄横跋扈，不仅厌恶科甲出身的官员，还有以貌取人的偏见。石赞清到天津候职时，便去进谒琦善。没想到对方态度倨傲，满脸戾气，竟然指斥石赞清其貌不扬，不适合当官。石赞清一听怒火中烧，便上前要求琦善解释清楚。他问道："大人所谓不称者，以学乎？职进士出身也；以才乎？职未莅任也；以貌？则职曾引见来？"其意十分明白，那就是"你认为我不适合当官，是认为我没有学识？要知道我是进士出身；你认为我没有才干？我还没有到任，你又怎么知道我没有才干？我不曾托关系求你谋一官半职，我的相貌长得怎么样又与你有什么关系呢？"琦善一听，犹如被人揭了隐私，顿时气得脸红筋胀，羞怒非常，连声叫着"无礼"！急令手下将石赞清赶出。

石赞清在直隶任职二十余年，历署阜城、献县、正定、卢龙知县，因政绩卓著而升任芦台抚民通判、永定河北岸同知、顺天府治中及通永道、霸昌道尹。咸丰六年（1856），朝廷授石赞清天津知府。

时值潞河东路洪水成灾,石赞清目睹了哀鸿遍野的悲惨景象,立即前往勘察水情,与民众修堤筑防,同甘苦,共命运,风餐露宿于草泽中,并极力救助灾民,使之免于饥寒。灾情过后,他整顿辅仁书院,发展地方教育;平抑物价,打击奸拐,理民诉讼。因其公正廉洁,被民誉为"石一堂"。

石赞清就任天津知府之时,正是第二次鸦片战争爆发之年。咸丰六年(1856),英国、法国借口"亚罗号事件""马神甫事件"悍然发动战争。次年,英法联军攻陷广州,俘获两广总督叶名琛和广东巡抚柏贵。

咸丰八年(1858),英法舰队北上攻陷大沽炮台,逼近天津,直隶总督谭廷襄弃城逃走。大军压境,天津百姓惶恐不安。石赞清知城不保,便在堂阶前放着两口装满水的大水瓮,然后对家人说道:"夷如入胁,则与吾妻死此矣!"表示自己"誓以死殉职守"的决心。不久,英法强迫清政府签订了《天津条约》,天津之围解。

咸丰九年(1859),英法联军进攻大沽炮台,清军提督史荣椿下令开炮还击,英法舰队被击沉四艘,伤六艘,英舰队司令何伯受重伤。次年,由于清军主帅僧格林沁倨傲轻敌,拒绝郭嵩焘等人在北塘设防的建议,英法联军得以在北塘登陆,继而进攻新河、军粮城,致使清军战败溃逃和大沽炮台再度失守。

咸丰十年(1860),英法联军进占天津,吏民骇散,总督以下多受其辱。联军分住官舍,独石赞清傲然不屈,不肯搬出官舍。他大义凛然地对侵略者说道:"取吾头以往,官舍不可让

179

也!"侵略者对这位不怕死的中国官吏的言行感到十分惊讶,只好退出。

石赞清知道敌人不会善罢甘休,自己在这空城中白白死去也无益,作为天津的行政长官,在国家处于这样危险的境地时,唯有维护国家利益和保护人民生命财产才是自己应尽的职责,于是他不顾个人安危,单车前往敌营会见联军首领额尔金、葛罗等人,向他们表达中国政府的严正立场。在与额尔金、葛罗的会谈中,石赞清正言厉色地指责其无理侵略中国领土,给中国民众带来了巨大的灾难;警告他们如果一意孤行,必将招致中国人民的坚决反抗,到头来只会落得个灭亡的下场;并提醒其看清形势,迷途知返,立即罢兵议和才是上策。石赞清慷慨陈词、毫无惧色、凛然可畏的形象,无疑给英法将帅留下了深刻的印象,使他们明白中国的官员并非都是贪生怕死之人。

在额尔金、葛罗看来,像石赞清这样的官员毕竟是少数,挫其锐气、迫其就范无疑是战胜中国的关键所在,立即派五百士兵强行进入石赞清的官舍,将其拉上轿子,挟持到联军首领的住地南营。面对额尔金等人的强盗行为,石赞清高声谩骂,以死抗争,不时用手砍击颈部说道:"速杀我,取吾头去!"额尔金见状无奈,只好说道:"非敢相难!闻有兵欲烧吾船,故假君为镇耳。"石赞清明白对方欲拿自己作为人质,企图平息天津人民的反抗情绪,于是以绝食来表示抗议。

绝食三日后,石赞清的生死引起了天津人民的深切关注,数十万愤怒的民众聚集城中,不少人乘着小船围着英法舰船示威高呼："还我石父母来!"

"石赞清事件"引发的民众抗议的确令额尔金等人吃了一惊,立即下令将石赞清释放。当侵略者叫石赞清自行离去时,却遭到了他的拒绝。石赞清严正声明:"吾如何来,当如何归也。"额尔金等人怕事态弄大无法收拾,只好又令五百士兵作为前导,用轿子将石赞清抬回。

自此以后,天津社会安定,侵略者不敢胡作非为。英法联军在天津住了几个月,石赞清作为天津的行政长官始终没有离开衙署一步,继续办理公务。

石赞清在天津高扬民族节操、不为外敌胁迫所体现的民族气节受到朝野的广泛称誉和高度重视。辛酉政变后,两宫皇太后"思擢一二贞亮守死之臣"来树立良好的风范,于是超擢石赞清为顺天府尹。

石赞清在天津治政四年,洁身爱民,深孚众望。在外敌入侵之时,维护民族尊严,不为外敌所屈服,天下人以其节操高尚,比之为"汉代苏武"。当石赞清离津到京赴任时,天津百姓为之歌曰:"为国为民天津府,刚毅不挠胸有丰。"

此后,石赞清仕途顺利,历任宗人府丞、都察院左副都御使、刑部右侍郎、工部右侍郎、直隶布政使、湖南布政使、湖南巡抚等职。

同治八年(1869),石赞清因病逝世,时年六十四,归葬于贵阳北郊红边门外宅吉坝之南。

二十年后,贵州遵义籍外交家、散文家黎庶昌在贵阳祭祀石赞清时，见其"墓道之文未具"，深恐石公"遗事湮轶"，于是勒石为铭，以让后人可考。在《工部侍郎石公神道碑铭》中，黎庶昌写道："扰扰群生，孰能无死？泰山鸿毛，惟其所止。止得其所，死则死耳。求死如饴，时或不死，大节炳完，如石公是……"

　　黎庶昌之文不仅诠释了生死的意义，而且对石赞清在天津时抗御外侮、视死如归、高扬民族气节的大无畏精神给予了高度的评价。

"硬黄"黄辅辰

清代咸（丰）同（治）年间，黄辅辰、黄彭年父子活跃在神州的政治舞台上。他们以高尚的人格、出众的才华及卓著的政绩，赢得了朝野的普遍赞誉。湘楚名人刘蓉对黄辅辰的操守及治政评价为"立身清廉""论事持大体，务尽纤微；计久远……"

嘉庆六年（1801），黄辅辰诞生于贵阳一个来自湖南醴陵的移民家庭。自知事之日起，其人生道路就充满着荆棘坎坷、艰难困苦。父亲病故时，由于家贫，竟无钱安葬。有感于斯，黄辅辰不顾年少体单，不畏路途遥远，孤身徒步前往云南向亲戚告贷。得三十金后，他迅速返筑，安葬了亡父。之后，其家更加困窘。《郎潜纪闻》对辅辰此时期的生活有描述："观察（指辅辰）少奇贫，尝屑糠和麦麸为粥；又不给，则就邻生撷园中桃实生啖之，意充然，不废学，盖所蕴实深，不第以风骨标异者。"

正如上言，黄辅辰不以家贫为苦，穷且益坚，日夜自砥于学。由于无钱购书，好友唐树义常携小童背着书籍供黄辅辰阅读，使其得以博览经史，周知古今事变，慨然有志经世之学。

道光十五年（1835），黄辅辰中进士，分吏部，先后在文选、考功二司任职。文选、考功二司掌握着全国官员前途进退大权，因此一些操守不良的主管官员与那些谋求升迁及肥缺的候职官员沆瀣一气。黄辅辰"辑旧案揭示于吏部堂，使不得蒙蔽匿饰"。

黄辅辰清正刚毅，遇事持大体，论辩时侃侃而谈，刚正不阿。当时正逢知州易某受贿之事案发，吏部何侍郎及其同年（同科进士）暗中保护他。黄辅辰亦是易某同年，然而在这个大是大非的问题上却坚持原则，义正词严地对大家说道："如此，是乱法也！"

之后，黄辅辰协助吏部陈文恪审部员张某之案。张某供词牵连杨彤如、冯志沂二人，但这两人均系正派之人，而刑部因杨、冯两家没送钱财打点，便以"难保无"三字定案。这种荒谬的裁决令黄辅辰十分不满，他从容地对陈文恪说道："外间以'难保无'对'莫须有'。"意即与秦桧诬陷岳飞的罪名一样，既无说服力，又荒谬绝伦。陈文恪一听，怵然惊心，感到社会舆论的压力即将降临，于是害怕地问道："何至是？"在黄辅辰的干预及陈文恪的秉公执法下，张某最终得以释放，杨、冯二人亦无事。

黄辅辰刚正廉洁的作风常引起上司的不快。吏部尚书恩桂欲在部属中树立自己的尊严和威望，然而黄辅辰却常违背其旨意，令其十分恼怒。为了打击报复黄辅辰，恩桂暗中阻挠，使其九年不得升迁。后来恩桂病危之时，对自己的好友陈文恪说道："黄君贤者而久淹滞，此吾过也！"黄辅辰清刚之官风及不屈不挠的性格广为上官及同僚赞誉，友人窦埍特刻"硬黄"一方石印赠之，以表钦佩之情。

咸丰三年（1853），黄辅辰以知府衔分发山西，这时传来贵州桐梓灯花教首杨龙喜反清起义的消息。战火蔓延到贵州全境，由于担心故乡亲人的安全，黄辅辰立即请假回籍。返回贵阳后，针对当前严峻的局势，他立即召集地方士绅倡议团练，以求自保，并亲自察看形势，修筑碉堡，加固垣堞楼橹，实行保甲，积粮备战。在此期间，他亲赴清水江一带安抚苗民，消除各部落之间的怨仇和隔阂，使其和睦相处。之后清水江一带发生动乱，黄辅辰迅速率领团练赶往巴香平定。事后，他劝谕商民捐谷，建义仓三十座，以备不测。由于黄辅辰在黔的表现，以功擢道员，旋即任职于山西冀宁道。

在冀宁道任上，黄辅辰曾为山西粮饷不足、省府企图"抽厘以济"的病民政策与上司据理力争。失败后，又逢户部决定在山西平定州设立宝泉分局铸造铁钱，结果无法通行，便令各地分销，每年向户部交税银三万两。对这种荒谬的决定，他拍案而起，据情奏请。其言曰："京师用铁钱以济铜币之乏；山西勿便也。"他认为：决策者为了三万两税银而向各州县摊派，而损失了"数百万正供",这种因小失大的做法,可说是"利一而害百"。再则推行铁钱不仅破坏了金融秩序,还会造成另一恶果,那就是铸造私钱的不法之徒越来越多,对社会秩序的危害越来越大。奏上后,收到了效果,朝廷撤销了平定州宝泉分局。

之后,黄辅辰加盐运使衔。在此期间,一件棘手的案子引起了他的关注:临汾县令滥刑,致使犯人毙命,然而其狡猾异常,使人无从查验。当时舆论汹汹,均认为该县令已移尸抵换,即令开棺启验也无济于事。但黄辅辰认为:"案子的关键在于开棺启验。虽然案子已经定案具结,但如果尸体果然被调换了,就可以追究换尸者的罪。"为了证实自己的看法,他遴选干练之员启棺验之。开棺之后,发现尸体并无调换,但死者身上受刑时的杖伤犹在。铁证如山,无从抵赖,该县令只好认罪服法。

咸丰九年(1859),英法联军进攻大沽炮台时遭到中国军队的还击。直隶总督恒福(曾任山西巡抚)以防务需员,调黄辅辰赴直隶军营策划戎机。黄辅辰至大沽海口查勘形势,建议上官以重兵扼守北塘。其建议与郭嵩焘不谋而合,然而主帅僧格林沁刚愎自用,反笑黄辅辰思想陈旧,不合时宜,最终造成了清军全线溃败,天津沦陷。

丧权辱国的《北京条约》签订后,黄辅辰返回山西,巡抚英桂对其十分雅重。然而黄辅辰非常清楚,自己孤高刚直的性格与污浊的官场格格不入,于是灰心丧气,无意世用,便以年老为由坚辞官位。随后,黄辅辰应四川总督骆秉章之邀,前往成都任其幕僚。

不久，陕西中部掀起了声势浩大的反清斗争，广大地区田地荒残，无耕者，经济受到沉重的打击。新任巡抚刘蓉试图以屯田来改变困境，闻知黄辅辰贤德干练，刘蓉便写信征询屯田事宜。黄辅辰为其陈述《屯田十二难》，又采录官私书，作《营田辑要》之卷，主张"用民而不用兵，与民兴利而不与民争利。言成法者十七，论积弊者十四，对于制田物土之宜，皆肩博采详说之论。于用人得失，尤三致意焉"。刘蓉阅后，十分赞同，于是奏调黄辅辰到陕，听候简用。

同治五年（1866），刘蓉密奏黄辅辰"心术正大，吏事精能"，朝廷遂授其凤邠盐法道职，负责西安、同州、凤翔、延安、乾州、邠州、鄜州七属营田之事。到任后，黄辅辰针对关中土旷人少的现实情况，招外省民众到陕开荒，供其耕牛、种子、农具、房舍，鼓励其垦荒，并薄收其租，保证其继承权。由于措施于民有利，仅一年就垦田十八万亩。此举改善了陕西的经济面貌。

在陕期间，黄辅辰在维护社会治安的同时关心社会公益事业。他捐廉倡导修复因战乱毁的四所义学，并亲临鼓励学生读书；拨公产给关中书院、育婴堂、种痘局，主持修堤筑坝等水利工程。由于殚精竭虑、积劳成疾，黄辅辰于同治九年（1870）病故，时年七十。

刘蓉因黄辅辰政绩卓著，遗爱在民，列上其事。朝廷将黄辅辰入祀陕西各官祠，并将其政绩编入《清史稿·循吏传》。

一代良吏李朝仪

李朝仪经历清代道光、咸丰、同治、光绪四朝，亲历两次鸦片战争及太平天国和捻军起义，目睹"辛酉政变"及洋务运动；本着儒家的民本思想，他勤于政事，爱民恤民，为国事、民生操心也危，虑患也深，不愧为忧国忧民的一代良吏。

李朝仪，字藻周，贵筑县（今贵阳市）人，祖籍湖南衡阳府清泉县（今衡阳县），先世于清代乾隆、嘉庆之际入黔，落籍贵阳。据李氏入黔始祖刘太夫人《墓志铭》中所载，刘氏有五子：李朝祯、李朝杰、李朝英、李朝显、李朝仪。

李朝仪于道光二十五年（1845）成进士，随后以知县分发直隶，等候补缺任职。

道光二十八年（1848），鉴于平谷多盗，社会治安混乱，直隶总督讷尔经额暂时任命李朝仪为平谷知县，以观其治政之能力。李朝仪上任后，根据平谷的实际情况，一面实行"梭行法"，每夜派遣营汛丁役四处搜捕盗贼；一面深入民间，明察暗访，调查盗贼的巢穴，摸清其活动方式和作案手法，然后将其一网打尽。这些举措收效甚大，有力地打击了盗贼的嚣张气焰。自此盗贼销声匿迹，治安大为改善，平谷百姓安居乐业。

道光三十年（1850），李朝仪调任三河县。为振兴地方文教，他捐廉创建书院，奖励选拔贫寒的读书人，三河文风之振自此始。

咸丰元年（1851），李朝仪任大兴知县。咸丰三年（1853），暂任南路厅同知，是年五月，林凤祥、李开芳、吉文元等率太平军北伐，西进河南，渡黄河，上太行，下临洺关（今河北永年县治），大破讷尔经额所部后迅速北进，直抵保定城南的张登。

太平军进军之迅速、行动之诡秘，令清廷大为震慑，咸丰帝一度想逃往热河（今承德市）。面对严峻的局势，作为清廷官员的李朝仪方寸不乱。他十分清楚：南苑是京城的屏障，唯有上下一心，团结民众，才能阻止太平军的推进。为此他整顿团练，整肃治安，深沟高垒，严阵以待。

正当太平军进逼南苑之时，突然传来驻防的官兵因购物而寻衅闹事的消息。李朝仪感到事态严重，认为"攘外先必安内"，必须消弭动乱隐患，密切军民关系，不给敌人可乘之机。他立即禀告主帅，将闹事者绳之以法。经过整肃，清军整军修武，以待太平军。不久，太平军避开防堵的清军，从深州东下攻克沧州、静海，迫近天津。由于孤军深入，兵力薄弱，太平军于此年突围南下，西苑之围顿解，北京遂安全。

咸丰四年（1854），李朝仪任晋东路厅同知。次年，京城地区遭受旱灾、蝗灾。为了不使灾情蔓延给百姓生活带来更大的痛苦，他迅速动员民众捕捉，从而减小了灾害。之后，由于战事紧张，李朝仪随科尔沁亲王僧格林沁在宁河、营城、北地、大沽各处修筑炮台。竣工后，他把工程中节约的上百万银两全数上交国库，自己从未挪用公家一分一钱，由此可见其为官清廉。

咸丰六年（1856），第二次鸦片战争爆发。英军进犯广州无功而退后，于次年十二月与法军组成联军，再次进犯广州。攻陷广州后，英法联军扬帆北上，直达渤海湾，企图攻占天津，震慑北京。

咸丰八年（1858）四月，英法联军炮击大沽口海岸，中国守军战败，联军乘胜前进占领天津，对通州形成了极大的威胁。通州为天津通往北京的门户和粮道，在军事上有着重要的地位。通州城内的土匪欲趁机发难，与入侵的英法联军遥相呼应，里应外合。

面对城中缺粮、民心不稳的情势，李朝仪建议打开皇仓，赈济民众，然后将民众组织起来进行军事训练，以此保家卫国。然而其建议遭到非议，有人警告他：不经朝廷的批准，皇粮是不能擅自动用的。李朝仪大义凛然地问道："此何时？尚可拘常格？脱有处分，朝仪独承。"在其坚持下，建议最终得到实施。

城内有了粮食,民众心中的恐惧被打消,遂无外逃之心;团练办了起来,人人担负起救亡的使命,于是通州军民同仇敌忾,时刻警惕着来犯之敌。《天津条约》签订后,通州的紧张局势缓和下来。由于李朝仪在通州处变不惊、敢于决断的办事能力,清廷予以嘉奖,以知府衔在任候补。

咸丰九年(1859),英法联军再次进攻大沽口,在中国军队的英勇奋战下,英法联军战败逃出大沽口。这次战役,李朝仪因协助僧格林沁击败联军有功,受到朝廷嘉奖,归知府班,尽先补用。次年,他奉旨分办直隶团练。

李朝仪文韬武略,深谙用兵之道。咸丰十一年(1861)出任顺德(今邢台市)知府,恰逢捻军首领张锡珠率领大军攻入直隶境内,进抵沙河,对顺德形成极大的威胁。李朝仪见捻军人多势众,难以抵挡,审时度势之后,迅速招募兵勇五百,亲自率众前往防御。当时捻军陈兵万余人,气势威猛,而清军力单势薄。两军兵刃相接之后,在毫无取胜的情况下,属员中有人请求退守沙河,撤回郡城坚守,以河为界,等待援兵。对此,李朝仪却并不认同,他心中早有了计策。

两军卅战后,清军遭到捻军炮火的猛烈攻击。当炮火击断了清军的大旗后,四周的清兵惊慌失措,改颜失色,唯独李朝仪屹立不动。他一面命令部属排成方阵撤退,一面派游骑在后面奔驰扬尘,给敌军造成埋有伏兵的错觉。在其指挥下,清军严阵以待,对进攻的捻军还以颜色。张锡珠始终怀疑李朝仪后有伏兵,因此不敢轻举妄动。两军相持了六小时后,张锡珠无计可施,只好撤军。

同治四年（1865），李朝仪调任广平知府。当时，直隶全境社会动乱，枭匪蜂起，广平所辖的鸡泽、肥乡、永年、磁州、邯郸等县深受其害。上任后，李朝仪率军驻防曲周马疃桥，联合行动，四路出击，抓获了不少贼匪，迫使其余党遁逃。

是年，捻军张宗禹部歼灭了僧格林沁所部，并粉碎了曾国藩的封锁围攻。由于担忧张宗禹率军北上，李朝仪动员民众加紧修城垣、储军火，做好迎战准备。不久，捻军十余万众兵临城下，当得知城中早有防备时，只好撤兵而去。

封建社会的地方官是否称职、被民称道，衡量的标准是：他们是否勤于政事，廉洁奉公；是否是一个振兴文教、平反冤狱、兴修水利、维护治安、使人民安居乐业的好官。李朝仪正是这样的好官。

同治五年（1866），李朝仪任大名知府，恰逢清丰县发生了一件命案。县令王某鉴于杀人者已逃跑，急于结案，便丧尽天良，不惜诬良代罪。尽管王某费尽心机，使尽酷刑，这人就是不招。王某恼怒之余，在贿赂捕役百般虐待这人的同时，又伪造血衣、凶器，必欲置之死地而后快。当案子呈报到大名府时，李朝仪对此反复研究和审讯。了解其人的冤屈后，不禁义愤填膺，随即向上级部门揭发王某的罪状，将其法办；又派干练的捕役将杀人者抓获伏法。这种打击不法酷吏的办案作风，赢得了百姓的赞颂。

同治七年（1868），直隶总督曾国藩荐举贤良时，李朝仪居首位。次年，曾国藩再向朝廷奏陈李朝仪的才具政绩，授其永定河道员，负责管理该河两岸的水利事务。

永定河地处北京西南郊，是大运河永渠的北端。自古以来，每年汛期，永定河洪水为患，给当地人民带来了巨大的灾难。基于以上情况，李朝仪每逢汛期险情，必亲往抢护，未晓赴工所，日暮始回。验收料垛，必亲为丈量，有不如式（工程要求）者，责令赔偿，尽除工程之弊病。

李朝仪考虑到大汛将来，农民无暇顾及农作而没有收入，便告谕村民："春初农隙，挑积土牛如数，大汛即毋庸上堤。"对于堤岸的防护，李朝仪非常重视，他动员民众种植堤柳，加固堤防。在其任永定河道员的八年中，永定河两岸的民众对他兴修水利、体恤民困的各种举措予以很高的评价。

光绪五年（1879），李朝仪升山东盐运使；九月，任山东按察使；十一月，授顺天府尹。为改变京城官员骄横、玩忽职守的弊病，李朝仪以身作则，常以洁己奉公教导下属，使他们遵纪守法，杜绝请托。李朝仪的治政作风，得到了顺天府官吏民众的好评。在其任职不到一年间，政绩卓异，吏治一变；往日那些横行乡里的流氓恶棍，慑于其威望，皆闭门思过，不敢以身试法，顺天府各路治安井然；过去境内多马贼，为害一方，在李朝仪的重拳出击下，马贼或锒铛下狱，或销声匿迹，百姓对此无不称快。

光绪七年（1881），李朝仪病逝于顺天府任上。时直隶总督李鸿章上疏，请求将李朝仪事迹付与国史馆立传，并在固安县为其建祠。

李朝仪有四子一女。长子李端棨系光绪十二年（1886）进士；三子李端棻是光绪二十四年（1898）进士；女儿蕙仙，幼承家学，善于吟诗作文，且擅长琴棋书画，有才女之美名，后嫁中国近代史上颇具盛名的思想家、政治家、大学者梁启超。

"黔东冠鸡"胡长新

地处贵州东南的黎平府，是一个民族杂居的地方。辖境之内，山林葱茏，河流纵横，景色十分清幽。黎平与湖南靖州、通道毗邻，南临广西三江，西北两面与从江、榕江、剑河接壤。这里被认为是民风强悍、英才辈出之地。

黎平是孕育吴勉和何腾蛟的地方。前者系侗族人，于明洪武十一年（1378）高举义旗，率领黔、桂、湘三省交界处的广大民众掀起了反明的抗税斗争，起义坚持了八年，震撼湖广。后者系南明"中湘王"，为恢复明朝的江山洒尽了最后一滴血。值得一提的是，在明清贵州的教育史上，黎平是一个亮点，它涌现出二十名进士，为该地的文明进步、经济发展起到了重大的作用。

其中一个名叫胡长新的进士，毕生致力家乡的教育事业和经济发展，其业绩被后人广为传颂。

谈到胡长新，人们自然会联想到他与"沙滩文化"的领军人物郑珍和莫友芝的亲密关系，尤其是他们之间的师生情缘，多年来一直被人传为佳话。

胡长新，字铭三，又字子何，清嘉庆二十二年（1817）诞生于黎平府德凤镇一教育世家。其父胡秉钧，系嘉庆九年（1804）进士，曾任河南扶沟知县，后因事降职，改授贵州遵义县学训导，时值贵州独山人莫与俦为遵义府学教授。胡与莫原系嘉庆三年（1798）同科举人，此时亦是同僚，兼之两家是邻居，夫人又极为亲密，因此时相往来，情谊很深。胡秉钧十分喜爱莫与俦之子莫友芝，对其学问更是倍加赞赏。时莫友芝年华双十，学已大成。胡秉钧望子成龙，于是命胡长新师从莫友芝，"执经为弟子"。莫友芝之弟莫庭芝后来忆及两家的情谊时曾这么写道："官舍相接，两家子弟亦晨夕过从无间……惟君（指胡秉钧）数数奇誉于先子（指莫与俦），已且纵长新相从，讲六书训诂、诗古文辞以为乐。"胡长新自幼聪颖，喜读诗书，遇到了亦兄亦师的莫友芝，犹如大旱之盼云霓，自然喜出望外，于是更加发愤苦学。

时光流逝，十年过去了，在莫友芝的栽培下，胡长新从一个懵懂无知的孩童，成为涉猎古今、饱读经史的青年士人。这时家中发生变故——父亲在遵义病逝，于是胡长新扶柩返回黎平安葬。父亲病逝后，家中的景况大不如前，可说是清贫无助。然而胡长新贫不坠志，穷且益坚，在困窘中坚持苦学，在逆境中磨砺心志。几年后，好友莫庭芝来信告诉他，说兄长友芝的同学郑珍出任古州厅（今榕江县）学训导，兼掌榕城书院。郑珍是著名诗人，精于汉学，胡长新闻名久矣，只是过去无缘认识。阅信后，出于求知心切及急于想和自己心仪已久的大儒见面，胡长新立即跋山涉水，不辞辛苦，负笈赶往榕江向郑珍请业。

郑珍与莫友芝情同手足，对其弟子远来求教自然感到亲切。见胡长新朴实恭谨，心诚志坚，兼之旧学根底深厚，才思敏捷，便欣然收为弟子。郑珍在古州任教职仅十个月，但却对胡长新的教导倾注了心力。之后，郑珍在致贵州巡抚贺长龄的信中对胡长新赞誉有加，期许甚高。其曰："府廪生胡长新，年少而贫，独能日夕相从，留意根柢之业。此子如不废学，必作黔东冠鸡。惟得此一士，足相告语尔。"

为了不使胡长新废弃学业，郑珍特赋《黎平木赠胡生子何》一诗以勉励。告诫他做学问如同黎平人种树，应着眼于未来，倾十年之力，才能学有所成。若急功近利，不务根本，最终像遵义人垦山那样，弄巧反拙，经常挨饿。胡长新没有辜负老师的谆谆教导，以更大的热情投入到学习中，德学更上一层楼。

郑珍离开古州前曾到黎平住了近一个月，在此期间他游览了抗清英烈何腾蛟的旧居，拜谒了何氏荒凉残破的墓道，写下了几首伤感的诗。令郑珍意外的是，他发现黎平民众在饲养山蚕，一打听与自己的弟子胡长新有关。原来胡长新几年前曾阅读过郑珍所著的《樗茧谱》一书，书中详细地介绍了饲养山蚕的环境、条件和技术,他突然联想到黎平的地理环境,山中生长着大量的橡树,正适合山蚕饲养。如果民众都能利用这有利的条件去饲养山蚕,不仅可以改善自身的生活,而且能够发展地方经济,便将想法呈报地方长官,并得到其支持,于是一场饲养山蚕的运动在胡长新的运筹、指挥下,在黎平的山区开展起来。胡长新重视科学的饲养方法和引进人才,他聘蚕师、购蚕种,择善地而试之;他重视实地考察,亲着麻鞋,顶草笠,循行山谷间,指挥劝勉,不遗余力。正是这种亲力亲为、锲而不舍的精神和一心为民的品格感动了黎平民众,因此山蚕的饲养便在当地推广起来。郑珍看到自己的理想竟在黎平实现,欣喜之情溢于言表。为此,郑珍特将目睹之现实诉诸笔端,写下了《遵义山蚕饲养至黎平歌赠子何》一诗。

道光二十四年(1844),郑珍离开古州返回遵义,胡长新亦因母事回归黎平。在临别前,面对送行的高足,郑珍特赋《别子何》一诗以纪念这段深厚的师生情谊,摘录如下。

送我勿悲伤,人生非圈羊。焉能常一处,努力爱景光。
我归半月程,汝归宿春粮。汝归有母事,我归阡草荒。
在昔悔贫贱,似今谁与将。好率妹与妻,随力媚北堂。
会合异时有,男儿事业长。趋舍但同致,何殊立我旁。

道光二十六年(1846),胡长新鏖战文场,一举中第,次年又报捷音,考中进士。不久,朝廷授予其江苏某地知县一职。然而他淡于荣进，以"母老不忍远离"为由，请改教职。之后，胡长新于穷山寂寞之乡孜孜从郑、莫讲学，以发展地方教育。

咸丰元年（1851），胡长新出任贵阳府学教授，几月后母亲病逝，他扶柩返乡营葬。守孝期间，改授铜仁府学教授。时值太平天国运动时期，贵州全境亦爆发了咸同大起义，正如史册所言的"全省几无完土""无一县瓦全"。是年，黔东南苗族起义军围攻黎平县城，胡长新未及赴任就被知府留下襄理军务，随后又派其入湘求援。起义被平定后，胡长新因解围有功，被保举为国子监学正，加五品衔。

胡长新在铜仁担任教职达十年。在教学中，他言传身教，德学并重，兼之其博学多识，道德高尚，因此被学子视为良师，亦受到郡人的爱戴。铜仁人有如是说："胡先生教人，能使愚者明、堕者起、顽者革。"提督学政韦业祥对胡长新十分赞赏，以其"端介可风"而举荐，朝廷于是升胡长新为翰林院典簿，宣召入京任职。胡长新对此无甚兴趣，便托病解任。

胡长新热爱故乡黎平，由于痛感家乡文教落后，返回黎平后就潜心于当地的教育事业。他主持黎阳书院达十五年，为家乡培养了大批人才，在广大民众中享有盛誉。黎平人是这样评价他的："胡先生律严而道尊，言动而躬随。"

光绪十一年（1885），这位扎根故土的教育家在黎平病逝，享年六十有七。其遗著有《籀经堂文钞》和《籀经堂诗钞》两书。

胡长新一生致力家乡的教育事业和经济发展，"利在当代，功在千秋",是一个"立德""立言""立功"的"三不朽"人物。逝世后,莫庭芝为其撰墓志铭,散文家黎庶昌为其写墓表。黎庶昌在《翰林院典簿胡君墓表》中曾这么说道:"君之学盖自知耻始,其程(衡量)已以宋五子为侯的(目标),而以经史为衡绳,以小学为羽翼,于并世人,师郑珍、莫友芝,友黎兆勋、莫庭芝……"可以说,这是对胡长新学养最中肯的评价。

文武兼资的傅寿彤

清代咸（丰）同（治）年间，太平天国运动勃然兴起，一些读书人脱颖而出，以他们的文韬武略闻名于世，成为时代的风云人物。贵州士人傅寿彤身逢其际，以经术文章世其家，更以知兵善战显于世。

傅寿彤，原名昶，字青余，嘉庆二十三年（1818）生于贵筑县（贵阳府辖）。自幼聪慧好学，无书不窥。时汉学大师阮元辑成《皇清经解》，傅寿彤之母将其金钗典当购之，以资博览，这事在乡里传为佳话。其父傅潢常以恩师洪亮吉"少孤家贫，孝事孤母，面壁苦读，奋发图强，后词章考据著于一时"的人生经历教育寿彤，并出示洪北江（亮吉号）先生的书信，不无钦佩地对他说道："乾嘉以来，士大夫务朴学，崇实行，汲极周秦两汉之间书，不为空疏无据之学，然自一二名流外，抱残守缺，烦琐滞碍，歧考订义理而二之者多矣。得于古未必合于今，坐而言未必起而行，固难以当通儒之目也。惟北江以宏才硕学，研精诂训，未通籍以前，屡事薄游，故随处能见其大，卒以建白名世，为我朝第一流人，非徒学经者流也。"父亲还常常以北江先生的人格道德教育傅寿彤。

随着年岁的增长，傅寿彤对洪亮吉先生的敬仰与日俱增。他潜心研读其著作，并研习许慎和郑玄的小学、经学，日积月累，青年时代的傅寿彤已成为学识渊博、才华出众的士人。

道光二十四年（1844），傅寿彤参加贵阳乡试，以优异的成绩荣获第二名。当职司宣布傅寿彤的名字时，贵州巡抚贺长龄欣喜地喊道"主司得人"！典试官何绍基特为其书写"实事求是"以赠之。有趣的是，当年何绍基中举时，主考官阮元也书写这四字赠给他，以此表明衣钵相承，汉学家尚实。

中举后，傅寿彤连岁客寓京城，其学识才华得到了体仁阁大学士祁寯藻及汉学大师阮元的赏识。这二人是学界巨子，名震华夏。祁寯藻历任户部、礼部侍郎、兵部尚书、军机大臣、体仁阁大学士等职，亦是"宋诗运动"的领袖之一。在第一次鸦片战争中，祁寯藻是著名的禁烟派人士。阮元任过云贵总督、两广总督，精于经学、史志，是当时的学界泰斗，其《十三经注疏》尤为著名。能得到这二位大学者的赏识，可见傅寿彤的才华非比寻常。

咸丰三年（1853），傅寿彤中进士，选翰林院庶吉士。时值太平军席卷大江南北，一举攻占南京城，京师震撼，清廷颇有"秋风骤起，日之将夕"之感。傅寿彤密切注视着战局的进展，每日与同僚谈及战局形势和攻守之策时，傅寿彤分析精辟，见解独到，论断为他人所不及。侍郎王茂荫奇其才，以"知兵"推荐给朝廷。时清廷迫于内忧外患，亟须用人，于是允准，授予傅寿彤记名知府，发往河南治兵。

河南是太平天国北伐军及捻军最活跃的地区，清军在此处处挨打，防不胜防。傅寿彤到任后，笃守王阳明先生知行合一之学，练精卒三千，转战黄河南北，亲冒矢石，身先士卒，大小数十战，所向克捷，于是"声名大振"。

咸丰十年（1860），傅寿彤奉命防守归德。时郡治初复，属城尚多沦陷，傅寿彤受任戎行，兼筹战守。官桥之战，清军失利，傅寿彤力挽颓局，设伏突击，致使毫无防备的捻军溃败。傅寿彤率军乘胜追击，擒斩甚众。随后，清廷因傅寿彤"战功卓著"，简授其归德知府，调守南阳。

南阳是捻军的主要活动区，由于地势平坦，民众散居，因此极难防御。傅寿彤因地制宜，审时度势，筹钱粮以办团练，建炮台以固城守。他在府城外的四乡创立寨堡，缮修守具，然后将这些措施令辖境各县仿照执行。这样一来，南阳地区就形成了一个蛛网密布易守难攻的防御体系，将捻军与民众隔离开来，使捻军处于被动挨打的境地。由于傅寿彤战略运用得当，各县相继收复。时僧格林沁督师河南，当途经南阳时，劳军之余，对傅寿彤赞誉道："汝文官能习武事，南阳民受汝福矣！"平心而论，傅寿彤平定义军有功，也是出于维护其自身阶级利益所致。

同治三年（1864），傅寿彤调守开封。不久其母病逝，因战事频繁，不能守孝，他便腰束丧带，仍留在河南办理军务。次年，清军与捻军在南阳马山口大战，捻军人多势众，攻势凶猛，傅寿彤率军前往支援，击败捻军。

同治六年（1867），傅寿彤升任南汝光兵备道，选敢死士多次突袭捻军，缉拿甚多。两年后，傅寿彤率军攻打固始捻军，擒斩其首领李六，迫使捻军撤出。

由于傅寿彤多年来在河南镇压太平军及捻军"战功卓著"，光绪元年（1875），清廷擢升其为河南按察使，旋即调署布政使。时河工需款甚巨，傅寿彤竭尽心力，四处筹措。由于河防准备及时，是年洪水并未造成灾祸。光绪二年至三年（1876—1877），河北、河南、山西、陕西连遭饥荒，赤地千里，出现了人相食的惨状。河南受灾地区达七十余州县，清廷不但不许截拨京饷漕粮赈济灾民，反而急如星火地催索西征协饷。

光绪三年（1877）冬，河南巡抚李庆翱及傅寿彤的继任者刘齐衡因为办赈失当而被撤职，清廷正式任命傅寿彤为河南布政使。为此，傅寿彤日夜操劳，苦心筹划，焦虑和辛劳使他须发骤然变白。为了更好地赈济灾民，他设立粥厂，在省城九门外安置和收养了十多万灾民，并申令各州县照此仿行。正当灾情缓解时，他竟被人参了一本，罪名是"任内办赈不善，纠参"。

尽管河南巡抚涂宗瀛为傅寿彤奏请而无事，然而此时他已心灰意冷、无心仕途，不久挂冠而去，旅居长沙，在所筑的"止园"住了十年。在此期间，他与湖南名士郭良焘、郭嵩焘（外交家）、王闿运（名学者）、李垣、朱守敬等人优游觞咏，谈文论艺，过着一种恬然自得的生活。

傅寿彤一生阅历丰富，足踪遍历川、滇、楚、桂、吴、越、燕、赵，又与当代第一流文人学者有过亲密的接触，兼之亲历战争的酷烈场面，其诗文充满山奇水秀、壮志豪情的情愫。人谓其"指掌山水，发为歌咏，有太史公周行天下之慨"。

傅寿彤博雅多能，是道光至光绪年间黔中的才人，其"自幼服膺许、郑，邃于经、小学，书法师事何绍基，于四体无不工。中年致力晋草，运腕之妙尤得何绍基真传。兵间旅次索书者麇至，寿彤援笔立应，挥洒如风。"

傅寿彤一生著述甚多，其作有《古易殊文集》一卷、《易源》两卷、《周官源流考》一卷、《十六国年表》一卷、《二十四节气证》两卷、《古音类表》两卷、《湘漓别志》两卷、《孔庭学裔》六卷、《澹勤室诗》六卷、《吴越游记》及《吴越归程记》各一卷、《孝经述》两卷、《汴城筹防备览》及《归德寨堡图表》各一卷、《古文辞》一卷、《真灵集》等，可谓是洋洋大观，令人叹服不已。时郑珍、莫友芝以汉学崛起于西南，时人认为，能与之相匹敌的贵州学人唯傅寿彤一人而已。

傅寿彤毕生崇拜洪北江先生，对其怀着深厚的感情。作为再传弟子，傅寿彤曾撰《十六国方域考》，用此订正洪氏《十六国疆域志》之误；又就沈约"四声"之义，去解释洪氏的汉魏音。壮岁时，傅寿彤北上拜访洪氏之子洪畸孙（史志学家），之后作《洪北江先生年谱》，以表对师祖的无限敬仰之情。

光绪十三年（1887），傅寿彤病故于长沙，享年七十。光绪二十六年（1900），其家遭大火，傅寿彤大多著述毁之一炬！

丁宝桢的官箴与清操

丁宝桢，字稚璜，号佩之，贵州平远（今织金县）籍。咸丰三年（1853）葵丑科进士，二甲二十二名。初授翰林院庶吉士，后丁忧期间逢贵州苗民起义，贵州巡抚蒋霨远奏请朝廷将丁宝桢留于军中效力，获得批准，并授予编修一职。丁宝桢历任岳州知府、长沙知府、山东巡抚、四川总督等职，谥文诚。著有《十五弗斋诗存》《丁文诚公奏稿》。

在中国近代史上，丁宝桢与曾国藩、李鸿章、左宗棠、张之洞、沈葆桢等人名列同治"中兴名臣"。在任山东巡抚及四川总督时，丁宝桢面对内忧外患、国势日蹙、政治黑暗、乱象迭起的社会现实，始终秉持着救弊起衰的理念，以救国救民为己任。在为政的四十三年间，以兴修水利、诛杀宦逆、整顿吏治、兴办洋务最为著名，对国家的贡献最大。时人对丁宝桢的清风亮节推崇备至，赞其操守"清绝一世"。在清人的大多著作中，丁宝桢被描绘为"严刚有威"、凛然可畏的人，以下史实可为佐证。

同治二年（1863），时任山东按察使的丁宝桢以气慑万夫之势力挫不可一世的科尔沁亲王僧格林沁，当众指责其征讨捻军时兵民不分、用兵缴洗、滥杀无辜的做法，这样无疑会"驱民做贼"。丁宝桢铁骨铮铮的威仪、义正词严的态度，不禁令倨傲凶横的僧格林沁瞠目结舌，怵然惊心，不得不有所收敛。

同治八年（1869），丁宝桢在山东巡抚任上诛杀慈禧太后宠幸的太监安德海，致使朝野震惊，天下称颂。李鸿章闻讯时，"矍然而起，传示幕客，字呼丁公曰：'稚璜（丁宝桢字）成名矣!'"曾国藩得知消息后，抑制不住内心的喜悦，对幕宾薛福成说道："吾目疾已数月，闻是事，积翳（白内障）为之一开。稚璜豪杰士也!"

光绪四年（1878），丁宝桢督川时不屑接见企图巴结他的员外郎刚毅，使其衔恨终生。

以上故事足可凸现丁宝桢清浊分明，正邪不两立的处世原则。然而，在清人的著述中很少涉及丁宝桢的为官之道和人生理念。这样一来，他成了一个清官廉吏型的概念化人物，使我们无法更深地了解他。笔者通过对丁宝桢的家书、与友人书及清人杂记的仔细研究，发现这位"中兴名臣"对时政有着极其清醒的认识，并对从政做官的目的、官员的素养等问题有着精辟的见解，充分表达其为官之道、清操人格和忧国恤民的高尚情怀。

光绪二年（1876），丁宝桢的幕僚兼好友薛福保（薛福成之弟）以同知衔被派往浙江任职。在与薛福保相交的十年中，丁宝桢十分赏识这位志行高洁、才识宏通、器局渊深、见识明快的朋友。认为其过去为曾任山东巡抚的阎敬铭及自己"规划戎机，算无遗策"。之后，薛福保在山东办理洋务，显现其不俗的管理才干。正因为如此，丁宝桢向朝廷举荐了这个"体用兼赅，伟略济时的人才"。

丁宝桢深知薛福保虽然学识渊博、雄才大略，然而生不逢时，默默无闻。他希望薛福保振作起来，倾其所学，造福黎民，救弊起衰。在《送薛子季怀之官于浙序》中，丁宝桢这么说道，"今吏治纷然糜杂，便捷者为才华，依阿者为练达，纵恣者为阔大，粉饰者为精明"，从而造成了"瓦釜雷鸣，黄钟毁弃"令人丧气的社会现实。虽然如此，丁宝桢还是告诫薛福保不要灰心丧气，要洁身自好，有所作为。他说："且丰草蔽谷，幽兰自芳；举世混沌，清士乃见。"希望薛福保"借此官势，作德于民"。谈到做官的目的时，丁宝桢引用了孔子的"学而优则仕"和孟子的"幼而学之，壮而欲行之"，希望薛福保"出其所学，以救弊而起衰"，因为"贤人进，则民生遂"，有了好官、清官，黎民百姓才能过上好日子。

丁宝桢在光绪九年（1883）的家书中对做官的目的表述得更加深刻。他对出任山西蒲州知府的长子丁体常语重心长地说道：

"做官只是以爱民养民为第一要事,即所谓报国者亦不外此。盖民为国本,培养民气就是培养国脉。得民心乐,民气和则不乱,而国家于以平康,此即报国也。尔以后务时时体察此言,立心照办,不使一事不可对民,一念不可对民。凡有害民者,必尽力除之;有利于民者,必实心谋之。我自尽其心,而百姓爱戴不忘,甚可感也!"他告诫丁体常要"刻苦做好官,行好事"。

儿子丁体常在蒲州做官,丁宝桢认为即令在穷乡苦地,仍大有可为。他在信中这么写道:"此缺(蒲州知府)山西均谓为苦缺,然自我视之仍为优。""盖人之所以称为苦,为其出息少(钱粮税收少)。试问做官系何事,而可以出息之有无多少为心乎?地方虽苦,苦于无钱耳,是苦在官,而百姓之性命身家则皆待尔以安。尔自为苦,则必剥民为自奉,是尔之苦,实不为苦,而百姓则苦中苦矣!"因此,丁宝桢期望儿子要吃苦耐劳,为民谋利。他接着说:"大凡官为民兴利,能得一分即是一分,不必事事做到十分也。"他又说:"年轻人做官,须求吃苦耐劳,时时以百姓为心。""只要有饭吃,便可做官"。希望丁体常"要认真实力办事。如现在之招垦发钱,须求滴滴到百姓身上,使民沾实惠,钱不虚糜,方为尽职"。

丁宝桢认为一个好官必须了解民情,走访基层。为此,他叮嘱丁体常要"常常下乡",不要招摇炫耀,要"以一车两马,周流于所属六县之间。遇绅耆则问以利弊,遇农夫则告以力作,遇匪棍则治以严刑,遇词讼则予以审理。随处随问,随问随结。如此行之半年,而民不怀德,官不上进者,未之有也。尔其勉之!"

在对家人和下属的问题上,丁宝桢有着深刻的认识。他告诫儿子对此要严加管束。他说道:"家人、书吏,皆民之蠹,当严加管束,毋使扰民,尤为重要……现在民间正当征收秋粮之际,尔可札行所属各州县,务须查照向来定章,征收不得浮收多取,亦不准任听书差需索……体恤商情,总以严察家人、关吏、书差为第一要义,要严管若辈。"

对于那些扰民坑民敲诈勒索之人,丁宝桢更是视之若仇。他训示丁体常:"逐一大张告示,实贴关税门前,俾众共知。并谕各商人,如有此弊,准其随时喊禀,立即严究……重则重办,轻则当堂笞责……"希望儿子"地方公事,务须力矢清勤,不可废弛"。

丁宝桢告诫丁体常:做官"尤重表率""持心须公正,操守须廉洁,做事要勤速,问案要细心""亟宜刻刻恤民,事事恤民,以种德行"。其认为"一惑于利,则日久浸淫,将有流于贪婪而不知者矣"。因此特别嘱咐:"尔欲做官,须先从此立脚,万不可效今时丧心昧良者流,只顾目前之热闹,不思子孙之败坏,是所至嘱!"

对于当时官场流行的不正之风,如过节祝寿送礼金及每季下级向上司孝敬钱财等陋规,丁宝桢均认为是腐败现象,必须予以抵制。他深刻地告诉丁体常:"凡一切节寿季规,万不可受。况山西迭遭大祲(指光绪二年至三年的大旱灾),人民流离,惨目伤心。尔应亟思,有以抚慰之。若收受陋规,则无以自问,又何以对人?且州县送礼陋规，无非取之于民。尔取州县之一，州县则取民之十。试思大灾之后，尚忍如此伤天害理虐民之事乎？午夜扪心，当必蹙然惧天。尔当于利之一字，斩断根株，立意做一清白官，而后人则受无穷之福。"接着他又反复地叮嘱儿子："因思尔所云节寿季规一层，可以去节寿而收季规，我已谕尔将季规一并除去，不可收受!切谕!须知季规之不义，亦与节寿同。去节寿而收季规，是犹不作劫盗而作穿窬（穿壁逾墙的小偷），其为盗一也。人须有耐苦之心，方能成一好人。况尔即穷于一时，而清名难求，所值不啻千百万，何惮而不为?尔其勉之!贫原非病，穷乃见君子，圣人尝言之，当以此为身体力行。"

谈到做官的修养，丁宝桢认为：一个称职的好官，必须"明习当时之务，又好读书，稽古以充之，见闻日益广，持守日益定，才识日益宏，其所谓明体达用者也"。他认为要防腐拒腐，首先得远离腐蚀，洁身自好，"须少交接少游宴。除上衙门外，仍以终日闭户读书写字作文赋诗为好"。他训诫体常，要"夙寤晨兴，忧劳百姓"；要"受辱不惊，受宠若惊"；要"居安思危"，勿"在乐忘忧"；要把宦海的浮沉和个人的得失看得淡漠，但对自己的人格和清操却要看重。他有如是说："我之做官，志在君民，他无所问。官可被参而罢黜，断不可依阿以从俗，而自坏身心，贻羞后世也!"

陈夔龙是丁宝桢的侄女婿，又当过他的幕僚，平时与他接触最多，对他的清风亮节了解最深。在其《梦蕉亭杂记》中，陈夔龙生动地给后人展现了丁宝桢对国家无私奉献、对属僚廉刚有威、对奸佞疾恶如仇、对人民体恤仁慈以及决不以权谋私而甘愿过着一清如水的生活的可贵精神。

丁宝桢每月的俸银不足一千两，既要养活一家老小，还得支付幕僚和府中仆役的薪金。丁宝桢轻金重义，珍视友情，不仅赞助过贵州上京赶考的举子，还对故乡公益事业出过财力。对于亲戚故旧"所识穷乏希冀恩泽者"，均能倾囊相助，因此常把自己陷入清贫困窘的境地。丁宝桢督川时，曾经推行过盐务改革，其"官运商销法"给国家增加了大量的收入，然而自己从不损公肥私，聚敛财物。正因为他有如此的"清操"，李鸿章称他"两袖清风，一无所有"，时人赞其"清风亮节，冠绝一时"。

在《梦蕉亭杂记》中，陈夔龙记述了最能体现丁宝桢"两袖清风，一无所有"的三件事。

第一件事。丁宝桢任四川总督时曾准备了一个衣箧，打上封条，每当窘迫时，就派人送去典当二百金救急，待养廉金发放后赎回。

第二件事。陈夔龙曾见厨役出言不逊地向丁宝桢索讨欠薪。对此，丁宝桢虽然十分气愤，但因一时无钱支付，只好任其无礼放肆。

第三件事。丁宝桢逝世时，"身后一棺萧然，几不能自给。"

正是由于丁宝桢爱憎分明的人格魅力和清风亮节的为官之道，才使他的身边聚集着一批精英分子，如外交家、散文家、改良主义思想家薛福成，外交家、散文家黎庶昌，善于处理周边事务的长庚，长于治黄的水利专家丁彦成，深通军械制造的曾昭吉，长于中外事务的外交家张荫桓，科学家徐建寅等。

在丁宝桢的谆谆教导下，丁体常一生清廉自守，忧国忧民，最终成为晚清政坛上颇有清名的大吏。丁体常曾言："吾父之高勋伟略，诚不敢望希万一，而其清风亮节，虽未之逮，窃有其志。"

丁宝桢身处江河日下、国势颓微的清朝末年，面对"天下贪官，甚于强盗；衙门污吏，无异虎狼"的黑暗现实，作为一个封疆大臣，能出淤泥而不染，"以天下为忧，而未以位为乐"；他一生清正廉洁，其为官之道凝聚着儒家"保民""养民""教民"的光辉思想。这不仅是其思想可贵之处，而且具有深刻的现实教育意义。

名扬京津的黄彭年

黄彭年，字子寿，号陶楼，晚号更生，祖籍湖南醴陵，贵筑人，黄辅辰次子。黄彭年天资聪颖，博学多才，道光二十三年（1843）参加顺天乡试中举，两年后成进士，入翰林院，选庶吉士，散馆后授编修。

咸丰二年（1852），黄彭年乞假侍奉母亲。归黔后，随父办理团练。时贵州各族人民掀起了反清大起义，黔中各地兵燹连天，"几无完土"。当得知长寨等处苗民、汉民长期不能相处，以及清水江下游苗、汉猜怨尤深的情况后，他赶赴苗寨劝解，极力消除双方的矛盾，增进相互的了解，并对那些侵扰、欺侮苗民的势力予以坚决打击，最终使苗、汉和睦相处。

在筑期间，黄彭年与诗人郑珍、莫友芝交游唱和，情谊深笃。郑珍诗有"黄九读中秘，归来日朝三。摊书忘轩冕，穿穴如蠹蟫"之句，对其苦学精神尤为赞许。

黄彭年深受儒家民本思想的熏染，对那些借着"剿贼"之名诛杀无辜以报功的督抚十分厌恶，嗤之以鼻。在《黔西道旁碑》一诗中，"罚援助饷金无数，吏又下乡讨逋赋……碑已树兮脂膏竭，君试鞭之应见血"之句，足显黄彭年对扰民坑民、敲骨吸髓的丑恶行径及恬不知耻树立"功德碑"的拙劣伎俩深恶痛绝，愤恨之至。

同治元年（1862），黄彭年受川督骆秉章延之幕府中。因参与赞划戎机、平定石达开部有功，骆秉章一力保荐。不久，应陕西巡抚刘蓉之聘，黄彭年主讲关中书院。

战乱之后，西安的士子大都学业荒废，教育状况堪忧。为了扭转这种废学、厌学的状况，黄彭年讲明实学，广置书籍，严定课程，致使关中书院勤学苦读之风悄然兴起。

不久，直隶总督李鸿章聘黄彭年纂修《畿辅通志》，成书三百卷，考证精确，足补旧志所未备。在兼主讲保定莲池书院时，黄彭年置书定课一如关中书院，起到非常好的效果。其后，官居京师大学堂副总监、学部代理大臣的劳乃宣在回忆昔日纂修《畿辅通志》时，对黄彭年有如下评价："李文忠（鸿章）为直隶总督，奏修《畿辅通志》，聘贵筑黄子寿彭年先生为总纂，开局于省城古莲池，网罗才俊，一时文士辐辏。是冬，承延聘为襄纂。予究心义理之学有年，见举世胥（相）尚通脱，以道学为诟病，意谓古道不能行于今世，内颇自馁。及见黄先生，言行一出于正，毅然无所挠，始知今年内之世，犹有不随流俗者，气为之壮，益用自励焉。后所成就，得力于此者为不少矣！"

由此可见，黄彭年的学识言行对劳乃宣一生产生了不小的影响。值得一提的是，《畿辅通志》被时人誉为"通志巨擘"。

光绪八年（1882），黄彭年曾任职于湖北安襄郧荆道、粮储道，后任湖北按察使。在湖北任上，他为民众做了以下实事。

一、襄郧界连陕西、河南，是会党、捻军残余势力活动的地区。鉴于百姓大多逃亡，黄彭年首以除暴安良为治政要务。他惩办"首恶"，宽大"胁从"，劝诱"自新"，社会遂日趋安定，流民纷纷返回家园。

二、黄彭年重视地方教化，购书数万卷，储之鹿门书院，公务之暇辄与学子谈文论艺，以此为乐。

三、在湖北按察使任上，拒绝属僚馈赠，屏除新关津贴，停止工程局摊捐，平反巨案数十起，惩罚贪官污吏，设立戒烟局……

光绪十一年（1885），黄彭年调陕西按察使，代理布政使。在任期间，创办博学斋，延聘博学鸿儒主持教席，购买补充关中书院书籍。治政方面，他怜惜民众不知法律，于是摘取民间容易触犯的律例各条以简单明了的告示公布，使其警惕恐惧；针对陕西战乱之后会党、土匪及散兵游勇仍在暗中活动的具体情况，他整顿保甲，明连坐之法，严窝户之禁，详定就地正法章程，并擒诛张铁梅等数十人。

光绪十三年（1887）秋，长安县西北马营寨等六十余个村寨，由于地滨漕水、渭水，水决堤堰，洪水淹没了四十余里，毁坏田地民宅，给民众带来了巨大损失。黄彭年得此消息后，捐廉集款，赈抚修复，民赖以安。

光绪十四年（1888）夏，黄彭年擢江苏布政使，恰逢大旱，朝廷减少了漕粮的购价。第二年江苏遭大水，州县长官以米值两千七百（文），而漕价两千二百，请求省府每石增二百。黄彭年深知其中的奥妙，他严正地表明："漕米一石，定例收水脚费一千，其实所费不过数百，独不可将有余补不足耶？今水旱连年，若增漕折，民必重困。且以江苏百万漕计之，则民间多出钱二十万缗（每缗一千文）。此钱上不在国，下不在民，独归州县中饱耳。困民以利官，不忍为也！"因而坚持原定政策。

之后，黄彭年在治地兴文教，创学古堂，集饱学之士研求经史实学，躬亲讲授，颇受士子爱戴。为防患未然，他将赈济水灾之后的三十万缗修整吴淞江白茆河、蕴藻浜等处，这项水利工程得到民众的好评。在其护理（即代理）巡抚期间，以惩贪墨（贪官污吏）、敦扑俭为先，风气为之一变，为整顿吏治做出了好的榜样。

光绪十六年（1890），黄彭年奉调湖北布政使，抵鄂不久病逝，时年六十七。

黄彭年生平博学多才，工于诗文，长于史志，公务之暇，潜心著述。其遗著有《陶楼诗文集》《东三省边防考略》《历代关隘津梁考存》《铜运考略》等。曾国藩对黄彭年的才华识见大加称颂，誉其为"湘中后来之秀"。

民主先驱李端棻

第一次鸦片战争爆发后,外侮日深,内乱频仍,清王朝遭遇前所未有的执政危机。为救弊起衰,重振国势,"天下爱国之士,莫不焦心竭虑,忧国之将亡,思有以挽回之策"。他们"师夷长技以制夷",学习西方列强的工商之道、教育之术、改良政治之策,期以富国强兵。

清末贵州士人李端棻,身处"大变局"的时代,继承先贤"救亡图存"的大志,毕生致力教育救国、政治变革、实业振兴和民主启蒙,在时代潮流中充当了"国运舵手"的要角,殒身不恤,为黔人做出了光辉的榜样。

李端棻(1833—1907),字苾园,贵阳人,祖籍湖南衡州府清泉县。据《李氏家谱》所载：李端棻幼年丧父，依母而育。母亲何氏出身贵阳书香仕宦人家。舅父何亮清，咸丰十年（1860）进士，是李端棻幼年时代的启蒙老师。其四叔李朝仪，系道光二十五年（1845）进士，"以学问吏治闻于时，以圣贤之教率其家"，对李端棻早年的"立身行事，大节凛然不可犯"的操守人格有着重要的影响。李端棻晚年曾感慨地谈及四叔和舅父，有"吾一生，为人之道得之吾叔，为学之道得之吾舅"之语。

同治二年（1863），李端棻中进士，选翰林院庶吉士，散馆授编修。在此期间，受大学士倭仁、罗文恪程朱理学之熏陶，李端棻学德大进。之后，历任山西、顺天、广东、四川、山东等地乡试主考官及全国会试副总裁，仕途一帆风顺；后又相继出任云南学政、监察御史、内阁学士、刑部侍郎、仓场总督，官至礼部尚书。

李端棻为官清正，直言敢谏，兼之善于识拔人才，得到朝野一致好评。时人认为李端棻直言敢谏超过了北宋名臣司马光和欧阳修；又因其"所拔擢皆一时之名士"，人们把他视为当代的欧阳修。

李端棻是一个虚怀若谷、爱惜贤才的人，时人称他有"知人鉴"。光绪十五年（1889），广东乡试在广州举行，来自新会县的士人梁启超一举中第，榜列第八名举人。发榜之后，时任乡试主考官的李端棻和副主考王仁堪（福建人）在议评试卷时，对梁启超渊博的知识、透辟的理论及汪洋恣肆的文风气势大加赞赏，认为梁是个旷世奇才，前途未可限量。李端棻示意王仁堪，准备为堂妹李蕙仙物色一位称心的夫婿,而梁启超是最好的人选。无独有偶,此时王仁堪亦十分中意梁启超,正在考虑招其为女婿。见主考官话已说出,王仁堪只好隐忍心事,连声称好。

通过调查,李端棻了解到梁启超的家世及简历,得知其十一岁中秀才,被广东学政叶大焯誉为"神童",之后入"学海堂"深造,熟读经史子集,兼具训诂词章,是一位学养具优、出类拔萃的人才。为了试探梁启超对婚姻的态度,李端棻私下与他见过一面。

初次见面,梁启超就给李端棻留下了深刻的印象:青涩的面孔充满自信,炯炯的目光英气逼人,得体的举止温文尔雅,对答之间从容睿智。在梁启超眼中,李端棻儒雅谦和,学养淳厚,言谈举止之间充满亲切平和的长者之风,与那些权势熏人、满脸戾气的达官显宦判若云泥。由于推诚相见,交谈的气氛愈加和谐,内容愈加广泛。当李端棻向梁启超表白"以妹妻之"的心愿时,梁启超毫不扭捏,欣然应诺。就这样,梁启超这位中国近代史上的思想家、宣传家、政治活动家、大学者,与贵阳簪缨诗礼之族的李氏结为秦晋之好。

婚后梁启超与妻子一直寄居在李端棻家中,于是后来梁启超有"伙食教诲于公者且十年"之说。在这十年中,李、梁朝夕相处,相互砥砺,议西学、论维新,彼此都从对方身上得到不少教益。李端棻的学识人格、为政清廉的作风及开明的思想,令梁启超十分钦服;而梁启超出众的才华、敢为天下先的人格魅力及对国家前途命运的深切关注,给李端棻留下了深刻的印象,为其自觉去了解西学、投身维新变法提供巨大的动力。值得一提的是，李端棻所呈光绪帝的《请推广学校折》就是这时期的产物。而梁启超正是在李端棻的支持下，参加了"公车上书"，筹办了《时务报》，大力宣传维新思想，将自己的人生理想推向顶峰。

李端棻一生拔擢了不少人才，他们大多"明习当时之务，通晓中西文化"，且心系天下，有所担当，为国家的精英、民族的脊梁。据史册所载，甲午战后李端棻曾保举严修、唐才常、熊希龄等十六人。戊戌变法时，李端棻又密荐康有为、谭嗣同"才堪大用"。

光绪二十年（1894），甲午中日战争爆发，中国陆海军双双败北。次年，清政府与日本签订了丧权辱国的《马关条约》。面对西方列强的虎视鹰瞵，瓜分豆剖，无数志士仁人莫不痛感"不变法无以挽救危亡"。面对帝国主义的鲸吞蚕食，目睹清政府的腐败无能，康有为、梁启超趁着入京应试之机，联合十八省的一千三百余名举人在松筠堂集会，向清廷上书，提出了"拒和、迁都、练兵、变法"等要求。

面对清王朝江河日下难以为继的严峻现实，李端棻痛切地认识到中国之所以受人欺凌，任人宰割，关键在于教育制度落后，国民素质低下，若要使国家富强，民族振兴，首先得改革教育制度，培养符合时代要求的新型人才。他于光绪二十二年（1896）向清廷上《请推广学校折》，全面系统地阐释、规划了未来中国教育的全景。其"一经五纬"的主张，是以设立京师大学堂（北京大学前身）及各省中小学为主干；重要措施有：设藏书楼（图书馆），创仪器馆，开译书局，广立报纸，派遣游历西洋者。以此扩大"西学"的传播。

《请推广学校折》得到光绪帝的首肯，并由政府采纳而付诸实施。其意义在于：它是中国教育史上一座新的里程碑，宣告了新式教育的开始，敲响了封建教育的丧钟。几年后，中国终于"废科举，兴学堂"，结束了自隋唐以来经历了一千多年的科举制度，为"少年中国"新知识、新文化、新思想、新科技的传播起到"清道夫"的重要作用。

1898年的戊戌变法，李端棻是积极的参与者、推动者和策划者。虽然这场变法最终失败，但李端棻在变法中的作用是巨大的。如果说康有为和梁启超是广大士人要求维新变法、挽救危亡的代表，那么李端棻代表的就是统治阶级上层中的改革派。历史证明，任何自下而上的政治改革，若没有上层改革派的大力推动和支持，亦将无所建树。

戊戌变法后，李端棻的命运发生了急剧的变化，昔日的朝廷重臣一下子成了阶下囚。人生的转折，致使其观念发生变化，致使他由一个开明的封建士大夫升华为一个民主先驱，一个青史留名的人。

戊戌变法失败后，光绪帝被软禁，梁启超流亡日本，康有为逃往香港，杨深秀、康有溥及谭嗣同等被捕惨死，李端棻因"滥保匪人"而革职查办，流放新疆。由于途中患重病，滞留甘州。在甘州的三年中，李端棻对政治黑暗、国是日非十分忧虑，于是诉诸笔端，作诗抒发情怀，摘录一首如下。

几见清流误国家，权奸颠倒是非差。
狭心但解酬恩怨，盲眼何曾识正邪。
戮辱逋囚无漏网，晋唐明宋有前车。
汉阳渡口京都市，云散风凄日又斜。

光绪二十六年（1900），八国联军攻占北京，迫使清政府于次年签订了丧权辱国的《辛丑条约》，李端棻痛心疾首，更加痛感"国威之坠落、国权之凌夷"！

光绪二十七年（1901），李端棻遇赦返里，无意中读到梁启超的《少年中国说》，其中的"故今日之责任，不在他人，而全在我少年。少年智则国智，少年富则国富；少年强则国强，少年独立则国独立；少年自由则国自由；少年进步则国进步……"令他深为感动。

光绪二十八年（1902），李端棻受聘主讲于省城学古书院（经世学堂）。同年，慈禧太后表达朝廷推行新政的坚定决心时说："变法一事，关系甚重……朝廷立意坚定，志在必行。"并申言："中外臣工，须知国势至此，断非苟且补苴所能挽回厄运，惟有变法自强，为国家安危之命脉，亦即中国民生之转机……"在推行新政期间，清王朝以日本的"明治维新"作为榜样，将兴办实业、创办新学堂、改革军制等作为要务，力图奋起直追，重振皇朝雄风。

看到自己早年的《请推广学校折》得到落实，李端棻备感欣慰，仿佛看到国家有了希望。对其而言，"老佛爷"能改弦更张，亦是国家幸事。然而遗憾的是，自己年事已高，报效国家的日子不多。好在目前头脑清晰、精力尚济，趁着夕阳余晖，仍可以为桑梓培养具有新知识、新思想和民主理念的一代新人，为"少年中国"输送人才。

针对贵州地处边远、风气闭塞保守的状况，李端棻认为现时最紧迫的任务是启迪民智，使之跟上时代步伐。可以说，年逾七十的李端棻，他的言论、思想，犹如一股股春风，给沉闷闭塞的贵阳城带来了生机和活力，因此遭到封建顽固派的极端仇视。有一次，一位学生把卢梭比作孔孟，得到李端棻的赞赏，并被列为第一位。这下可闹出了乱子，顿时贵阳城中舆论大哗，守旧派伺机而起，大肆攻击李端棻，其中有一首诽谤诗摘录如下。

康梁遗党至今多，请尔常将颈子摩。
死到临头终不悔，敢将孔孟比卢梭？

恐吓威胁始终吓不倒李端棻，他仍继续为启迪民智、培养贵州新青年而昂首前进。

此期间李端棻写了不少诗，其中三首最有代表性，最能彰显其民主自由理念，摘录如下。

君不堪尊民不卑，千年压制少人知。
奴隶心肠成习惯，国家责任互相推。

峡经力士终能剖，山有愚公定可移。
缅昔宣尼垂至教，当仁原不让于师。

天地区分五大洲，一人岂能制全球。
国家公产非私产，政策群谋胜独谋。
君为安民方有事，臣因佐治始宣流。
同胞若识平权义，高枕无忧乐自由。

早知素习皆虚空，志积维新日有功。
目的胡为犹惝恍，心思毋乃欠昭融。
素王学术无今古，黄种灵明胜白棕。
宗旨看真须取法，何妨时势造英雄。

光绪三十一年（1905），李端棻针对帝国主义列强垂涎贵州铁路矿产之事，认为国家"利益不可假人，民膏不可外溢"，便发起组织"贵州全省铁路矿务总公司"，之后又联合于德楷、唐尔镛等人将贵阳府中学堂迁往雪涯路，更名贵阳中学堂。

光绪三十三年（1907），李端棻寄信给远在日本的梁启超，信中有"昔人称有三岁而翁，百岁而童。吾年虽逾七十，志气尚如少年，天未死我者，犹将从君子后，有所尽于国家矣"之句，表达了自己老当益壮，志在报国的年轻心态。梁启超读到这里，感慨地将其比作"廉将军之善饭，马伏波之据鞍"。

数十年后，文史学者凌惕安在《黔故拾掇》一书中对早年邂逅李端棻有如是描述:"乡先辈有名德者,余犹及见李苾园(端棻字)先生。光绪丁未岁(1907),先生方主讲在籍,常以其暇日视察学校。时余年十六,适在庠,遥见先生来,蹑朱履,袍色蔚蓝,修髯若雪,侍者二人扶掖登阶,巡行久之始去。及今思之,老辈风徽,至深引慕。"

两个月后,这位戊戌变法的朝廷重臣、中国新式教育的倡导者突然与世长辞,为自己不凡的一生画上了句号。

治世能臣谭钧培

清代同(治)光(绪)年间，外患频仍，内乱不止。面对帝国主义对我国的鲸吞蚕食、瓜分豆剖，贵州镇远人谭钧培担负起救弊起衰的重任。为维护民族尊严，安定社会秩序，他殚精竭虑，勤于政事，以自己的治世干才、恤民保民的理念以及抗御外侮的民族节操，不仅赢得了朝野人士的普遍赞誉，而且凸现出贵州士人嵚崎磊落、刚直耿介的人格特质。

谭钧培，字宾寅，别字序初，道光八年（1828）诞生于黔东重镇镇远府城平昌园（今大菜园）一举人家庭。清初，其先自广东茂名迁入贵州黎平，后又移居镇远，世代以耕读为业。

咸丰九年（1859），谭钧培参加顺天（今北京）乡试，中举人。同治二年（1863），他再试文场，成进士，选翰林院庶吉士，散馆授编修。调离翰林院后，其两任顺天乡试同考官。

同年，谭钧无意中读到贵州最近政局混乱的内部简报，他不禁忧心忡忡，难以平静。为维护贵州社会的长治久安，他上疏云："臣前读邸钞（官方内部简报）见曾璧光（贵州巡抚）、周达武（提督）防勇索饷滋事。兹闻贵州一带，苗民乘隙蠢动，就臣管见，谨拟六事呈进。"

谭钧培所谓的六事，即"筹饷需以固军心；建碉堡以备战守；设屯田以赡勇丁；宽赋税以广招徕；增州县以资控驭；肃官方以治本"。从所呈六事及建议可看出，谭钧培出于封建意识的考虑，针对贵州咸同大起义后出现的乱象，向封建统治集团决策层建言献策，试图瓦解人民的反抗和维护封建统治。由于谭钧培对清廷的忠心耿耿，以及在任上多有建树，是年冬被选任常州知府。

同治三年（1874）初，谭钧培赴常州莅任，恰逢宜兴发生焚毁教堂之事。当时，省城官员惊慌失措，无以应对。谁都清楚，这场涉外事件若处理不当，势必酿成外敌入侵的恶果。为此，他派人四处打听，查清事情原委。面对洋教士的恐吓和敲诈，谭钧培不亢不卑地去剖明曲直，用铁的事实说明事端是由对方所起。这种以理服人的办案作风让对方口服心服，俯首无辞，最终息事宁人。一场来势汹汹的恶风巨浪就在谭钧培出色的交涉中蓦地消失。有感于斯，常州民众无不对这位新任的"父母官"产生敬意。

在封建社会中，文庙是地方文教的标志。常州文庙毁于兵燹十年，仍未重建。谭钧培认为，当时社会秩序已经恢复正常，百废待举，岂能置文庙于不顾呢？于是他四处募款，亲择地基。在他的努力下，最终使文庙重新矗立在常州城中。

同治八年（1869），谭钧培出任江西道监察御史，旋即任光禄寺事务，两年后督理京师五城街道。时值外国传教士大举登陆中国，在中国广建教堂，传播教义。不少传教士看好北京琉璃厂所处的位置，很想在那里创立教堂。面对外人的无理要求，出于民族的尊严，谭钧培予以拒绝。

谭钧培有感于京师铸造的银两成色低劣，便严禁流于市面。这样一来，无形中得罪了那些铸银的不法商人。他们以为：谭钧培与其他官员一样，故作姿态不过是要钱，于是贿以重金，企图收买。谭钧培正言厉色，予以拒绝。为了震慑支持不法商人的利益集团、维护首都的金融秩序，谭钧培严加禁令，坚决打击敢于试法者，致使那些在银色上动脑筋打歪主意的不法商人及利益集团望而却步，不敢碰硬。

光绪三年（1877），谭钧培调任苏州知府。鉴于当地私铸钱币充斥市场，他特地在公堂上设置一座熔炉，将那些没收的私钱熔化后，再以相应的价值赏还钱主；对那些拥有私钱而自愿焚毁者，赏还其铜；对那些死不改悔、执意私铸的不法分子，则毫不留情，坚决打击。正是这种公私兼顾、合情合理的举措，使民众心悦诚服，不数月，苏州私铸钱币之风悄然而止，从而维护了国家币制的尊严。

光绪四年（1878），徐州道缺员，朝廷特任命谭钧培赴徐州视事。其到任不久，恰逢河南大荒，饥民纷纷南逃，大批涌入徐州境内，一时间徐州"四野骚然"。谭钧培目睹此状，一面迅速派人修葺废弃营垒安置灾民，一面筹措钱粮解决灾民的衣食住行。

徐州素来盗贼猖獗，危害治安，有鉴于此，谭钧培训练强吏精卒，歼除其首领，解散其党羽，再派轻骑巡行四乡。在这种打防结合的政策之下，徐州的社会治安日趋好转，百业也日趋繁荣起来。

谭钧培关心民生大事，常到民间访贫问苦，"劝课农桑"。对于当地民众偷种罂粟的不法行为，他毫不留情，予以铲除。

光绪五年（1879）正月，谭钧培升任山东按察使，旋即调任湖南按察使，五月又授江苏布政使。在上官的挽留和奏请下，谭钧培始终被留在徐州任上。

是年秋，奉朝廷之命，谭钧培赴京觐见。光绪帝对其十分赞赏，夸奖他"办事认真"。九月，谭钧培奉命护理江苏布政使。到任后，他首陈《端风俗正人心》一疏，又奏定《海运章程十二条》，随后又"裁汰员董，革除规费"，进行行政改革。

次年六月，谭钧培署理漕运总督，上任之时正值山洪暴发，洪泽湖水泛滥，江北运河七百里沿岸数十处堤坝溃塌。面对险象环生的情景，谭钧培迅速采取措施，动员民众加紧填筑加固堤防、疏浚淮河水道，同时调令各营裁员整编，马、步各为四营，以步队之余，补马队之不足。时水师有内河与淮海之分，淮海船少不够分布，内河船多而朽坏。谭钧培对此加以调整：以内河之余，补淮海之缺。此举得到兵部尚书彭玉麟的赞许，认为谭钧培"莅事未及三月，壁垒一新，刚毅严明，可重用"。

光绪七年至十一年（1881—1885），谭钧培历任护理江苏巡抚及兼营苏州织造、清廷与巴西国换约大臣、江苏布政使、江南乡试监临官。在此期间，他严禁浮夸冒领，为国家节省了大量资金；改革科场弊端，惩处贪官污吏，选拔奖励有功人员；严禁歌船酒舫、妓寮博局，端正社会风气；躬行节俭，以身先之。其政绩卓著，官风正派，赢得了广大民众的赞誉。

光绪十二年（1886）正月，谭钧培因筹饷有功，受赐"一品冠服"，四月下旬抵湖北，管理鄂省漕粮。湖北乃九省通衢、南北交通之枢纽。按旧例，漕粮分大小户，大户粮多而纳少，小户粮少而输多。谭钧培认为这极不合理，于是立石示禁，一例按粮食的多寡输纳。这项政令公平合理，使大小户心悦诚服，从而根除了积弊。五月，谭钧培调任广东巡抚，十一月在赴任途中改任云南巡抚，进入了自己人生最闪光的时期。

云南地处西南边疆，土地贫瘠，民众疾苦，财富不足，战乱频仍，然而这里军事战略地位十分重要，历来是中央政权"控御戎蛮，保障全蜀"的要地。自光绪九年（1883）中法战争以来，法军攻占越南，觊觎我国广西、云南，进而占领我国东南沿海地区。法军通过陆路和海上的战争，最终迫使清廷签订了丧权辱国的《中法会订越南条约》，正式承认法国在越南的宗主国地位。谭钧培这次赴云南，是去接任因越南北宁、太原失守而被株连的云南巡抚唐炯。

到云南后，谭钧培针对云南财赋不足的问题，首先把财赋盐课作为治政之要务。对早已解体的盐课，立即制定章程，清理盐池，固定井员，严明纪律，奖勤罚惰，很快就使云南盐业恢复生产，走向正轨，使盐税有了出处。昔日，朝廷一直没有将云南田亩列入备荒之列，谭钧培奏请暂缓增加因水灾、旱灾、地震、兵祸等所摊派之钱粮，并据实向朝廷请免。

在治政的其他方面，谭钧培亦有建树：他严禁官吏侵民、扰民，打击社会丑恶现象，对侵吞盐税的土官亦不手软。如土官黑井提举，在任八年中竟侵吞税银十余万两。其劣迹暴露后，被谭钧培奏准革职并索回赃款；对那些活跃于缅甸、云南和广西的走私犯，谭钧培则申明通商条约，严厉打击。

谭钧培在滇任职期间，重视地方文教建设。他设经正书院，以经史古学教授云南学子。在其兼任乡试监临官时，关心考生生活，资助其膳食。

光绪十五年（1889），越南数千难民拥入云南边境地区就食，而土匪趁机混杂其中，当地民众不胜其扰，办无可奈何。谭钧培得知情况后，一面派兵剿灭土匪，一面择旷地妥善安置难民，供其耕牛、种子，使其自给自足，安居乐业。由于政策得当，这场边境危机自然消弭。光绪十八年至十九年（1892—1893），云南大水为患，民众处于水深火热，面对省内三十余县的灾情，谭钧培四处筹赈，设法救济，从而减轻了百姓的苦难。

光绪二十年（1894），法军再次挑起边衅，危及边民的生命财产。谭钧培立即下令加强战备，筑碉堡，修工事，并撤边防各营到中法划定的"红线界"严阵以待。法军见我军早有准备，便不敢轻举妄动。

是年四月，朝鲜全罗、忠清两道民众响应东学党起兵，日本政府于是阴谋派遣浪人、军人组织"天佑使团"，帮助东学党作战，诱使清廷出兵干涉朝鲜。朝鲜政府看到在朝清军势弱，转而亲日疏华。甲午战争爆发后，清军败于牙山、平壤、九连。与此同时，海战方面又传噩耗，清北洋水师于黄海海战中惨败，撤回旅顺，自此丧失了制海权。

这一连串的坏消息让谭钧培忧心如焚。之后，云贵总督王文韶奉命回京，谭钧培兼理总督事务。重担在身，劳瘁过度，加上忧愤郁结，这位忧国忧民、恪尽职守的封疆大吏终于病逝，享年六十六。其遗体归葬故乡城东蟠龙岩。

俞樾在《云南巡抚谭公神道碑铭》中有如是评述："惟公治滇，智勇俱全。廪有余粟，库有余钱，野无壁垒，境无烽烟。方今之世，群议喧阗；议强议富，厥效茫然。安得公等，复起九泉……"这无疑是对谭钧培最中肯、最贴切的评价。

风骨棱棱之刘春霖

经历了中法战争和中日甲午战争之后,清王朝面临前所未有的执政危机。在西方列强掀起瓜分狂潮之际,两位宦迹云南的黔人应运而生,以清刚雄直之气、风骨棱棱的英姿,安边攘外,弭患未形,以凛然不可犯的民族气节,维护了国家的主权及民族的利益,使外人不能为所欲为、蚕食我国的领土。这两位有功于国的先贤就是安顺的刘春霖和贵阳的陈灿。

刘春霖,字安民,号雨山、万唐、蒙谷老人,道光二十年(1840)诞生于贵州安顺一江西移民家庭。据史册记载,刘春霖生而孝友,秉性刚方,从小酷爱读书,即令是严寒酷暑亦吟诵不辍。父亲看到儿子如此用心,欣慰地说道:"此子不凡,必光大门间也。"

父亲病逝后,为了改变家中的窘境,使母亲安度晚年,刘春霖设馆授徒,以此谋生。教学之余,他以品行端方、学识精粹的长兄刘沛霖为师,熟读经史,奋发图强。陈灿在《江西布政使刘公家传》中曾如是说:刘春霖"平生学业,得力于兄教者为多",其"潜心经(国)济(世)学,见世乱方亟,慨然有澄清天下之志。凡经、史、子、集及中外诸书,有关将略兵机者,恒博览精研,务得其会通"。

同治六年(1867),刘春霖初试文场,中举人,次年赴京会试,再奏捷音,成进士,入选翰林院庶吉士,散馆任编修。光绪四年(1878),刘春霖出任云南知府,历署广南、昭通、东川等府,补开化知府。

刘春霖为官清正,所任之地,"诛剧盗,除蠹役,惩土豪恶棍,以戢暴安良为亟务,政令严峻,阖郡肃然"。与此同时,他关心民间疾苦,惠泽士人学子。人谓其亲民的作风,"如春风夏雨之扇和溥润,民皆敬爱之"。

时任云南巡抚的贵州镇远人谭钧培慧眼识人,知道刘春霖是个文武全才,便委之重任,派他护理迤南道事。迤南道驻普洱府城,辖普洱、元江、镇沅、镇边四府,是通往缅甸、老挝的边疆地区,战略地位十分重要。恰逢这时发生边民起义,带头者叫张登发,他联合当地的少数民族进行反清斗争,得到广大民众的支持。张登发势力不断壮大,这对刚刚镇压了太平天国及各地反清运动尚惊魂未定的清统治者来说是又一心腹大患。客观地说,从国家的利益来看，滇南地区的任何动乱，势必危及边疆的安定，从而招致统治缅甸的英帝国主义的干涉和入侵。云贵总督认为刘春霖是平乱的最佳人选，便委任他督办倮黑军务。

刘春霖接令之后，立即出师"进剿"。由于他早年熟读兵书，深谙战守之策，较之有勇无谋的张登发自然是更胜一筹。刘春霖屡战屡捷，所向披靡，进而攻破义军扼守黑河的防线，迫使张登发率领精锐部队退守五佛房。

五佛房位于巉岩峭壁之上，林菁蓊翳，鸟道萦纡，唯有一条小道通往上边。张登发据险死守，清军一时难以攻克。这时省府中有人嫉恨刘春霖，便暗地议论他"顿兵坚壁下，终不能成大功"，刘春霖用事实粉碎了此公的谰言。张登发自以为五佛房天险无人能破，刘春霖正是利用了他的这种心理，在其放松警惕之时，挑选精良士卒，抄间道，出奇兵，摧坚捣险，扫穴擒渠（大头目）。攻克五佛房后，刘春霖将张登发及其他为首者斩首示众，继续乘胜前进，收复了残余义军的最后一个堡垒——孟连旧地，从而使边疆地区恢复安宁。

由于刘春霖镇压义军有功，清廷赏其花翎，并赐以"达春巴图鲁"名号。自此云南上下无人不知刘春霖之名，其知兵之名更是闻名遐迩。

其后，清廷任命刘春霖为南防统领兼督办滇越界务的要职。自从法帝国主义侵占越南以来，滇越边境一直不安宁。法人虎视眈眈，妄图蚕食我边境地区，兼之边界一带土匪甚多，这不仅给当地的治安带来极大的问题，而且民众对此也苦不堪言。

刘春霖上任之后，对边界两方面的情况进行通盘考量，并针对法人不守承诺和匪首阮朝宗一伙出没无常的状况以及边境一日数警的严峻现实做了仔细的分析。一切考虑周详后，他不动声色，亲自率领数十名亲兵扼守黄树皮，在深山密林之中虚张旗帜，以做疑兵。阮朝宗慑于刘春霖的威名，不敢贸然进犯。之后，刘春霖对阮朝宗等晓以大义，谕以利害，最终使其心悦诚服，接受招抚。

边境地区平静之后，接着就是与法国会勘滇越界务的问题。在此期间，为了维护国家主权，刘春霖在与法员勘定边界时，亲临实地勘测，以历史边界为依据。对法员的狡猾、骄横、要挟、恐吓，刘春霖针锋相对，寸土不让，表现出民族的凛然正气。

在勘界的事务中，刘春霖每日途经瘴毒肆虐的边地，随行员役一个个被病魔夺去了生命，他仍坚持，不避死亡，不畏艰险，足迹遍及瘴区；在外交谈判中，他随时保持着清醒的头脑，避免被法人蒙蔽、欺骗，常常为边界的划分与对方据理力争，毫不退让。正如史料记载，法领事"素仰公（指刘春霖）威信，知非虚声所能恫吓者，虽屡有争执，卒能就我范围"。

由于刘春霖在勘界事务上的出色表现，从而使我方滇越边境地区的领土无一损失。边界的勘定，得到当地土司及边民的赞颂。清廷对刘春霖的功绩予以肯定，赏加二品衔，旋补授临安开广道道员。

光绪二十六年（1900），土匪杨自元等预谋袭击蒙自城，焚劫税关。刘春霖得到消息时已是夜晚，他立即下令严密戒备，自己率领数十名亲兵徒步前去抵御。到达东城，恰好碰到土匪正在攀城墙而上。刘春霖见事态紧急，立即鸣枪示警。土匪闻枪声，大惊退走。当天夜晚，枪声隆隆，刘春霖危坐城垣不稍却。杨自元等见城中有备，便仓皇逃走。过了一日，刘春霖派兵四处搜捕，擒获杨自元等，斩首示众，使地方恢复了平静。嗣后刘春霖调署云南布政使，不久又补授按察使。

光绪二十九年（1903），滇南地区又发生动乱，蒙自当局预谋逮捕个旧会党首领周云祥时，由于机密泄露，反而被其所败。周云祥趁势举事，率众连陷个旧厅、临安府及石屏州，所到之处，所属会党蜂起响应，使其势力更加强大，附近州县岌岌可危，警报络绎不绝，省城震惊。当政者一看不妙，慌忙派对边疆事务极有经验的刘春霖总督临安军务。

临安是滇南的富庶地区，靠近蒙自税司和外国领事署，战略地位十分重要，如果兵祸蔓延，旷日持久，外人会借口保护其领事署而调兵入内，后果不堪设想。俗话说"弱国无外交"，而当时的中国，在西方列强的眼中被视为任人宰割的猎物，岂有能力分庭抗礼？刘春霖深思熟虑，成竹在胸，侍部署已定，立即快马赶到通海会集调募各军，分路进攻。周云祥亦率领强悍的部属沿途抵抗，结果都被清军击溃。刘春霖趁军威大振，一路追击到临安城下，驻下大营，围而攻之。周云祥见大势已去，走投无路，出城投降。刘春霖率军入城，民众遮道欢迎，焚香罗拜，称刘春霖是救命恩人。

刘春霖严格遵守"首恶必办、胁从不问"的原则，由于政策得当，个旧、石屏相继收复，地方安定如故。从出师到凯旋，仅四十多天百姓感刘春霖的恩德，建生祠祭祀他。

"平叛"之际，刘春霖维护国家的尊严，对一些外国官员的无理要求置之不理，对那些动辄以向朝廷控告罢免他的官职为要挟的上官同僚的恐吓之词嗤之以鼻。有时他忍无可忍，拍案而起，厉声喝道："刘某拼一官不为，止矣！"其风骨棱棱，刚直不阿，浩然正气，不得不令对手钦佩。外人称其为："云南好官，无逾刘某者！"

鉴于刘春霖的功劳，清廷特赏其头品顶戴，不久补授云南布政使。之后，刘春霖一度调补广西、湖南两省布政使。云南乃边疆地区，战略地位十分重要，加之边患频繁，外人虎视眈眈，清廷需要像他这样有丰富安边攘外经验的官员去独当一面，于是下旨调他回到原任。

刘春霖回到云南时又碰上了这样一件事。迤西道官员某公，在与英人会勘中缅界务时，由于不了解边境情况而被对手蒙混，其禀报的情况及划界清单呈到洋务局时，洋务局为慎重起见，责成云贵总督召集按察使陈灿和布政使刘春霖会办。两人仔细查阅禀单，发现错谬甚多，坚执不允盖章。他俩另写了一份报告，指出该禀单的错谬之处，随即呈报总督，并得到其嘉许和采纳。不久总督卸任，新任总督与自己意见不合，刘春霖有了辞职去京城候用的想法。尚未成行，突然接到朝廷催他火速来京的命令。刘春霖行至彰德时，又接到朝廷委任他以京堂候补帮办边防事务一职，遂迅速入京谢恩。

在京城，刘春霖受到光绪帝的两次亲切召见，并赐以"福"字文绮。光绪三十四年（1908），刘春霖巡视边境到了开化，又奉电令补授江西布政使。宣统三年（1911），他见革命运动风起云涌，清廷气数已尽，遂由江西辞职，返回故里。

民国二年（1913）正月初六，这位安边攘外有功于国的黔中英豪病故于家中，葬于贵阳南城外猴场坝，享年七十有四。

陈灿是刘春霖的好友，两人感情深笃，过从甚密。陈灿在《江西布政使刘公家传》中谈到刘春霖的操守人格及学识才华时曾这么写道："其事上官，风骨棱棱，遇事持正，无迎合诡随之习。而所遭不同，或鉴其真诚，转相拔擢；或憎其戆直，遽于罢黜。虽亦时命使然，而公始终不渝，固未尝稍贬丰裁也。"

刘春霖在对待属僚方面，陈灿有如是说："其驭吏也，方整严肃，明公有威，属僚每有失误，恒正色严词训斥之，属僚亦由此震动，恪恭濯磨自新。"最终受斥的属僚大多转而感激他的恩德，并不记恨昔日对他们的苛刻，争相以廉洁奉公为职志。刘春霖曾言："吾不以不义自处，亦不以不义处人也。"

刘春霖平日无他嗜好，常以文史自娱，善书法，隶书方重，行书浑逸，远宗汉晋钟繇、王羲之，近法清代刘墉。光绪三十三年（1907），刘春霖曾在昆明圆通寺石壁题"秀拥玉华"四个大字，如今刻痕犹在，遗韵尚存。

宏通淹博的罗文彬

咸（丰）同（治）年间，贵州人才辈出，黔北遵义涌现出"西南巨儒"郑珍、莫友芝，郑、莫之后，黔中文坛后继有人，贵阳进士罗文彬以博学多能、才识宏通享誉贵州，时人称其为"自郑（珍）、莫（友芝）而后，博雅多能"的才人。

道光二十五年（1845），罗文彬诞生于贵阳一江西移民家庭。其父罗廷荣系廪生，后选贵州桐梓教谕，继而升授遵义府教授。罗文彬自幼颖悟，喜爱读书，目十行下，过辄不忘，十一岁时便有"神童"之称，十四岁冠童子军，得补弟子员。学官黎某对这位每次考试均列第一的生徒十分赞赏，曾曰："贵筑佳士除文彬外无齐肩者。"同治九年（1870），罗文彬乡试中举，次年再奏捷音，荣膺进士，从此步入仕途。

罗文彬在礼部任主事时，因父亲年老无人照顾而时常思乡恋亲，很想辞官返家侍奉父亲。然而父亲望子成龙，始终不同意儿子的请求。两年后，罗文彬得知父亲身体日见虚弱，便向朝廷恳请，才得以批准终养。返回贵阳后，罗文彬常侍父亲左右，端药、扶腋，半步不离，竭尽人子之孝。在父亲弥留之际，罗文彬悲恸哀痛，几不欲生，其至孝感动了不少亲人邻里。

光绪元年至光绪八年（1875—1882），是罗文彬辞官回籍终养父亲的岁月，亦是其勤奋攻读、潜心治学的时期，学识才华进入了更高的境界。人谓其"博闻强识，于书无所不窥，尤工考证之学，凡经史疑义、篆隶源流，与夫直省疆舆险易，古今利病得失，莫不条分缕析，综核在胸"。在书画篆刻方面，罗文彬可说是博雅多能。其书法以篆、隶、行书为佳：篆书远肇秦、汉印玺，近法何绍基之作，雍容自得；行书则宗米芾，秉董其昌遗法。其绘画多为山水花卉小品，尤擅画兰竹。时人认为其书画成就可与黔中书画名家袁思韠媲美。在篆刻艺术上，罗文彬被人誉为"黔中之冠"，声名远播京都，被士人所推重。

在回籍期间，罗文彬还做了四件大事：撰《平黔纪略》、主持重修阳明祠、应四川总督丁宝桢之请赴川辑《盐法志》、应云南按察使唐炯之邀赴滇绘制《云南全省舆图》。这为其人生书写了光辉的篇章。

光绪九年（1883），罗文彬携眷入都供职，历任礼部仪制司主事、主客司掌印、铸印局员外郎、祠祭司掌印、会典馆纂修、

243

图书总纂处提调。

在祠祭司掌印任上时，罗文彬曾酌定醇贤亲王丧葬及庙祭典礼；在铸印局时，参与确定铸造皇后及珍、瑾二妃之金玺，并亲为篆文；在会典馆时，因品学俱优、勤劳素著，深得总裁徐桐赏识、倚重，被保举为图书处总纂，继充提调官，凡图书各务悉以委之。

光绪二十八年（1902），罗文彬以劳绩得花翎，京察记名，简授云南永昌知府，以道员在任候补。在任上，罗文彬抓地方要务：修城垣、浚水道、办团练、课蚕桑、兴学校、联保甲；其次，凡有益于民众之事，省刑罚、薄税敛、治盗贼，无不次第为之。几月之后，永昌社会安定，人民和乐，民众对其政绩无不称颂有加。罗文彬在永昌治政仅一年，忽罹风疾，加之积劳过甚，不久病故于昆明，时年五十八。

罗文彬一生勤于著述，其著有《家礼便览》《香草园集》两书，未刊印。《香草园日记》系罗文彬于光绪元年至八年（1875—1882）之日记（其中缺光绪七年），内容丰富，知识性、可读性强，是一部集家事、国事、天下事于一体的文人日记。部分内容详史之略，补史之阙，对历史文献大有裨益，同时给读者重现出清末贵阳文人生活的一幕幕场景，以及他们的社交圈、人格操守、情趣好恶等，给后人了解清末社会提供了生动形象的画面。

如在光绪元年（1875）的日记中，罗文彬对第二次鸦片战争中天津知府石赞清的民族气节有如是记述："襄臣（石赞清字）

先生守天津时，为英夷执去，绝食三日。夷贻先生酒，以为鸩也，痛饮之，醉辄谩骂，英夷不敢犯。遣归，先生不肯行，英夷乃以舆马仪仗送还。天津人民夹道欢迎，如更生然。先生之在夷船也，英夷行城中，道遇先生夫人车，相率下马侍立，其敬畏如此。相传英夷犯天津时，谓中原仅一个半人，盖以先生为一人，而僧郡王（僧格林沁）为半人云。"

同年，罗文彬记载了"马嘉理事件"后英使威妥玛在天津恐吓中国政府，胁迫李鸿章、丁日昌签订不平等条约的外交活动。对威妥玛的几项无理要求，李鸿章不敢全部答应，于是威妥玛气势汹汹地赶到北京，在总理衙门寻衅滋事。这时武英殿大学士、军机大臣文祥挺身而出，据理力争，"连日忿争，至于拍案，至于攘臂，已有万分决裂情景"。罗文彬对文祥的爱国举动十分赞赏，视其为"中流砥柱"，认为若不是文祥"挺然以身当其冲，则彼族要求无餍，得步进步，大局不堪设想"。

又如日记记载了英人如何以笼络利诱的手段，以四百万英镑从埃及总督手中购得苏伊士运河，从而控制了通往红海、地中海的咽喉要道。

再如光绪三年（1877），罗文彬在日记中记录了丁宝桢出任四川总督时清廉自守的作风，言其"仅随带衣箱二，所过沿途州县，只许供给米数斗、肉二十斤；接事后，凡总督以下陋规及节寿皆不许受馈遗……"从一个侧面彰显出一代名臣丁宝桢的清风亮节。

罗文彬博学多能，温雅可人，与其交游之士亦为黔中名人学者。其友人丁宝桢、李端棻、唐炯，均系中国近代史中重量级人物。与其过从甚密的友人还有傅寿彤（咸丰三年进士）、路朝霖（光绪二年进士）、黄国瑾（光绪二年进士）、袁花畚（袁思韠六兄）、袁思韠（著名书画家）、华联辉（光绪元年举人）、黎兆勋（诗人）、莫庭芝（音韵训诂学家）等，均是清末黔中之名士。罗文彬入川辅佐丁宝桢辑《盐法志》时，与丁宝桢幕僚王闿运、薛福保（薛福成之弟）亦有交谊。其对二人的评价如下："王君纵横家，才辩雄奇，然能言而不能行；薛君论议平实而无腐语，皆英特之士也。"从罗文彬的社交圈子可以观察到他们的生活情趣，这无疑给历史学家和社会学家提供了生动的感性知识。

罗文彬学养俱佳，历史文化的造诣极深。如论诗，其认为："诗不特当有才情、当有学问，并当有阅历。"如论学，则曰："学问不可无师承，议论不可无根据，出处不可无本末。"谈到学养时，罗文彬把曾国藩的"八本"奉为经典，铭记在心。"八本"即读书以训诂为本，诗文以声调为本，事亲以欢心为本，养生以少恼怒为本，立身以不妄语为本，居家以不晏起为本，居官以不要钱为本，行军以不扰民为本。

罗文彬是清末贵州最负盛名的才人之一，然而其一生命运多舛，生不逢时，最终病故他乡。数十年后，凌惕安先生在其《贵州名贤像传·罗文彬》中不无感慨地说道："夫文彬以宏通淹博之才一，不获跻于当时所谓清华之选，以竟其用，已不免苑结于中。而又远于边郡，出入瘴疠之域，致婴风疾，不获久于其位，略抒抱负，遽赍志以没，时论惜之……"

"气壮山河"之陈灿

翻开中国近代史，血迹斑斑，令人难以卒读。更令人不可思议的是，在列强的虎视鹰瞵下，中国犹如一只大猎物，任人宰割，遍体鳞伤。然而国家危难之际，正是英雄奋起之时。在中英会勘滇缅边界时，迤南道道员陈灿不管在谈判桌上还是会勘现场，面对英方的威胁恫吓，据理力争，维护国权，以其棱棱风骨，彰显了民族的气节。

陈灿，字昆山，祖籍江西临川。道光年间，其父陈开基入黔经商，见贵阳经济活跃，于是定居下来。陈开基自幼喜爱读书，早年曾得到塾师的器重，因家贫而辍学。每当闲暇之时，他心无旁骛，手不释卷，眼不离书，在知识的海洋中寻求乐趣。陈开基爱购书，就其而言：购书一方面可以增加知识，扩大视野，是一种精神享受；另一方面，购书则为子女的前途着想，让他们通过刻苦学习走上仕途，光宗耀祖。

父亲早年穷而辍学的苦痛及求知的精神给儿女们树立了好的榜样，家中丰富的典籍亦为他们获取知识提供了最佳的条件。在陈开基嘉言懿行的影响下，其子陈灿、陈田、陈馨先后考中进士，"一门三进士"的骄人成绩在崇尚科举的时代可说是惊世骇俗、光宗耀祖的大事。另一子陈矩，虽然科场失利，但才华出众，工诗善文，在文化学术领域有巨大的贡献，因此与兄陈灿、陈田齐名，被人誉为"陈氏三杰"。

陈灿自幼聪慧，涉猎经史子集。同治八年（1869），陈灿与弟陈田参加乡试，双双中举，扬名士林。光绪三年（1877），又与弟陈馨联袂中进士，称誉乡里。

进入仕途后，陈灿任吏部主事，之后改官云南，历署澄江、楚雄、顺宁、云南四府知府，迤南、迤东、迤西粮储道道员，云南按察使（署布政使），甘肃按察使（补布政使）。宣统三年（1911），辛亥革命爆发，正开缺另补的陈灿见清王朝气数已尽，立即返回贵阳。民国六年（1917），陈灿病故，时年七十。

陈灿工诗善文，所著有《宦滇存稿》五卷、《知足知不足斋文存》一卷及《诗卷》一卷。时人对陈灿一生的事功及个性人格有如下评论："生平具雄直清刚之气，大节凛然不可犯，经济文章复兼有之，故所至有声。"

陈灿一生为国为民做了许多好事。在云南任职时，他鼓励民众积谷种桑，发展经济；他重视教育，创建经正、道成、宏远三所书院；他续修《云南通志》二百四十余卷，用以保存地方文献；他筹款扩修敬节堂，以此抚恤孤寡老人；他严格训练团练，以维护地方治安；他兴修水利，以消除澄江水患。陈灿最被人钦佩的莫过于在中英会勘滇缅边界时，力拒暴强，维护国权，保全了我国一千几百平方公里的边境土地，使其没有落入外人之手，可谓"有大功于国家"。

自甲午战争之后，帝国主义列强加紧对中国的侵略。光绪二十六年（1900），英军侵占了云南片马等地。在土把总左孝臣的领导下，当地民众奋起抗争，打击了侵略者的气焰。然而在"片马问题"还未解决之时，英国人又掀起了风波。

光绪二十八年（1902），中英勘定中缅边界。中方代表由云南提督刘天胜及迤南道道员陈灿担任；英方由司格德任勘界总办，觉罗智任会办。中英滇缅分界事宜，原先由中国驻英大臣薛福成与英国外交大臣在伦敦订立条约，划定边界。两国本应遵守条约，后来英人枝节横生，欲借勘界之机，侵占我国更多的领土。

陈灿接任后，迅速赶往猛阿，驻宿南卡江边，与英方会办觉罗智会面。两人首先订立禁令："只许于附近边界线登山查勘，不准混入内地……"为了不让英方弄虚作假，浑水摸鱼，陈灿不顾自己年事已高，亲自跋山涉水与英方逐段勘绘定线，垒石竖木，一一标记。

勘界进行之际，突然发生英方人员曹大林和医生在中缅边界缓冲区被杀死的事件。陈灿、刘天胜预感英方将借此寻衅，立即赶去吊问。英总办司格德不肯罢休，想借此事要挟，企图使刘天胜和陈灿在边界划分时"通融些"。

面对司格德的传话人，陈灿义正词严地指出："曹大林及医士到猛董（地名）赶街（赶场），既不听劝阻，又不准保护，复枪毙野佧（佧佤人，佤族的旧称），以致激怒众野佧将他戕害，一切始末情形，均已向司（格德）总办说明，于我们有何干涉？即令有干涉，也只是我与军门（指刘天胜）承担，断不能牵涉界务。这段界务，中间是野佧地方，这边是中国云南边界，那边是英国缅甸界。我们不能越野佧地方侵占英国缅甸界，请司总办也不要越野佧地方侵占中国云南边界，办理就平允了。"英方见中方态度强硬，加上自己理屈，只好大事化小。

英方自然不会就此罢休，在其后的日子里，他们歪曲事实，力争猛阿以下各村寨的地方。陈灿清楚对手的意图，不与其纠缠，坚持政府立场，以条约文本为依据，摆事实，讲道理，剖原因，辨是非。对此，英会办觉罗智大为光火，动辄要挟，大言恫吓，想将南哈河内混指为英界。陈灿洞悉其意图，于是四处搜求证据，据理驳斥英方的无理要求。经过舌敝唇焦的争论，最终双方达成定议。

这次交锋，英方没占到多少便宜，已领略陈灿的厉害，然而他们绝不甘心自己的失败，仍想伺机侵占我国领土。正当陈灿与觉罗智会勘南段界务时，觉罗智见孟连一带田坝纵横数十里，南腊河灌溉膏腴，侵占之意蓦地涌起。他欺陈灿是个文官，不习惯跋山涉水，要挟要一同登山指线。陈灿毫不退缩，亲自与其遍历险阻之地，确定边界线。可说是亦步亦趋，毫不示弱，使觉罗智无计可施，一无所获。

行至打洛时，英方忽然提出"照会"，声称南卡江以东镇边、孟连等地驻有中国军队，说这些地方按《中英缅甸条约》应属英方管辖。陈灿根据薛福成与英方签订的条约界图，当面向觉罗智指出这些地方在中国的红线界内，中国驻军理所当然，毋庸置疑。

陈灿就此"照会"英方，表明中方的严正立场。英方却不顾事实，志在必得，坚持要中方撤军。陈灿对英方所派文案斩钉截铁地说道："今日即觉罗智亲持手枪向我轰击，亦决不撤兵！"

司格德见文案无功而返，于是亲自进行恫吓，陈灿始终坚持条约规定，毫不退让。在回复司格德的"照会"中，陈灿严正表明"本国沿边分驻之兵，均在本界内，并未越界，决无退回之理"的立场。面对陈灿这样的硬汉，英方的各种伎俩和图谋都一一被挫败，失望之余，只得认可"照会"，中国的大片河山得以保全。

民国二十六年（1937），中英勘界委员梁宇皋、张祖荫途经孟连所属的孟马时，前往凭吊清勘界大臣刘天胜及迤南道员陈灿，"因感激两公不屈不挠之精神及保疆土之决心"，在孟马路旁竖碑纪念。碑高两丈四尺，上方镌刻"气壮山河"四个大字，以此彰显陈灿雄直清刚之气及维护祖国领土的高尚品质。

"直声震天下"之陈田

陈田，字崧山，陈灿之弟，咸丰二年（1852）诞生于贵阳。同治八年（1869），陈田与兄陈灿参加乡试，以解元中举。光绪十二年（1886），陈田成进士，选翰林院庶吉士，授编修。同乡中同科的有状元赵以炯及后来官至北洋大臣的陈夔龙。在京任职期间，陈田不干谒权贵，不附势趋炎，长年闭门著书，潜心治学。史料载，陈田"殚十七年之精力，编辑《明诗纪事》一书，录诗凡四千家，成书凡二百卷，搜罗宏富，采择精详，足补朱彝尊《明诗综》之阙而正其误，为数百年来选明诗者所未有。后传证《黔诗纪略后编》三十卷，《纪略补》三卷"，对贵州文献的保存做出了重大贡献。

陈田并非不谙世事、埋头故纸堆的读书人，他热心政治，关心国事。在任御史及给事中期间，直言进谏，持正不阿，所上奏疏之事皆关系国家安危。当时政治黑暗，权奸当道，兼之西方列强鲸吞蚕食，革命运动风起云涌，清王朝已经到了行将就木之时。陈田痛感国势颓微，唯有澄清吏治、弹劾权奸，才能救弊起衰，挽救危亡，于是将矛头直指祸国擅政的庆亲王奕劻及权倾一时的袁世凯。

庆亲王奕劻是一个凭借皇室身份而出掌国家军政大权的贵族。由于深受慈禧太后宠信，奕劻明目张胆地卖官，肆无忌惮地纳贿，其贪腐的作为严重地污染到官场的风气。当时，大小官员为了升迁都去贿赂他，致使王府门庭若市，热闹非凡。据有关史料所载，光绪三十三年（1907），段芝贵谋黑龙江巡抚，奕劻开价十万两白银。次年，奕劻七十寿辰，大肆进财纳贿，各地进献者络绎于道，王府门前车水马龙。奕劻此举得银五十万两，礼物价值达百万两之巨。有人说奕劻家藏巨款，富可敌国，仅在英国汇丰银行就存银一百二十万两。奕劻不仅贪婪，而且极度昏庸和没有担当。在其担任总理各国事务大臣时，曾与李鸿章担任与八国联军议和的全权大臣，签订了丧权辱国的《辛丑条约》。光绪二十七年（1901），在任外务部总理大臣兼管陆军部期间，与袁世凯狼狈为奸，结成同盟，在朝廷中独断专行，目中无人。

袁世凯是个野心勃勃的阴谋家，光绪二十一年（1895），以天津小站训练"新建陆军"为起点，建立起以自己为中心的封建军阀集团，成为清王朝的实力人物。戊戌变法期间，袁世凯伪装赞成维新运动，被康有为视为"拥兵权，可救上者，只此一人"的大救星。袁世凯十分狡诈圆滑，当他"探知朝局将变"，于帝党不利，立即向荣禄告密，出卖了维新派，致使"六君子"被杀，因此取得了慈禧的信任。光绪二十六年（1900），八国联军侵华，袁世凯参加了帝国主义策划的"东南互保"，次年继李鸿章就任直隶总督、北洋大臣及练兵处会办大臣。之后，其以实行"新政"为名，扩编北洋军为六镇，嗣后升任军机大臣，从而成为北洋军阀的首领及权倾朝野的大人物。然而袁世凯志不在此，他在加强自己实力的同时，大力培植自己的党羽，并通过昏庸贪婪的奕劻实际上掌握了朝廷大权，企图以此达到篡政的野心。

正是奕劻、袁世凯"威焰炎隆，举国无敢撄其锋者"之时，陈田挺身而出，先后上两疏弹劾奕劻和袁世凯，指斥他们"误国""跋扈"，不抑制"将酿成藩镇之祸"。陈田第一个奏疏写于光绪三十二年（1906），第二个奏疏写于光绪三十四年（1908）。

在第一个奏疏的开篇中，陈田直陈"军机大臣庆亲王奕劻揽权纳贿，鬻爵误国""北洋大臣、直隶总督袁世凯势倾中外，阴谋篡窃"，所列罪状如下。

一、袁世凯"飞扬跋扈，敢作敢为""密布心腹于枢密，通贿赂于亲信之亲王，而后可为其所欲为"。其一，袁派心腹直隶布政使杨士骧以万金巨贿买通奕劻。奕劻自此与袁"交通愈密"，对袁"言听计从"，使袁"乃得大行其志"。其二，袁世凯为解决北洋军经费报销的问题，便向奕劻推荐自己的心腹徐世昌为军机大臣，从而洞悉军机的一举一动。其三，袁世凯为了掌控各地的军政大权，推荐其表弟刘永庆为江北总督，同党周馥为南洋大臣。

二、结党营私，图谋不轨。其一，户部尚书张百熙是袁的姻亲。袁欲改官制，便其私图。张秉承其旨意，上疏朝廷，请改官制。其二，前顺天府尹李希杰，未及上任，特地先往天津拜见袁世凯，伺候多日，表其忠心，袁为之请津贴九千两。

三、揽权擅权，胡作非为。其一，考察政治大臣端方、戴鸿慈等五人，回京时曾留津五日，条陈折件皆经袁世凯手定。其二，借变法之虚名，便跋扈之私意，一改军机大臣为总理官。其三，凡"与袁世凯意见不合者，袁世凯即欲排之。借总理一人、副理二人之名，裁撤异己，推引同类。以疆臣之权，而变动朝廷大臣，惟汉之董卓、唐之朱温敢为之……其自为授官，不由京中诠授者，惟唐之跋扈藩镇有之"。

陈田向朝廷献策，试图遏制奕劻与袁世凯的狼子野心。其策略有四点。一是下令禁止改革官制。二是恳请"陛下当诫令其（奕劻）洗心涤虑，以报朝廷"。三是恳请朝廷遏制袁世凯暴戾恣睢，解散其党羽，不得任其结党营私，为害国家。四是希望清廷"当谨履霜坚冰之戒，为曲突徙薪之谋。不露声色，先事防维，弭患未形，此宗社之至计"。

陈田的第二奏疏上呈时，袁世凯任军机大臣已一年，可谓踌躇满志，雄视天下。在奏疏中，陈田指责袁世凯有"枭桀之才，机诈之谋。揽权独工，冒进无等"，揭发"其在北洋，遥持

255

朝权，枢臣由之进退，九列多其腹心"。自袁任军机大臣之后，"惟事揽权，布置私人"，在全国各地安插私党，掌控军政大权。这"是其结党营私、通同一气之明证"。接着谈到袁世凯身居中央，却能控制北洋，"杨士骧虽充北洋大臣，其人则袁之留后。北洋之财政则袁世凯之外府"。再谈到袁世凯的党徒，"复招致北洋兵官，训练新军，将来天下督抚皆其私人，全国兵权在其掌握"，为其阴谋篡政奠定基础。

陈田预感到袁世凯有计划、有步骤地为其篡政做准备，如果再让袁留在军机，势必酿成大祸，因此他提醒朝廷以"王莽之祸""董卓之乱"为鉴，将袁世凯赶出军机，其理由如下。

一、袁世凯与"枢府交通太密"。

二、"袁世凯势倾中外，疆臣多其党羽，此后无人敢与龃龉，势将指鹿为马，变黑为白，国是谁属"？

三、袁世凯"久握兵符，恃兵而骄""入议官制，气凌朝贵，摇动枢臣，颇有唐时藩镇朱温入朝之风"。

四、"袁世凯一介武夫，不学无术""置于帷幄密勿之地，是谓用违其才，亦恐泛驾致戾"。

五、"日本变法，收将军之权""中国变法，侵朝廷之权"。这为袁世凯"欲破坏朝局，独揽大权，企图掌握内阁"铺平道路。

六、如今窃居要津、执掌大权者，或"于袁世凯有私恩"，或"于袁世凯门生，附己者迁擢，不附者解职"。其恶果是"孰不望风纳款，投于袁氏之门""小人结党，朝廷孤立"。

疏入，奕劻、袁世凯惶惧不知所措，多方堵塞漏洞，收敛自己的行为。两奏疏始终没有送至病重的慈禧和光绪手中，然而陈田一鸣惊人，刚直之声震撼天下，深受朝野正义之士景仰，有"朝阳鸣凤"之誉，海外人士有绘其像而返其所住国的。时人将陈田比作明代弹劾奸相严嵩的杨继盛。

迫于舆论的压力，袁世凯转而亲近陈田，多方笼络，陈田不为所动。陈田痛感自己的力量改变不了严峻的现实，于是洁身引退，闭门著述，以诗文自遣，著有《周渔璜先生年谱》《陈给谏遗诗》。其所书的"听诗斋"横匾一块，至今悬挂在北京中华诗词学会的门上，可见陈田的诗词艺术被后人高度重视。

国学大师罗振玉在《掌印给事中贵阳陈公传》中对陈田的清贫自守、廉洁自律、"贫贱不能移，威武不能屈"有如是之言："在谏垣凡十有四年，方公之巡视东城也，俸不足自给，书吏有以公费盈余进者，曰此例当入己。公曰，'风宪官，不能律己，焉能绳人？常见言官有岁羡（一年的积余），至千百金者。此金何来？吾垣引以为耻，乌可自蹈之？'吏固请，公曰，'京师盗案，每难就捕，固常薄也，姑存之，以备缉盗用。'会有路劫伤人致死者，以羡金悬赏，盗果就擒。及升补给事中，既严劾袁世凯与枢臣，世凯惧，以车马赂他言官，谋制公，有为市惠地，拟每岁于北洋筹款津贴言官，人二百金。同官集议其事，公抗言曰，'言官虽清苦，然国家设此官以整饬风纪，顾鬻身权贵，自辱，以辱朝廷乎？'"

陈田的预言果然应验。数年后，清王朝覆亡，袁世凯篡夺了辛亥革命的胜利果实,就任中华民国大总统。民国五年(1916)元旦,袁世凯复辟帝制,当了八十三天洪宪皇帝,不久在中国人民的唾骂声中忧惧而死。庆亲王奕劻的处境也不太妙,他目睹了自己的所作所为酿成的苦果——清王朝灭亡。民国七年(1918),奕劻病死天津。陈田亲眼看到袁世凯可耻的下场和奕劻可悲的晚年,然而令陈田始料不及的是,辛亥革命以后自己的命运也发生了逆转。据罗振玉《掌印给事中贵阳陈公传》所述:由于思念故乡,陈田携家"行至湖南之常德,兵阻不得前,流离琐尾(颠沛流离,处境艰难),盗贼饥寒,濒死者屡。以友人饮助,得复归京师,寄食僧寺,而贞壮之概,不减平昔。忧愤成疾,再更寒暑,谢绝医药,以祈速死。"

民国十一年(1922),陈田病逝于北京,享年七十一。

丙戌状元赵以炯

光绪十二年（1886），贵州贡士赵以炯在丙戌科殿试大考中才压群英，荣膺状元。消息传出后，天下为之震惊，中外人士无不视赵以炯为"异士"，叹为"绝异"。黔中士人闻讯后更是欣喜若狂，"引觞称庆，有若荣宠被于身"。遵义籍的外交家黎庶昌在其《拙尊园丛稿·赠赵殿撰序》中认为：赵以炯是贵州"山川清淑旁魄之气郁集蓄久"孕育出的人杰，是贵州人民的骄傲。在京任职的贵阳人李端棻在致赵状元的贺联中重现殿试后宣布中选进士名单的盛况，同时寄望贵州文教复兴胜过江南的美好愿景，摘录如下。

沐熙朝未有殊恩，听鸿胪初唱一声，九十人中，先将姓名宣阙下。

岂吾黔久钟灵气，忆仙笔留题数语，五百年后，果然文物胜江南。

梁启超认为：人民、地理环境与历史关系，"恰如肉体与灵魂相待以成人"一样的密切。什么样的历史文化、什么样的地理环境，就造就出什么样的人才。因此，要弄清赵以炯成才的原因，就必须了解他生长的地理环境、历史背景和家庭渊源，这样才能获得一个较为正确的结论。

赵以炯的生地青岩地处贵阳近郊。明代大旅行家徐霞客在其《徐霞客游记》中称青岩为"南鄙要害"，是兵家必争之地。明洪武年间，明军设立青岩堡，驻军屯田，青岩因此得名。之后，明王朝为了拱卫贵州宣慰司城贵阳，在其周围设立卫所，又在卫所设立屯堡，青岩镇就是最早的屯堡。青岩屯堡具备了以下功能：一是保卫黔南至贵阳粮道的畅通；一是对付土司的反叛和少数民族的起义。

由于驻军及其家属的拥入，为商贾提供了赚钱的机会，随着时间的推移，青岩也随之热闹起来。明清之际，这里已是商业繁荣、人文荟萃、寺庙林立、香客如织的热闹市镇。较之省城贵阳来说，青岩虽不及其繁华热闹，但麻雀虽小肝胆俱全，四处洋溢着文化的氛围。

如果说是地理环境和历史文化孕育出赵以炯这样的人才，那么在赵以炯成才的道路上其家庭起着关键作用。

赵以炯出身于书香人家，其父赵国澍早年就读于省城贵山书院。咸同大起义爆发后，赵国澍办团练以求自保，在之后的十一年间，驱驰纵横于黔中各地，以勇武善战屡立战功而被清廷授以道员，总办贵州团练。同治二年（1863），赵国澍因制造"青岩教案"引起中法外交纠纷而免职，后在征讨红花会起义的战斗中食尽援绝，力尽阵亡。

赵国澍的妻子陈氏出身贵阳书香人家，知书达理、贤淑能干。丈夫战死后，她承担起家庭的责任，竭尽心力抚孤育儿。在其言传身教下，五个儿女均有不俗的表现。长女赵以兰，学识渊博，是清代贵州女才人之一。赵以兰后嫁举人寇宗华，随夫赴福建莆田、闽县任职。据寇宗华之孙寇述信回忆：其祖父在福建做官时，"文稿书翰多出自赵氏夫人手笔"。

在母亲与姐姐的严格课读及悉心辅导下，赵以炯兄弟四人矢志于学，相互砥砺，向清代的科举场上输送了三个进士（赵以焕、赵以炯、赵以煃）、一个经魁（赵以炳）。赵氏兄弟在科举场上骄人的成绩，不仅激励了黔中士人向学之风，而且破除了中原士人心目中贵州是"蛮烟獠土""文化沙漠"的传统偏见。

赵以炯，字仲莹，咸丰六年（1856）生于青岩。据史册所载：赵以炯从小就显露其不同凡俗的个性及过人的才华，摘录其诗《咏刺梨》如下。

生在山间不入盆，擅妍不肯进朱门。

却和龙井酿成酒，贡上唐朝承圣恩。

光绪五年（1879），赵以炯中举，三年后与其侄赵沆香赴京会试，落榜而归。这次文场失意并没有使赵以炯消沉落寞，相反坚定了他奋发图强的决心。从其《自吟诗》中不难看出赵以炯的雄心壮志，摘录如下。

一上上到赵家楼，目击江翰气横秋。
眼前若无三山堵，看破江南十二州。

光绪十二年（1886），赵以炯北上京师，再战文场，以殿试第一名的成绩成为丙戌科文状元。值得一提的是，这是西南历史上第一个文状元。据说在保和殿殿试时，光绪帝曾出楹联以考贡士的才华。其上联为："东津明，西长庚，南箕北斗，谁能为摘星汉？"赵以炯所对的下联是："春牡丹，夏芍药，秋菊冬梅，臣愿作探花郎。"由此可见其蟾宫折桂、文魁必得的自信心。在其后的策对中，赵以炯更以出众的才华、精辟独到的见解理所当然地赢得了状元。

《历代状元殿试策对观止》对赵以炯这位来自西南地区的状元的策对有如是评价："今读赵状元策对，其博学多识、理密慎思、文笔流畅之处，的确不亚于别的状元策。"

赵以炯入仕后，先后任翰林院修撰、四川乡试副考官、广西学政及会试同考官。光绪二十六年（1900），其母病逝，赵以炯回乡奔丧，一度主讲于贵阳学古书院。服阕后，于光绪二十九年（1903）入京供职，因感到仕途艰难，而告归返里，在青岩讲学授徒。光绪三十二年（1906）八月，赵以炯病故于贵阳，时年五十。

赵以炯平生工文善诗，书法亦佳，惜传世不多。其为同乡好友颜嗣徽《乔梓联吟诗集》的题诗，可展现这个黔中文魁旷世的才华，招录如下。

墨化烟霞笔化仙，家庭韵事共流传。
骚情洒落风敲竹，佳句清新雨洗莲。
嗣响君能承旧学，论交我欲订忘年。
合当远绍三苏美，漫谓前贤胜后贤。
银鞍白马锦丝鞭，裘带翩翩美少年。
觅句携囊逢李贺，醉书濡额有张颠。
云山经过千余里，诗卷集成百数篇。
他日连床风雨夜，长途为我写吟笺。

《清代贵州名贤像传》对赵氏家族的崛起有如是说："科举时代，本以此为殊荣，一门竞爽，彪炳当世，而炯竟以状元及第，大魁天下，为贵州前此所未有，举国尤为惊异云。"

"不可负黔"的陈夔龙

在中国近代史中，有三位贵州人当过顺天府尹（亦称京兆尹），他们是石赞清、李朝仪和陈夔龙。三人中，陈夔龙官当得最大，官至直隶总督兼北洋大臣；诗文著述最丰，为当时黔人之冠；寿命最长，活了近一个世纪；毁誉最多，至今仍被人谈及。

陈夔龙，字筱石，一名小石，号庸庵居士、花近楼主，咸丰七年（1857）诞生于贵阳城里一官宦人家。陈夔龙自小聪慧，喜爱读书，十六岁中秀才，十九岁中举人，二十九岁成进士。陈夔龙精明干练，有谋略，善决断，先后得到丁宝桢、荣禄、李鸿章、奕劻及慈禧太后的赏识和信任。

光绪二十六年（1900），八国联军侵华，陈夔龙为留京办事大臣之一，参与过《辛丑条约》的签订。由于政治上属于保守派，陈夔龙仕途顺利，官运亨通，先后任顺天府尹、漕运总督、河南巡抚、江苏巡抚、四川总督，最终继荣禄、袁世凯后当上了直隶总督兼北洋大臣的一品高官。

陈夔龙在政治上坚守"祖宗成法"，反对变革，思想保守顽固。他曾说自己平生可自慰的有三件事："一不联络新学家，二不敷衍留学生，三不延纳假名士。"由此可见其对当时新政持保留态度。对于"废科举"，陈夔龙更是痛心疾首。他说："科举一废，士气浮嚣，自由革命，遂成今日无父无君之变局。"

武昌起义成功后，革命形势风起云涌，陈夔龙预感到清廷夕阳在山，难以为继，便力主宿敌袁世凯东山再起，企图阻遏革命党人夺取政权。然而清王朝气数已尽，任何人都不能阻挡浩浩荡荡的时代潮流，最终清王朝成为陈迹。

中华民国建立后，陈夔龙寓居上海，仍不忘昔日的荣华富贵及失去的"天堂"，他帮助张勋于民国六年（1917）复辟，之后被废帝溥仪任命为弼德院副大臣。谁知好景不长，段祺瑞以反复辟为名，在马厂誓师，挥师进攻北京，赶走张勋，使这场为时十二天的复辟丑剧破灭。对此，陈夔龙仍不甘心，继续进行复辟活动。民国十三年（1924），他邀约在沪前清遗老陈三立、冯煦、瞿鸿禨等人组织"逸社"，对冯玉祥回师北京幽禁贿选总统曹锟、打垮直系军阀、驱逐废帝溥仪出宫、修改优待清室条例的革命行动痛苦伤心，联名电请段祺瑞、张作霖"速复优待皇室原状，免至根本动摇，人心疑惧，全国哗甚"。由此可见其对清皇室的忠心。

抗日战争爆发后，溥仪成了日本帝国主义的傀儡。在对清廷的复辟彻底绝望后，陈夔龙悠游林泉、徜徉山水、吟诗作赋、喝酒唱戏，过着不问世事的恬适生活。民国三十七年（1948），陈夔龙病逝于上海家中，享年九十一。

尽管陈夔龙的经历十分复杂，政治上顽固保守，然而终其一生，仍然有光彩的一面，他是一个关心公益、热爱故乡，以弘扬本土文化为职志的人物，亦是一个诗文著述甚丰、才华横溢的文人。

陈夔龙在任江苏巡抚期间，有感于姑苏名胜寒山寺年久失修、残破不堪，立即拨出款项，派工匠重修殿宇，铸钟刻碑，使寒山寺重现风姿。寒山寺原有明代书法家文徵明草书唐朝诗人张继的七绝《枫桥夜泊》诗碑一座，由于风雨侵蚀，字迹早已斑驳不清。此情此景，令怀旧情结深植骨血的陈夔龙万难接受，他请著名学者、书法家俞樾重书张继原诗，令人刻碑立于院中，这就是我们今天所见到的寒山寺碑。

光绪三十三年（1907），陈夔龙回乡扫墓，正值唐尔镛、任可澄、华之鸿等人创办贵州通省公立中学之时。尽管陈夔龙反对新式学堂，然而碍于与唐、任、华等人多年的交谊，于是慷慨解囊，捐银四千两为办学之资。客观地说，这是他对贵州新式教育的贡献。

民国初年，陈夔龙寓居上海，潜心诗文创作和搜集、印行贵州文献，这时明末贵州先贤杨文骢的诗画集《山水籍》及诗集

《洵美堂诗集》相继在上海和北京被发现。闻知消息后，陈夔龙凭借自己的声望和财力，四处寻求，终于购得这两部珍贵的明代刊印本，其中《洵美堂诗集》还是海内孤本。为了保存贵州文献，陈夔龙花巨资刊印，为后人研究杨龙友及其作品提供了翔实可信的资料。之后，陈夔龙发现贵州咸（丰）同（治）年间遵义籍著名学者、大诗人郑珍残缺不全的《巢经巢》诗集，于是将其搜集齐备，认真汇编，出资重刊，使郑珍之名及其诗作在海内外广为传诵。

陈夔龙原籍江西抚州，父亲被分发到贵州任知县，卸任时恰逢咸同大起义。由于交通中断，不能返回江西，加上父亲病故，时年八岁的他与家人便落籍贵阳，成了贵州人。陈夔龙考上举人后，便与贵州名人丁宝桢的侄女结婚。之后，丁宝桢官至四川总督，陈夔龙始终追随其左右，充当幕僚的角色。光绪十二年（1886），陈夔龙成进士，长期在外做官，仅于光绪三十三年（1907）回乡扫过墓。在其心中，贵州有着重要的位置，并以生为贵州人而荣。

由于历史的偏见，中原人士视贵州为"蛮夷之地"，极端瞧不起贵州人，因而造成了贵州人的自卑感。陈夔龙却对贵州极有感情，曾公开说："今日博取功名，确系由黔发迹，黔不负余，余亦不可负黔。"一位权贵曾劝陈夔龙改籍贯，他断然拒绝。

陈夔龙一生著作宏富，有《松寿堂诗抄》《花近楼诗存》《梦蕉亭杂记》《庸庵尚书奏议》等广为流传，最有价值的是《梦蕉亭杂记》。

陈夔龙身处清末民初的岁月，亲历了太平天国运动、洋务运动、甲午战争、戊戌变法、《辛丑条约》签订、中华民国建立、北洋军阀统治、护国运动、护法之役、北伐战争、国共内战、抗战等诸多历史事件。由于他身历要职，一直处于政治旋涡中心，与近代史上的一些重要人物有过亲密的接触。《梦蕉亭杂记》系其一生暨耳所闻、目所见的材料写成的，是典型的"三亲"材料。如记事，写清末大事有戊戌变法、义和团入京包围外国使馆，慈禧、光绪外逃，八国联军入京，《辛丑条约》签订及辛亥革命等，均做了不同程度、不同角度的记述，很有见地。如写人，从奕劻、荣禄、李鸿章、袁世凯、张之洞、岑春煊、瞿鸿禨、鹿传霖、张荫桓写至张佩纶，对著名学者俞樾、王闿运等亦有专条记述，尤其是荣禄、李鸿章、袁世凯、张之洞、岑春煊在清末的历史作用着笔甚多。该书是研究清末政治史及重要人物的珍贵史料，价值极高。

陈夔龙在《梦蕉亭杂记》中记录了自己非常了解的黔籍名人及事迹，笔墨中饱含着感情，如对丁宝桢、李端棻、唐炯的学识人格和情操作风着笔不少。由于陈夔龙是丁宝桢的侄女婿，当过丁的幕僚，与其关系最深，因此记述其事迹及人格魅力特别详细，除记载丁在山东诛杀慈禧宠信的太监安德海和改革四川盐政外，还着重通过记述表现了丁为官清廉、生活俭朴、重情重义、体恤民困的人格魅力。陈夔龙对李端棻亦赞颂有加，追述了早年赴京会试得中时李对他的提携：为了使同乡士人金榜题名，时在朝廷任职的李端棻便邀集即将殿试的几位同乡士人到家一叙，详细介绍殿试规则、规定字体、如何策对（写应试议论文）等，使应考者有一个心理准备。考试结束后，同乡中赵以炯中状元，李端棻（端棻堂弟）、陈田名列二甲，入翰林院。陈夔龙因试卷有一字之误，而未能进入翰林院。对此，李端棻很为陈夔龙抱屈。每当陈夔龙忆及往事时，对李奖掖后进感慨不已，由衷叹道："良朋知己，迄今铭感！"后来李端棻因支持戊戌变法而流放新疆，然而陈夔龙对其学识人格亦有正确的评价，称其"学问温雅，性情笃厚，徒以为人所累，致罹党祸"。他所指出李端棻受累招致灾祸的这个人，就是李的堂妹夫梁启超。这些话从一个侧面映衬出李端棻高尚的人格，亦可从中流露出陈夔龙的保守。

俗话说"金无足赤，人无完人"，古今中外的伟人亦不例外，当然我们对陈夔龙也不能求全责备。陈夔龙政治上虽保守，逆时代潮流而行，这与其文化背景、阶级意识不无关系。然而他关心公益，热爱故乡，并以实际行动支持贵州的文化和教育事业，收集和出版贵州历史文献及书画诗集，这种情怀是值得后人学习和称颂的。

戊戌状元夏同龢

清光绪二十四年（1898），戊戌科殿试大考在北京保和殿举行，在光绪帝亲临策问下，贵州麻哈州（今麻江县）贡士夏同龢按策问"举求才、经武、绥远、理财"等国家大政问题，为文洋洋两千余字，上溯春秋，下迄变法，引经据典，以古论今，表述了自己提倡"法祖"反对"维新"的保守观念。当时正处于"戊戌变法"前夕，保守派力量十分强大，夏同龢的观点博得了主考官孙家鼐及读卷官徐树铭、溥良等八位大臣的赞赏，后经光绪帝"御笔亲点"。就这样，夏同龢继赵以炯之后成为贵州历史上第二个文状元。

中状元后，夏同龢任翰林院编修。不久，戊戌变法失败，保守派重掌国政，光绪帝被幽禁，维新派被整肃。光绪二十六年（1900），义和团运动继起，八国联军攻占北京，这时慈禧太后才痛感不实行新政无以图存的紧迫性，在万般无奈之下，她弹起了"事穷则变，安危强弱全系于斯"的调子，准备对"列祖列宗之法"进行改革，并表示"取外国之长，乃可补中国之短；惩前事之失，乃可作后事之师"。

光绪三十年（1904），夏同龢奉派赴日本学习法政。值得一提的是，夏同龢是自隋唐以来中国第一个状元留学生。在日期间，日本社会生气勃勃、欣欣向荣的景象与中国积弱日久且死气沉沉的社会图景形成鲜明对比，无疑对其心灵有极大的震撼。夏同龢十分清楚，日本的强大得之于明治维新对日本社会体制、文化、经济、教育、军事、司法、交通、宗教等领域大刀阔斧的改革。如果没有明治维新，日本不可能国力强盛，一跃而为东亚霸主，更不可能向外扩张，在甲午战争和日俄战争中取得胜利。

有人说："人的思想嬗变必有其心路历程可寻。"到日本后，对夏同龢来说，一切是那么新鲜吸人，那么充满活力，目之所见，心之所思，视觉上的冲击，心灵中的震撼，遂使他感到昔日奉为神圣的"法古不变"的观念黯然失色，毫无魅力，这时才领悟到《易》所说的"穷则变，变则通，通则久"的真正含义。

同年，直隶学校司督办严修第二次东游日本，对其教育制度进行考察。夏同龢闻知消息后曾前往拜访严修，向其请益。夏同龢早闻严修大名，知其对贵州文教有着重大贡献，特别对其在黔创经世学堂、办官书局、疏开经济特科等重大举措尤为钦佩。对这位有着"经师兼为人师"美誉的前辈，夏同龢急欲见之请教；严修虽然与夏同龢未曾谋面，但对这位赴日学习法政的"戊戌状元"期许甚高，希望其学成归国，出其所学，为国家的法制建设做出重大贡献。通过与严修晤谈和交流，严修对国家前途的忧虑以及对未来的展望，给夏同龢留下了深刻的印象。

光绪三十一年（1905）前后，清廷开始大谈"立宪预备""预备立宪"，直隶总督袁世凯、两江总督周馥、湖广总督张之洞联衔疏请清廷十二年后实行宪政，这无疑是对夏同龢思想的另一次冲击。

对夏同龢思想的另一次强烈冲击则是同年在东京成立的中国同盟会，该会成立不久即与"保皇派"展开了论战。同盟会一方出场论战的主要是孙中山、章炳麟等；"保皇派"一方出场论战的主要是梁启超。两派主要围绕着以下几个问题进行论战。

一、是革命，还是改良？是资产阶级的共和国，还是清王朝的君主立宪？

二、革命是否会引起下层社会的暴动和外国干涉？

三、是实行革命的民生政策，还是维护地主阶级的利益？

作为一个封建士人，夏同龢起初是赞成梁启超鼓吹的君主立宪的，并不赞同同盟会宣扬的"有秩序的革命"。他认为，今后的中国，要么改革以自强，要么革命走向毁灭。

由于攻读法政，夏同龢对"明治维新"的司法改革特别关心。令他印象深刻的是，在这场司法改革中，日本政府仿效西方制度，重新订立刑法、民事法和商法，以推动国势的强大。他十分清楚，司法改革攸关政治改革的成败，未来中国的富强，必须进行政治体制的改革，而法政改革是其核心。有感于斯，夏同龢决定为未来中国编著一本《行政法》，使之裨益政治，鉴戒得失，并"使法律知识普及于国民"，从而"建设法治国"。

行政法学始于法国，之后传到东瀛，又经日本学者译成中文介绍到中国。夏同龢留学日本期间，编著《行政法》一书，开了中国行政法学的先河。毋庸置疑，夏同龢是该学科的开拓者与先驱者。

《行政法》引入近代西方资产阶级的行政法体系概念、原则、制度，通过考察日本法制社会，并结合中国国情，以寻求法制救国的方略，可以说，编著此书，是夏同龢对中国"人治"法理的不认同。《行政法》的出版，标志着夏同龢因时而变，紧跟时代潮流，是其思想"嬗变"的里程碑。

光绪三十一年（1905）年底，两广总督岑春煊疏请朝廷设立广东法政学堂。得知夏同龢返国的消息后，岑春煊又奏请其担任该学堂监督（校长）。朝廷应其请，下旨批准在广州设立广东法政学堂并仟命夏同龢为监督。

接受广东法政学堂监督一职后，夏同龢以巨大的热情投入建校、师资和育才的工作上去，并在这三方面做出了重大贡献。

广东法政学堂是继直隶法政学堂后的中国第二所法政学堂。该校原址为广东课吏馆，经过改建和扩修，法政学堂拥有新式讲堂两间、休息室四间、图书仪器室、监学室和收发讲义室等，其后又增设理财学科及附设监狱改良讲习所等，再加建课室两间、体育场两处。由于学堂规模小，办学条件差，远远跟不上时代的要求，光绪三十三年（1907），夏同龢得富商王颐年资助七万银圆，加上善后局拨款的三万银圆，在广州天官里后街购得官地十四亩，另建法政学堂新校。经过两年的兴建，广东法政学堂新校于宣统元年（1909）落成。新校规模宏大，设施齐全，有园林、礼堂、花厅、办公厅、课室、住室，教员、学生宿舍，给人"美轮美奂，蔚然大观"的感觉。

新校建成后，教师的招聘工作随之摆在重要的日程上。在教员的选拔上，夏同龢遵照岑春煊旨意，除聘用广东籍官费留学日本的法政毕业生外，还聘用部分外省籍留学日本的法政毕业生和一些日本教习。在广东教习的有朱执信、古应芬、杜之秋、张树柟、叶夏生、李文范等，皆是留日法政之一时之选，亦是思想激进的同盟会会员。特别是朱执信、古应芬二人，均系广东番禺人，不仅与夏同龢同年留学东瀛学习法政，亦是东京中国同盟会会员。之后，朱执信、古应芬活跃于政治舞台上，成为民国初年的风云人物。这些教员在学校讲台上宣扬革命思想，使法政学堂成为同盟会革命活动的重要场所。

广东法政学堂开办之初，招收官吏学员及地方学员。学员的定额是：官吏学员一百二十五名，包括知府十五名和同知、州县官吏；地方学员定额一百名。在老师的悉心教导和学堂严格的管理下，这些学员抛弃了传统的"人治"观念，心中逐渐形成了近代法政理念。

夏同龢治理广东法政学堂六年，为广东培养了大批法政人才。这些法政学堂的毕业生走向社会后，大多成为广东法政系统的官员。

1911年10月10日，武昌起义爆发。次年，中华民国成立，广东法政学堂易名"广东公立法政专门学校"。夏同龢见自己的历史使命已完成，辞去教职，返回故乡，一度息影于贵阳团井巷（今夏状元街）的家宅内。

民国六年至民国八年（1917—1919），夏同龢出任江西实业厅厅长，之后旅居北京。民国十四年（1925），夏同龢因心脏病逝于北京，时年五十七。

癸卯探花杨兆麟

杨兆麟是贵州科举史上唯一的文探花，是一个毕生为中国社会改良、建立共和、维护民主宪政而奋斗的旧民主主义者。其一生紧跟时代潮流，始终以敏锐的目光洞悉丑恶的社会现实，以无畏的精神投身于历史事件中，以尽爱国之责任。在其无力改变政治现实时，果断地退而著述，主持纂修《续遵义府志》，为贵州留下了一部珍贵的地方史乘。

杨兆麟，原名杨锡谟，清同治八年（1869）诞生于贵州遵义府遵义县牛蹄场附近菱角堰一士人家庭。其先为江西吉安府吉水县人，明中期举家迁往遵义城北后窝，人称"后窝杨氏"。杨兆麟之父杨锦枝系饱学之士，曾获乡试第一名，之后因文场不利，遂绝仕进，以教书育人为职志，先后主讲于正安学古书院，遵义湘川、育英、味经等书院，弟子门生达数百人。

杨兆麟幼承家学，攻习经史诗词及制艺。其幼时正值黄白号军崛起于黔北地区，烽烟四起，兵燹连天，杨家室庐焚毁，家道由此中落。面对家庭的败落，杨兆麟愈加奋发，因贫寒无钱购书，便向别人借阅，然后逐一抄录，以此诵读。正是由于日夜以继、孜孜不倦地刻苦学习，未及成年时他已才华显露，在古文、骈文、诗词、制艺等方面已有一定的根底和修养。

光绪十七年（1891），杨兆麟参加乡试，以优异的成绩中举。三年后赴京会试，名落孙山。失意之际，恰逢丧权辱国的《马关条约》签订，杨兆麟痛感外侮日深，国势颓微。基于爱国热忱，杨兆麟毅然参加了康有为、梁启超领导的"公车上书"，并在《公车上书名录》签上了"杨锡谟"之名。

返回故乡后，杨兆麟一度在正安、仁怀的书院任山长，之后返回遵义任味经书院山长。任教期间，杨兆麟不忘攻习时务与策对，做好上京应试的准备。与此同时，他广阅书报，吸纳新知、新学，以此扩大视野，更新观念，增进识见。

光绪二十九年（1903），杨兆麟再次赴京会试，以卓异的才华获癸卯科一甲三名进士（探花），随即任翰林院编修。怀想《辛丑条约》签订之后，国势日蹙，面对列强对中国的瓜分豆剖、鲸吞蚕食，目睹清政府腐败无能、丧权辱国以及国内革命风起云涌之势，杨兆麟感触良多，难以平静。恰逢此时上海《苏报》发表了章炳麟（字太炎）的《驳康有为论革命书》，其笔锋之犀利、见解之精辟，立即吸引杨兆麟的目光，使其清醒地认识到改良主义的确不能救中国，由此心中萌动着民主革命的观念。

光绪三十年（1904），杨兆麟被清廷选派留学日本，次年举家赴日，考入东京早稻田大学，攻读法学博士学位。到日之初，杨兆麟与遵义同乡蹇念益、牟琳过从甚密。每当大家谈及日本明治维新后国力强盛、军事扩张的现状，再与国势日衰、死气沉沉的中国相对比，无不黯然神伤，痛心不已。一天，蹇念益告诉杨兆麟说：孙中山与黄兴已在东京成立同盟会，提出"驱除鞑虏，恢复中华，建立民国，平均地权"的政治纲领，接着又透露自己与同盟会关系密切。对此，杨兆麟有所触动。之后，通过对同盟会制定的《军政府宣言》《中国同盟会总章》及《革命方略》等文件的阅读，以及对康、梁等君主立宪派的论战宗旨的分析，杨兆麟认识到：唯有推翻封建统治、建立民主共和，中国才有前途和希望。

光绪三十二年（1906）冬，杨兆麟在东京见到了钦慕已久的章炳麟。两人一见，情趣相投，视为知己。章炳麟劝杨兆麟弃暗投明，加入同盟会。杨兆麟表明自己不贪恋富贵功名，亦不顾惜身家性命，只要对国家民族有利，责无旁贷。经章炳麟引见，杨兆麟见到了孙中山。孙中山对杨兆麟参加同盟会的决定十分赞赏，并认为其作为同盟会的秘密成员更有意义，更能在清统治上层发挥特殊作用。就这样，杨兆麟成了同盟会的秘密成员。

杨兆麟与章炳麟是非常亲密的朋友，而在政治理念上却往往意见相左。太炎先生认为袁世凯及其党羽在清政府中握有重兵，掌有实权，可以利用其力量去推翻清廷，完成革命大业；杨兆麟则持异议,他认为袁世凯是一个野心家,奸诈刁滑,野心勃勃,在权力欲望面前,曾经出卖过光绪帝和维新党人,如今又何尝不会出卖同盟会呢?要利用袁世凯不啻与虎谋皮,自套绞索。

民国元年(1912),章炳麟在任孙中山总统府枢密顾问时,一度受张謇拉拢参加统一党,并邀请杨兆麟加入。杨兆麟对统一党不感兴趣,于是婉言谢绝。之后,章炳麟提出"革命军兴,革命党消"的言论,杨兆麟亦不赞同。尽管两人政见不同,但并没有妨碍彼此之间的友好关系。从其《致章太炎函》中可以见证:"忆丙午(1906)、丁未(1907)之间,流寓东洋,朝夕过从,虽救国之见彼此不同,而文字之相资,道德之相契,其欣合盖无与此。"

光绪三十四年(1908),光绪帝及慈禧太后先后病故,三岁的溥仪登上皇位。这一年杨兆麟学业完成,离别日本回到祖国,重返翰林院任职,不久外放出任浙江嘉兴府知府。在嘉兴任上,杨兆麟勤于职守,清正廉洁,省刑薄赋,体恤民困,被民爱戴。政绩卓著,口碑甚佳。

宣统三年(1911),清廷擢升杨兆麟为二品记名提学使,实授嘉兴知府加五级,并授予资政大夫称号。是年秋,国内革命暗潮汹涌,人心思变,一场攸关中华民族命运的大行动正在秘密地进行。正当此时,突然传来同盟会要人褚民谊在嘉兴被捕的消息。当杨兆麟得知褚民谊被关进死囚牢时,感到非常焦急,寻思解救的办法。他深夜派人将褚民谊提到知府衙门进行"秘密审讯",当其见到褚民谊时,立即给他打开枷锁镣铐,待以酒食,并赠以川资,促褚逃亡日本。这件事表现了杨兆麟为了革命大业、不顾身家性命的大无畏精神。庆幸的是褚民谊逃走不久，武昌起义的枪声已经打响，这时清廷自顾无暇，无力再追究这件事。

武昌起义后，各省军政府相继独立，然而政权却落入守旧的立宪派手中，这时袁世凯粉墨登场，重掌清廷军政大权。他大耍两面派，一面挟持清政府，一面威胁革命政权。不幸的是革命党中的一些领导人对袁世凯存有幻想，想借助他的力量去推翻清政权。正在革命事业岌岌可危之时，孙中山从美国归来，在上海与杨兆麟相见。孙中山为搭救褚民谊一事向杨兆麟表示谢意，并恳请其出来共济时艰。杨兆麟告诉孙中山，在政治形势并不明朗之时，自己保持同盟会的秘密身份更为有利，更能帮助革命。孙中山觉得有理，也就不再坚持。

中华民国成立仅三个月，袁世凯终于如愿以偿：清帝逊位，孙中山亦辞去中华民国临时大总统之职。袁世凯就这样篡夺了辛亥革命的胜利果实，当上了中华民国临时大总统。

革命落到这样的下场，令杨兆麟十分失望，痛心不已。孙中山离国后，杨兆麟曾在上海与章炳麟、褚民谊等人会面。每当大家谈及袁世凯的阴险狡诈，谈及革命党人将政权拱手让人的事实教训，无不扼腕叹息，唏嘘不已。

袁世凯攫取政权后，其党羽及各省军阀纷纷仿效，夺取革命政权。贵州的宪政派要人任可澄、刘显世等人，借贵州"公口（帮会）横行，局势大乱"之名，电邀云南都督蔡锷所属的唐继尧部假道讨黔，"代定黔乱"，入黔后颠覆了贵州军政府。杨兆麟得知家乡的情况，立即与客居上海的贵州人商量，成立维持会，负责调解自治派与宪政派之间的矛盾。由于双方在政治利益上均不让步，遂使调解失败。从这次调解中杨兆麟清醒地认识到，政治利益集团的争斗是贵州社会动乱的根本原因。

由于对现实的清醒认识和失望，民国三年（1914），杨兆麟返回故乡遵义，随后受遵义知府周恭寿之聘，主持纂修《续遵义府志》。在纂修过程中，杨兆麟与遵义才人赵恺、黎汝怀、杨葆宸、杨文湘等人通力合作，竭尽心力地工作，于民国七年（1918）完成初稿。

民国四年至民国八年（1915—1919），杨兆麟一度当选为非常国会议员，参加讨袁护法运动。"五四运动"爆发时，他在遵义参加声援大会，支持学生"外争主权，内惩国贼，取消二十一条"的爱国主张。民国八年（1919），杨兆麟应孙中山之邀，赴广州参加非常国会，并筹建中华实业会。行程中，杨兆麟抽暇审定《续遵义府志》的书稿。到广州后，他发表《全国实业会之缘起》一文。由于杨兆麟在广州旅社罹染猩红热，医治无效逝世，享年四十九。

杨兆麟病故后，广州护法政府为他举行隆重的祭奠活动，孙中山亲往吊唁，并对其家属从优抚恤。灵柩运回遵义后，政要及各界人士为杨兆麟举行隆重追悼会，并将其安葬于遵义城北郊金鼎山麓。

陈国祥与讨袁斗争

民国初年，政局混乱，那些手握兵权的军阀和野心勃勃的政治人物纷纷趁机作乱，企图在这场权力斗争中获取丰厚的利益。贵州修文人陈国祥凭借苦读而跻身仕途，怀着忧患之心而留学东瀛，摈弃腐败的清廷而参加辛亥革命，厌恶袁世凯复辟帝制而投身反袁护国运动……其政治立场及作为，使其成为民国初年政坛上的风云人物。然而，正当他风华正茂之时，病魔无情地夺去了他的生命，给后人留下了极大的遗憾。

陈国祥，字敬民，少而聪颖，性情敦厚。在其十八岁时，父亲陈后琨（光绪九年进士）逝于任上。面对家庭的困境以及今后的前途，陈国祥不再沉溺于悲痛之中，继而以父亲当年志在功名、锲而不舍的精神，向科举场发起了一次次冲刺。光绪十九年（1893），陈国祥乡试中举；二十七年（1901），进京会试，金榜题名，授庶吉士。其后东渡日本，入东京法政大学深造，从而结识了梁启超。

陈国祥对梁启超并不陌生，在戊戌变法前就与他神交已久。梁启超汪洋恣肆的语言风格、精辟独到的过人见解、学贯中西的知识才华以及鼓吹维新变法的忧患意识，对当时的广大士人产生了巨大影响；梁启超文章一脱古文的古奥艰涩、半文半白、半雅半俗的风格，笔端饱含感情，具有强烈的感染力和煽惑性，可谓神州上下无人不知其大名。陈国祥到日本后，见到了自己心仪已久的梁启超。梁启超长陈国祥两岁，两人思想情趣接近，加之梁妻李蕙仙是贵阳人，对贵州人自然有一种亲切感。就这样梁、陈的关系慢慢亲近起来。

当时，梁启超在横滨创立《清议报》，大力宣传改良主义，有"舆论界的骄子"之誉。而陈国祥的思想与梁启超大致相同，认为要改变中国的严峻现实，唯有走改良主义道路，必须迫使统治阶级实行君主立宪制才能完成。光绪三十三年（1907），梁启超、蒋智由、陈国祥等在日本成立政闻社，发表宣言，创办《政论》，鼓吹君主立宪，反对同盟会的主张，其目的是迎合清政府的预备立宪。

是年秋，陈国祥学成归国，清廷授予其侍讲衔，任翰林院编修。光绪三十四年（1908），经河南巡抚林绍年举荐，陈国祥出任法政学堂教席，不久继任河南咨议局筹办处总办。宣统三年

（1911），辛亥革命爆发，这时对腐败无能的清政府已不抱任何幻想的陈国祥毅然投身辛亥革命，走上了新的人生道路。

民国元年（1912），陈国祥被选为临时参议院议员，在北京参与组织共和协进会。协进会与民主党、共和党合并为进步党后，陈国祥与梁启超、汤化龙等是主要成员，其目的是支持袁世凯。次年，陈国祥入选国会众议院议员、副议长，进入自己政治生涯的顶峰。袁世凯狡诈阴险的伎俩逐渐被梁启超、陈国祥等人所识破，一场反袁护国的运动开始酝酿。

民国四年（1915），正当袁世凯忙于称帝无暇他顾时，陈国祥冒着生命危险，摆脱了特务的监视，安全地护送蔡锷、戴戡到了天津。在梁启超的主持下，一场反袁护国的运动就此展开。历史上把参加这次会议的七人称为"天津会议七君子"，他们是：梁启超、蔡锷、汤觉顿、蹇念益、王伯群、戴戡、陈国祥。除梁、蔡、汤外，其余四人均为贵州人。会后，蔡锷、戴戡东渡日本，然后转赴云南。

是年12月25日，蔡锷、唐继尧等在云南誓师讨袁，护国战争的序幕就此揭开。在护国战争期间，陈国祥利用自己的公开身份，为梁启超、蔡锷提供情报。袁死后，国会恢复，陈国祥仍任参议院副议长，直至民国六年（1917）国会再次解散为止。令人遗憾的是，陈国祥在这次讨袁护国运动中的作用历来很少被人谈及，或语焉不详，真是匪夷所思。

"雀战"对近代中国士人来说有着极大的吸引力，追根究底，似乎他们想从中体验一下政治家和军事家设局布阵、出奇制胜的乐趣。梁启超有句名言："只有读书可以忘记打牌，只有打牌可以忘记读书。"可见其对打牌是何等痴迷。陈国祥亦是"雀战"的高手。在客居天津时，他常与皖系军阀吴新光等人"雀战"，"每胜以万计"，数月之间，陈国祥赢得银圆数十万元，在与梁启超商量后，两人合伙投资于吉林省，大买白俄企业的股票。之后，陈国祥又利用自己对书画艺术鉴赏的长处，将一部分资金投在收购书籍字画上。每当遇到珍品，其不惜重金收购，如以万金购得黄小松藏的汉碑拓石四种，如此豪举，一时传为佳话。陈国祥将其北京书画藏处命名为"小玄海楼"，凡楼中钤有"小玄海楼"印章的书画皆为其拥有。"十月革命"成功后，吉林的白俄企业遭到沉重打击，陈国祥的投资化为乌有，加上自己对政治现实的极度失望，从而使他心灰意冷，一蹶不振。

民国十年（1921），陈国祥病逝于北京，享年四十四。

名人眼中的书画家姚茫父

刘海粟在《姚茫父书画集》序言中谈到贵州时说："近四百年来，风气渐开，名人辈出，兼擅画、书、诗者，于古人必称杨龙友，于今人则咸推姚茫父先生。"这话十分中肯，毫无溢美之词，的确姚华是清末民初黔中乃至全国著名的画、书、诗"三绝"的艺术大师，并且在文字、金石、词曲、画史、画论、戏曲诸方面有着极高的成就。

姚华，字重光，号茫父，光绪二年（1876）诞生于贵阳一市民家庭。幼时的姚华，聪颖过人，勤奋好学，博览群书，十九岁时考据之学大进。

光绪二十二年（1896），姚华参加县试，恰逢贵州学政严修阅卷，见其才华横溢，"诧为奇才，拔置县学第一"。次年，姚华经严修选入贵州学古书院（经世学堂）深造，是年秋中举人，时年二十二。

光绪二十四年至光绪二十七年（1898—1901），姚华三上北京，参加会试，落第而归，于是锐意著述，先后在贵阳及兴义两书院担任教职。

光绪三十年（1904），姚华中进士，任工部主事，后赴日本留学，入东京法政大学速成班就读，三年后学成归国，任邮传部邮政司主事等职。民国建立后，姚华三度当选临时参议院议员、贵州省参议员，先后在京城五城学堂、清华学堂、北京高等师范、北京女子师范大学等学府任教，并在北京女子师范学校及北京京华美术专门学校任校长。

陈师曾在评价朋友姚华的画作时曾这么说道："姚重光的山水画，既善于继承历代大师的优良传统，又善于师法自然。"姚华的学生郑天挺亦有同感，谈到老师的艺术观时，说："先生论画，必欲胸无古人，目无今人，以为胸无古人则无藩篱，目无今人则无瞻循。"照今天的话来说，就是要师法自然，有所创新，无须受古人、今人的画法束缚。

姚华的山水画成就最高，这与其生长的环境有关。历来的艺术评论家都认为：姚华自幼生长在万山丛集、"峭峰攒簇，乌江逶迤，青龙腾舞"的贵州，心中蓄积着千丘万壑、碧溪绿水。其画作早年受环境影响，有贵州特定山水的痕迹。四十岁后，姚华东上泰山，南游西湖，扬帆海上，名山在胸，归来后潜心攻习山水、花卉、古佛、仕女，艺术更上层楼。姚华曾传神地描摹敦煌千佛洞的壁画断片和唐代刻砖，再付诸版刻，颇受时人喜爱。由于姚华艺术修养高、文化底蕴深厚，其山水画更具功力，可谓构图精巧，景物形神兼备，富有情趣，洋溢着美感和灵气。

姚华早年攻习宋代黄庭坚、米芾的字体。二十岁后致力唐代颜真卿书法，写《麻姑仙坛记》小字本逾千遍，可见其功夫深厚。民国元年（1912）以后，姚华书法体韵又变，师法汉、魏，得其神趣，显得高峻古朴。因此有人认为此时姚华的书体"酷似北碑"。

姚华对书法艺术的一大独创是颖拓，这是对古代碑石和摩崖的临写、对临或背临，可比原本放大或缩小，填墨在廓外，字迹留空白，这种艺术是对古代书法作品的再创造。姚华好友陈师曾对姚华《秦泰山残刻二十九字》的颖拓曾题云："茫父颖拓精妙绝伦，往往于废纸零缣残画剩墨涂改而成，竟泯其涂改之迹，废物利用，点石成金矣！"郭沫若对颖拓亦有极高的评价，称其为"古今别开生面之奇画""传拓本之神，写拓本之照，水中皓月，镜底名花，玄妙空灵，令人油然而生清新之感"。

姚华亦是一位侠骨铮铮颇具才华的诗人，其诗以五言为主，近体五七言兼备，风格清新流畅，师古而不泥古，有创新突破。他曾以中国古体五言诗的形式翻译印度大诗人泰戈尔的《飞鸟集》，被人誉为翻译界的"异军突起"。更可贵的是，姚华作为一个正直的读书人，始终关注着国家的命运、民族的独立、民权的平等及民生的幸福，将自己的所见所闻所思所想诉诸笔端，写出了反对封建帝制、军阀统治，同情民众苦难及支持爱国学生的诗篇，这的确令人钦佩。

姚华平生善交朋友，重视情谊，所交之友大都是名重一时、蜚声中外的艺术家、文学家。姚华客居北京多年，与其常相往来的友人有书画家陈师曾、陈叔通、陈半丁、王梦白、周印昆等；戏剧表演家有梅兰芳、程砚秋、王瑶卿等；大学者、文学家有梁启超、王国维、郑振铎、徐志摩等。自然而然，他们之间的友谊、逸闻也就成了人们津津乐道的话题。

民国初年，姚华和友人陈师曾与北京琉璃厂同古堂的艺人合作，在铜墨盒和铜镇纸上作画、题诗并雕刻，然后出售。由于典雅精致，一时被士人视为艺术佳品，争相购求。有一次鲁迅被一个破墨盒吸引住了，墨盒上刻着山茶花，花枝正面立着一只鸟，怒目圆睁，神情毕现，使人感到凶恶可怖；盒上还刻着一首诗："压断千寻立，山茶一树栽。自时寒鸟舞，犹向雪中来。"画及诗的作者署名姚华。鲁迅知道姚华是大画家，觉得墨盒虽破，但画好诗亦好，尤其这鸟画得生动，令人玩味，跳出了历代画家喜欢画鸟侧面的窠臼，于是购买回来，称之"怪鸟"，放在案头赏玩。

民国十三年（1924），印度大诗人泰戈尔来华访问，徐志摩、林徽因随行当翻译。泰戈尔在北京与中国画界的朋友聚会时，梅兰芳向泰戈尔说道，在座的齐白石、陈半丁、姚华等人都是他的老师，接着指着姚华说道："我爱画人物、佛像，曾画过如来、文殊、观音、罗汉像，就得到姚先生的指导。"

民国十四年（1925），姚华年届五十，梁启超为其写五言长诗祝寿。在诗中，梁启超对姚华客居京城的生活做了生动有趣的描述。诗一开头就写到姚华寄居莲花庵中闭门创作，一切随缘，百虑不操心，有"斗大王城中，带发领一寺。廿年掩关（关门）忙，百虑随缘肆"之句。接着以"半秃笔几管，破碎墨几块。挥汗水竹石，呵冻篆分隶"写姚华生活条件极差，然而毫不在意，潜心创作。继而再以"弄舌昆弋黄，鼓腹椒葱豉。食擘唐画砖，睡抱马和志。校碑约髯周，攘臂閗（辨）真伪。晡饮来跋塞，诙谐遂鼎沸"来表明姚华虽然生活困窘，然而精神生活丰富多彩：闲时唱昆曲京剧，吃饭时手里拿着唐画砖，睡觉时怀中抱着南宋画家马和之的画，平时与好友周印昆鉴定碑文的真伪，又常与好友塞念益饮酒谈心，诙谐幽默，笑声震耳。梁启超的诗给我们描绘出一个穷且益坚、乐观向上，在艺术领域中无怨无悔、执着追求的姚华的形象，使人读后顿生敬意。

民国十五年（1926）夏，姚华因脑溢血而左臂致残。在家闲居时，他研究学术，以卖书画为生。民国十九年（1930），徐志摩前去拜望姚华，并向他索求诗稿，令他不能忘记的是：姚华不因左臂残废而气馁，不因家境困窘而沮丧，仍然豪情满怀地在艺术的海洋中求索，每日作诗和书画，以此愉悦情性。当姚华操着浓重的贵阳腔说"没法子呀，要吃饭呀"时，徐志摩面对此情此景，心中感到难受。

除书画诗文外，姚华在词曲、文字学的造诣亦十分了得。他的词曲造诣深厚，尽工尽善，是清代词人中的"翼然翘楚"，集大成者；其对词曲的研究成果有《曲海一勺》《菉猗室曲话》《元刊杂剧三十种校正》及《茫词考》。

民国十九年（1930），姚华旧病复发，逝于北京，时年五十五。

徐志摩在悼念文中，对姚华的人格、才华及诗画有如是评价："茫父先生的心是玲珑的。""茫父先生在他的诗里，如同在他的画里，都有他独辟的意境。"

博雅多才的杨恩元

杨恩元是清末民国时期贵州著名的学人,一生热爱乡梓,热爱文化,以振兴黔中文化为职志,在文教、地方志及文史研究领域中大放异彩,为贵州学界一颗耀眼的明星。

杨恩元,字覃生,光绪元年(1875)诞生于安顺。自幼天资聪颖,勤奋好学,在父亲杨树的教导下涉猎诸子百家、诗词歌赋。少年时随父北上,旅居京城。随着时光的流逝,杨恩元学识日臻完善,阅历愈加丰富。杨石在《杨覃生简传》中,对父亲杨恩元超凡的记忆力有如是说:"举凡经、史、子、集,或历代名豪诗文之词句、典故,问出自何篇?何处?可不假思索,应对如流,不爽分毫;对'四书五经'之注疏,皆能熟记无讹。故其诗文遣词、用典、隽永精妙，不同凡响。"

光绪二十年（1894），杨恩元应顺天府（今北京）乡试，考中举人，次年再试文场，荣膺进士。初入仕途，杨恩元年仅十九，成为礼部分曹祠祭司主事。数年后，出任安顺府乡试受卷官。

戊戌变法虽然仅维持了一百零三天，但杨恩元的思想却受到猛烈的冲击。由于亲历了戊戌变法的失败、顽固派重主政坛、维新派被捕被杀等事件，又痛感帝国主义鲸吞蚕食及国内阶级矛盾愈加激烈，杨恩元预感到清王朝行将就木，无药可救，于是毅然辞官，随父赴山西上任。宣统元年（1909），父亲病逝，杨恩元扶柩回黔安葬，遂定居贵阳。

辛亥革命后，杨恩元抖擞精神，倾其所学，投入新时代的潮流中。民国三年（1914），杨恩元游历北方各省，之后远游东瀛，悉心考察日本的政经文教。归国后，主张普及教育，培养人才，并致力贵州的教育事业。自民国四年（1915）起，他任教于贵阳国学讲习所、南明中学、省立女子师范学校，为贵州培养了大批的青年才俊，堪称贵州教育界的先辈。其弟子如陈恒安、柴晓莲、李独清等，均系近代贵州著名人士。

自乾隆《贵州通志》纂修后，近两百年间无人续修。民国八年（1919），杨恩元与任可澄、陈矩等商议，决定成立续修贵州通志局，由任可澄任总纂，杨恩元、陈矩为分纂。鉴于咸同大起义后大多文献史料毁于战火的状况，为寻觅资料，杨恩元自费到北京，在清史馆总裁、《清史稿》主编赵尔巽（曾任贵阳知府）的帮助下，在清史馆抄录贵州文献，历经两个春秋，得四十余册，从而为纂修民国《贵州通志》奠定了基础。这部史志自纂修之初至出版发行，历时三十年之久，其间任可澄于民国三十四年（1945）年底病逝，后期主要工作由杨恩元负责。这部志书共七百五十万字，上起殷商，下至清亡，贯穿古今，内容丰富，门类分明，卷帙浩繁，被公认是民国时期贵州最优秀的史志巨著之一。

民国十五年（1926），杨恩元受遵义当局之邀，与遵义才人赵恺纂修《续遵义府志》。这部志书是继郑珍、莫友芝所修《遵义府志》的又一巨著。在其纂修初期，曾因总纂杨兆麟于民国八年（1919）病故而长期搁置。经过赵恺、杨恩元等人三年的修改润色，成书三十五卷二十四册，于民国二十六年（1937）刻印问世。

民国二十五年（1936），贵州文献征辑馆在贵阳成立，由王敬彝任副馆长兼主任，杨恩元、陈矩任编审。是年秋，王敬彝病故，杨恩元继任其职，并主持全馆事宜。杨恩元学贯古今，精于考据，能见前人之所未见，发前人之所未发，故文史研究颇多新意。其主要著作有《晋乘论再易稿》《黔贤事略》《贵州名胜古迹概论》等文。与此同时，杨恩元参与编辑《黔南丛书》《贵州文献汇刊》等工作，对弘扬贵州历史文化做出了巨大贡献。

虽然杨恩元才高学博，但生性淡泊，不乐仕进。其平生对后汉杨秉所说的"我有三不惑，酒、色、财也"十分欣赏，并以此作为自己人生的准则，为此将其书斋命名为"三不惑斋"，并自称"三不惑主人"。

杨恩元精于声律,主要诗词集有《万里鸿泥集》《三不惑斋诗稿》《并陇纪程诗》《三不惑斋诗钟》及富有乡土气息、别开生面的《乡居蔬菜词》。

中华人民共和国成立后,杨恩元于1950年2月出席贵州省各族各界人民代表会议。1952年,杨恩元因脑溢血病逝,享年七十六。

附录 六千举人 七百进士

陈福桐

贵州在明清两代，经过考试录取的举人有六千多人，进士有七百多人。用《六千举人 七百进士》作题目，是因为一向被省外人看作蛮荒之区的贵州，却有这么多的科举人才产生，该是一件奇异的事！明清两代选拔人才的方法是：由县、州、府考秀才，省里考举人，到京城去参加会试；取贡士资格后，就可以参加皇帝主持的殿试，殿试头一名叫状元，第二名叫榜眼，第三名叫探花，状元又叫殿撰。贵州有贵阳的赵以炯、麻哈（今麻江县）的夏同龢是清末的状元，遵义的杨兆麟是探花，这三人又叫贵州的"三鼎甲"。

曾经有人怀疑明清两代五百余年间，贵州从哪里钻出这么多的高级知识分子？请去翻一翻《明清进士题名录》和其他一些资料，个个有名有姓，有籍贯，有职位。甚至没有考上举人，只得一个拔贡学位的青年，居然被曾国藩收为四大弟子之一，到中国驻欧洲使馆当参赞，代表世界各国使节在巴拿马运河筹备会上发言，后又两任驻日公使，还是中国有名的散文学家，他就是黎庶昌。

我想把话说远一点。现在贵阳扶风山上有座阳明祠。大院内还有"尹道真先生祠"。这位尹先生的事迹最早在《后汉书·西南夷传》中有记载："桓帝时，郡人尹珍自以生于荒裔，不知礼义，乃从汝南许慎、应奉受经书图纬。学成，还乡里教授，于是南域始有学焉。珍官至荆州刺史。"《华阳国志》里说："尹珍，字道真，毋敛人。"毋敛有说是今独山、都匀、福泉这一片地，有说是在正安县，该县尚存尹道真的"务本堂"遗址。范晔写尹珍仅仅附在《西南夷传》里，以五十二个字来介绍这位开南域之学的功勋人物，留下了令人费解的问题。尹珍"生于荒裔，不知礼义"，即是没有读过孔孟之书的人，他怎么知道远在中原的学者许慎、应奉呢！更何况许、奉二人是大学者，用现代的话说，该是教授吧。一个不知礼义的荒裔青年，又怎么跋涉万水千山到中原，而又平步登天地接受教授们讲课呢？就说有这样一位奇人学成回来，在当年那样比"连天际峰兮，飞鸟不通"还闭塞的山谷里，是不可能凭一个人两只脚就"开南中之学"。因为"前四史"中的《后汉书》，被古代文人奉若"经典"，也就不加怀疑地一代传一代地神化尹珍了。

对尹珍这位贵州最早的文化名人，试找一些资料来说个来龙去脉。班固写的《汉书·食货志》记有卫青这位大将军的事："时又通西南夷道，作者数万人……乃募豪民田南夷，入粟县官，而内受钱于都内。"请记住：在汉武帝派唐蒙通西南夷，接着募豪民田西南夷。在《后汉书·西南夷传》中又有这样一段记载："牂牁地多雨潦，俗好巫鬼禁忌，寡畜生，又无蚕桑，故其郡最贫。句町县有桄榔木，可以为面，百姓资之。公孙述时，大姓龙、傅、尹、董氏，与郡功曹谢暹保境为汉。"尹是公孙述时的牂牁大姓。公孙述所处的年代是公元36年之前。尹珍从许慎学是公元147年汉桓帝时的事。这样看来，尹珍当是汉武帝时募到西南夷地区豪民人家的子弟，或是公孙述时的四大姓尹家的人。根据这些记述的推断，最早的这位文化名人，不能说他"不知礼义"。再拿唐代天宝年间任黔府都督的赵国珍来说，《唐书》说他是"牂牁苗裔"，唐代宗时拜工部尚书。这又透出一条消息，贵州的苗裔早在唐代就担任重要官职,只怪历代战乱,文献湮没,无从考察了。西南交通不便,游历黔中的人很少,连大文学家韩愈也听柳宗元不加考察的片面之词,竟然在《柳子厚墓志铭》中说:"子厚泣曰:'播州非人所居。'"人们把播州的概念变为贵州的概念,直到半个世纪前还有人以为贵州人生有尾巴,不敢前来,就更荒唐了。

生在贵州的人不把自己的历史说个清楚,岂不是要受"数典忘祖"的讥诮?笔者于是又引一段清代道光皇帝和贵州巡抚乔用迁关于贵阳的对话来看贵阳人物的特色。

道光皇帝问:"贵阳于四封无所介,俗何如?"

乔用迁答:"是亦多侨籍,盖合吴楚之秀良以聚族于斯土也,其民华。"

道光皇帝说:"趋于华也易,返于朴也难。朴,惟恐其陋也;华,尤恐其伪也。"

乔用迁把这段话引入他写的《贵阳府志·序》中,特别注意"见士用官,不取华缛雕琢,诚拟正其趋、抑其俗"。贵州自明代永乐年间建省前后,由吴楚(长江中下游)进入贵州的军队、官员、工商业者、农民以及从事医卜星相、笙箫鼓乐的人日益增多;又因集中在设布政司、按察司、巡抚所在地的贵阳和其他府、州、县,这些"秀良聚族于斯土",和原来生活在这里的各民族在文化和生活上交流、交融,所以"其民华"。华是聪明、秀丽的意思，贵阳是这样，各府、州、县又何尝不是这样？从这些情况来理解明清五百多年贵州高级知识分子的培养和成名，就有充分的说服力了。

明朝开国的朱元璋以一个小僧从军起家。他在军事力量发展起来的同时，就注意到要在政治、经济和文教各个方面来收拾人心，安定占领区，进而窥复中原。他先用了文人李善长为他策划军机，后又延请刘基、宋濂、章溢和叶琛四位学人来参与政事。这四位儒家道统的文士，为朱元璋讲孔孟的经学。天下一统后，朱元璋就颁令大兴儒学，用孔孟的一套礼义治术来统一天下。贵州、播州、思南早就建学。明洪武二十七年（1394）建贵州宣慰学，第二年下诏各土司都要立儒学。永乐十一年（1413）建省，第一任布政使蒋廷瓒原是工部侍郎，河南滑县人，史家说他年少时就有学识，懂得治理政事；第一任按察使成务，举人出身，是个清廉的官员。宣德元年（1426），贵州设巡抚，首任为吴荣。明代开国，很重视边疆大吏的人选，清代也是这样，来贵州担任重要职务的多是有才学、有治术及有胆识的人。他们都把在省城考中的举人当作自己的学生，如清道光时做巡抚的湖南人贺长龄，称郑珍为郑生。看贵州文化的演变，一些布政使、按察使、佥事、学政等人也是值得研究的。

贵州的士子最早是到云南参加会试，名额有限。到嘉靖年间，思南人田秋，进士出身，上疏请求云南、贵州各自开科考试，批准云南四十名、贵州二十五名。其实早在宋代播州（今遵义市）就有冉从周、杨震等八人中进士。进入明洪武时，有桐梓的赵仕禄；正统时，有务川的申祐、平越（今福泉市）的黄绂；景泰时，有贵竹（今贵阳市）的易贵、黄平的周瑛等多人。申祐官至御史，土木堡之变时代英宗皇帝遇害。黄绂当御史时，敢于直谏，群臣称他是"硬黄"，后来官至南京户部尚书。易贵当过辰州知府，是贵州最早研究《易经》并写有著作的人。隔了六七年才是王阳明的学生贵阳人汤㐅、陈宗鲁等人中进士。周瑛做过广西布政使，还乡创办书院，培养地方学子，在这位乡贤的教育影响下，黄平中进士的有二十九人、举人一百多人。清平卫（今凯里市）的孙应鳌，是一位哲学大师，被称作阳明再传弟子。南明的东阁大学士马士英，历来对他的贬词很多，但他毕竟是黔产进士。清初的周起渭（字渔璜），单是参加编纂《康熙宁典》这一件事已使他名垂千古。花溪黔陶乡骑龙寨的桐埜书屋修复以后，前去瞻仰的人络绎不绝。安平卫（今安顺市平坝区）的陈法也是研究《易经》有创见的官员兼学者。独山的莫与俦与方志学奠基人江苏章学诚是同时代的学者，任遵义府学教授，讲授汉学，启迪了西南大儒郑珍、莫友芝。遵义的黎恂是"沙滩文化"的开拓者。广顺的但明伦官至两淮盐运使，其《聊斋志异新评》是文学史上的优秀之作，胡林翼曾赞誉贵州多才，特别指出但明伦。贵阳黄辅辰、黄彭年父子，都入《清史稿·循吏传》。黄平石赞清在天津抵制英国军人的欺侮，铁骨铮铮，令人敬佩。黎平的胡长新、织金的丁宝桢、都匀的陶廷杰、大定（今大方县）的章永康、镇远的谭钧培、安顺的姚大荣、修文的陈国祥，若干知名之士，不及一一列举。还有必要提到贵阳的陈田、姚华、李端棻等人。陈田是光绪十二年（1886）中进士的，官至给事中。他在朝廷弹劾大奸大恶的奕劻、袁世凯，直声震天下；后来退居家中，完成《明诗纪事》一百八十七卷和他个人的其他著作。他家里的"听诗斋"匾，现悬挂于北京中华诗词学会，可见其影响的深远。李端棻是同治二年（1863）进士，是顺天府尹李朝仪的侄儿，也是梁启超的内兄，官至礼部尚书，支持康有为、梁启超、谭嗣同等人的维新变法，被慈禧太后贬去西北充军。李端棻留下的《苾园诗存》有以"学术思想""政治思想"和"国家思想"为题的三首诗。在清末那样政治腐败的情况下，一个做礼部尚书的大官有这样先进的思想，实在是难能可贵！姚华是光绪三十年（1904）进士，曾留学日本，是一个才华横溢、有多方面成就的奇人，在北京名噪一时，著名史学家郑天挺曾入门受教。中国传统的观人论事有一条至关重要的标准，必须重人品。贵州进士中，无论在朝做官，在外做封疆大吏，次而做府道首长或是教授编修，都有特行可以传述，都有作品问世。这七百多位杰出的人物，该怎样去研究他们？应当挑选成就大的写出专稿，启迪后代，这样去做自然是要费点力气的。

举人六千多，从何说起？举人低进士一格，但在学术、诗文和艺术多方面亦多有超过进士和状元的。如：明末清初以诗才史学出名的吴中蕃，为南明抗清牺牲的杨龙友，写《鸳鸯镜》传奇而讴歌明代忠烈杨涟、左光斗的傅玉书，译《华盛顿传》最早介绍民有、民治、民享思想的黎汝谦，在贵阳和严修一起讲学于经世学堂的雷廷珍，以及郑珍、莫友芝等人。这些人都是举人出身，光辉事迹都有专书记述。

贵州历史上的名宦、学人对后进的培育，加之山川形势的磅礴气势给人的影响，几百年以至上千年的文化孕育，"纵是崎岖关格处，诗书礼乐总相通"。锦屏的苗族诗人龙绍讷，水西彝族的余达父一门几位诗人，女诗人申辑英、周婉如、安履贞，还有佛门的语嵩、丈雪等，先后联袂而起。流风余韵，沾溉百世。贵州的进士、举人多有诗文集子，有的在外省做官，倡导或主持编修志书，都蜚声国内。

笔者在青年时代受过举人、进士的课，对学子在学问功夫上的深度广度、在生活上的清廉节操，都留下深刻印象。同时期也读了近现代名流以白话写的文章。老师说，鲁迅、郁达夫、朱自清、叶圣陶等人都是精通古籍的，要深入才能浅出啊！记得有文介绍康有为勉励他的学生，胸中要有十几个可作典范的名人，遇到事情要应付时，就要想到用这些名人的言行来策励自己，鼓舞上进。这个说法也是很有启发意义的。回顾废科举设学校以来近百年的教育情况，理解到科举制度束缚思想、钳制人才，真该废掉。但在封建时代，也只有这种选拔人才的方法可用。贵州在明清两代选拔出的这"六千举人、七百进士"，还有无数的秀才，无数一生不愿接受科举考试或没有机会、没有条件参加科举考试的贤达之士，为贵州的历史进程都做过有益的贡献。

历史文化遗产，要研究，要发掘，要批判地继承和发扬。我们这个时代是出人才的时代，文艺战线上有很多优秀的笔杆子。曾在威宁做过贵西兵备道的赵翼有诗说："李杜诗篇万口传，至今已觉不新鲜。江山代有才人出，各领风骚数百年。"贵州领风骚的诗人、小说家、戏剧家乃至其他门类的学问家，在新时代已崭露头角。

最后，要说明《贵州省志·教育志》编辑林开良先生整理过一篇《黔人历科进士一览表》，中央文史研究馆馆员邢端先生（贵阳人）生前也整理过类似的资料。笔者于1996年9月去北京参加全国文史馆成果展览，有机会到孔庙去，观看了进士题名的若干块长碑，有诗记之："孔庙巍巍文物丰，碑镌进士仰儒宗。名留七百为黔产，策动来兹重学风。"贵州的举人多载于地方志中，"七百进士"也是从"六千举人"中考试出来的。